:: 中華文化促進會主持編纂

:: 國家"十一五"重點圖書出版規劃項目

:: 中國社會科學院哲學社會科學創新工程學術出版資助項目

出品人 王石 段先念

今注本二十四史

隋書

唐 魏徵等 撰

馬俊民 張玉興 主持校注

中國社會科學出版社

一二 傳【三】

隋書　卷四七

列傳第十二

韋世康　弟洸　藝　冲　從父弟壽

　　韋世康，京兆杜陵人也，[1]世爲關右著姓。[2]祖旭，[3]魏南幽州刺史。[4]父敻，[5]隱居不仕，魏、周二代，[6]十徵不出，[7]號爲逍遙公。世康幼而沉敏，有器度。年十歲，州辟主簿。[8]在魏，弱冠爲直寢，[9]封漢安縣公，[10]尚周文帝女襄樂公主，[11]授儀同三司。[12]後仕周，自典祠下大夫，[13]歷沔、硤二州刺史。[14]從武帝平齊，[15]授司州總管長史。[16]于時東夏初定，[17]百姓未安，世康綏撫之，士民胥悦。歲餘，入爲民部中大夫，[18]進位上開府，[19]轉司會中大夫。[20]

　　[1]京兆：郡名。治所在今陝西西安市。　　杜陵：縣名。漢時治所在今陝西西安市東南郊。按，此處因言韋氏郡望，故沿用漢縣名，隋時無杜陵縣。
　　[2]關右：地區名。亦稱"關中""關内"。秦至唐時指函谷關

或潼關以西、隴阪以東、終南山以北地區。　著姓：即有聲望的族姓。魏晉南北朝隋唐時期多指累世官宦、社會地位較高的世家大族。

〔3〕旭：人名。即韋旭。韋世康之祖，北魏時人，官至南幽州刺史。事亦見《周書》卷三一、《北史》卷六四《韋孝寬傳》。

〔4〕魏：即北魏（386—557），亦稱後魏。都平城（今山西大同市東北），公元494年遷都洛陽（今河南洛陽市東北白馬寺東）。公元534年分裂爲東魏和西魏兩個政權。東魏（534—550）都於鄴（今河北臨漳縣西南鄴鎮東），西魏（535—557）都於長安（今陝西西安市西北郊）。　南幽州：檢《魏書·地形志》及本書《地理志》，均不見北魏有南幽州；但檢《周書》《北史》等書列傳，北魏時任南幽州刺史者除有韋旭外，還有毛遐（見《北史》卷四九《毛遐傳》）、唐永（見《北史》卷六七《唐永傳》）二人，可證北魏確實置有南幽州。再考上述三人行事，他們任南幽州刺史均在北魏末年戰亂之時，在任時的活動區域均在北地郡一帶。由此推斷，南幽州當是北魏末年隨宜權置的一個州，治所亦當在北地郡（今陝西富平縣東北）附近。

〔5〕敻（xiòng）：人名。即韋敻。韋世康之父，西魏、北周時人，隱居不仕而聲望甚高，號爲逍遙公。傳見《周書》卷三一，《北史》卷六四有附傳。

〔6〕周：即北周（557—581），都於長安（今陝西西安市西北郊）。

〔7〕徵：漢代的一種選官制度，亦稱“徵召”“徵聘”。即皇帝以敕令徵召布衣士人或地方官吏到朝廷授以官職。魏晉南北朝沿襲此制。

〔8〕辟（bì）：漢代的一種選官制度，亦稱“辟召”“辟舉”。即朝廷公府、大將軍以及州郡長官選任其屬官。魏晉南北朝沿襲此制。　主簿：官名。此指州主簿。西魏、北周時爲州佐官之一，掌州府監印，檢核文書簿籍，勾稽缺失等事。“命品未詳”（參見王

仲犖《北周六典》卷一〇《州牧刺史第二十六》，中華書局1979年版，第652頁），但隋初雍州主簿爲流内視正八品，其餘諸州主簿爲流内視從八品，可作參考。

[9]弱冠：古時以男子二十歲爲成人，始行加冠禮，但因體猶未壯，故稱弱冠。後遂以弱冠代指男子二十歲或二十幾歲的年齡。

直寢：官名。西魏時仿東魏、北齊官制置有直寢，職掌皇帝寢宮內部事務，侍奉皇帝起居。從五品下。

[10]漢安縣公：爵名。西魏時爲十二等爵的第三等。從一品。

[11]尚：即尚主，專指娶公主爲妻。古時因尊帝王之女，不敢言娶，故稱“尚”，有承奉、仰攀之意。　周文帝：即宇文泰。西魏的執政大臣，北周的奠基者。紀見《周書》卷一、二，《北史》卷九。按，“周文帝”各本皆同，《北史·韋世康傳》亦同，但《周書·韋孝寬傳》和《北史·韋孝寬傳》載作“魏文帝”，即西魏文帝元寶炬。未知孰是，待考。　襄樂公主：西魏或北周公主封號名。宇文泰之女（或依《周書·韋孝寬傳》和《北史·韋孝寬傳》爲西魏文帝元寶炬之女），下嫁韋世康爲妻。其事亦見《北史·韋世康傳》。

[12]儀同三司：官名。亦簡稱儀同。西魏、北周時屬勳官。西魏、北周府兵制中儀同府的長官均加此勳官名，可開府置官屬。北周武帝建德四年（575）改稱“儀同大將軍”。西魏時爲從一品，北周時爲九命。

[13]典祠下大夫：官名。“典祠”正作“典祀”。全稱是小典祀下大夫。北周時爲春官府典祀曹的次官，協助長官典祀中大夫掌郊社祭祀之政令。正四命。

[14]沔：州名。北周時治所在今湖北仙桃市西南。　硤：州名。北周時治所在今湖北宜昌市西北。

[15]武帝：即北周武帝宇文邕。紀見《周書》卷五、六，《北史》卷一〇。　齊：即北齊（550—577），都於鄴（今河北臨漳縣西南鄴鎮東）。

[16]司州：檢本書《地理志》，北周無司州，此當是北周武帝建德六年滅北齊之後臨時沿用北齊州名，尋改司州爲相州，置總管府，治所在北齊舊都鄴城（今河北臨漳縣西南鄴鎮東）。　總管長史：官名。北周時爲諸州總管府的上佐官，位居府中總管之下衆屬官之首，協助總管統領府中政務。其命品史無明載，但北周諸州府的長史按州等級分爲六命至四命五個等級，故諸州總管府長史的命品亦應與五等州長史的命品略同。

[17]東夏：地區名。泛指中國東部。此處指北齊舊境。

[18]民部中大夫：官名。北周時爲地官府民部曹的長官，置二員，掌户口籍帳之政令。正五命。

[19]上開府：官名。全稱是上開府儀同大將軍。北周武帝建德四年始置，爲北周十一等勳官的第五等，可開府置官屬。九命。

[20]司會中大夫：官名。亦簡稱司會。北周時爲天官府司會曹的長官，掌財政出納大計。正五命。

尉迥之作亂也，[1]高祖憂之，[2]謂世康曰："汾、絳舊是周、齊分界，[3]因此亂階，恐生搖動。今以委公，善爲吾守。"因授絳州刺史，以雅望鎮之，闔境清肅。世康性恬素好古，不以得喪干懷。在州，嘗慨然有止足之志，[4]與子弟書曰："吾生因緒餘，[5]夙霑縹弁，[6]驅馳不已，四紀於兹。[7]亟登衮命，[8]頻涖方岳，[9]志除三惑，[10]心慎四知，[11]以不貪而爲寶，處膏脂而莫潤。如斯之事，頗爲時悉。今耄雖未及，壯年已謝，霜早梧楸，風先蒲柳。眼暗更劇，不見細書，足疾彌增，非可趨走。禄豈須多，防滿則退，年不待暮，有疾便辭。況娘春秋已高，溫清宜奉，[12]晨昏有闕，[13]罪在我躬。今世穆、世文並從戎役，[14]吾與世沖復嬰遠任，[15]陟岵瞻望，[16]此情彌切，桓山之悲，[17]倍深常戀。意欲上聞，乞遵養禮，未訪汝等，故遣此及。興言遠慕，感咽難勝。"諸弟報以事恐難遂，於是乃止。

[1]尉迥：人名。即尉遲迥。北周末年官任相州總管，起兵反對楊堅篡周，旋被討滅。傳見《周書》卷二一、《北史》卷六二。

[2]高祖：隋文帝楊堅的廟號。此代指其人。紀見本書卷一、二，《北史》卷一一。

[3]汾：州名。北周時治所在今山西吉縣。 絳：州名。北周時治所在今山西新絳縣。

[4]止足：語出《老子》："知足不辱，知止不殆，可以長久。"後用以喻謂凡事知止知足，而不貪得無厭。

[5]緒餘：本指抽絲後留在蠶繭上的殘絲。此借指世家大族的後代。

[6]纓弁：即仕宦的代稱。

[7]紀：古代紀年的單位。一紀爲十二年。

[8]袞命：專指三公的職位，亦泛指朝廷中的高官顯職。

[9]方岳：指任專一方的州郡重臣。

[10]三惑：指酒、色、財三種惑人之物。

[11]四知：典出《後漢書》卷五四《楊震傳贊》："震畏四知（天知、神知、我知、子知）。"後多用作廉潔自持、不受非義饋贈的典故。

[12]溫清（qìng）：即"冬溫夏清"的省稱。意謂冬天溫被使暖，夏天扇席使涼。爲古時子女侍奉父母之禮。按，"清"底本、宋刻遞修本、殿本皆同，庫本、中華本作"清"，二字相通。

[13]晨昏：即"晨昏定省"的略語。指子女朝夕慰問奉侍父母之禮。

[14]世穆：人名。韋洸之字。韋世康弟。本卷、《北史》卷

六四有附傳。　世文：人名。韋藝之字。韋世康之弟。本卷、《北史》卷六四有附傳。　戎役：即兵役。此指在軍中爲官任職。

　　[15]世冲：人名。韋冲之字。韋世康之弟。本卷、《北史》卷六四有附傳。

　　[16]陟岵瞻望：語出《詩·魏風·陟岵》：“陟彼岵兮，瞻望父兮。”後因以用作思念父親之典。

　　[17]桓山之悲：亦作“桓山之泣”。典出王肅《孔子家語》卷五《顏回》：“回聞桓山之鳥，生四子焉，羽翼既成，將分于四海，其母悲鳴而送之，哀聲有似於此，謂其往而不返也。”後用以喻指家人離散的悲痛。

　　在任數年，[1]有惠政，奏課連最，[2]擢爲禮部尚書。[3]世康寡嗜欲，不慕貴勢，未嘗以位望矜物。聞人之善，若己有之，亦不顯人過咎，以求名譽。尋進爵上庸郡公，[4]加邑至二千五百户。[5]其年轉吏部尚書，[6]餘官如故。四年，丁母憂去職。[7]未期，[8]起令視事。[9]世康固請，乞終私制，[10]上不許。世康之在吏部，選用平允，請托不行。開皇七年，[11]將事江南，[12]議重方鎮，[13]拜襄州刺史。[14]坐事免。未幾，授安州總管，[15]尋遷爲信州總管。[16]十三年，入朝，復拜吏部尚書。前後十餘年間，多所進拔，朝廷稱爲廉平。嘗因休暇，謂子弟曰：“吾聞功遂身退，古人常道。今年將耳順，[17]志在懸車，[18]汝輩以爲云何？”子福嗣答曰：[19]“大人澡身浴德，名立官成，盈滿之誡，先哲所重。欲追踪二疏，[20]伏奉尊命。”後因侍宴，世康再拜陳讓曰：“臣無尺寸之功，位亞台鉉。[21]今犬馬齒载，[22]不益明時，恐先朝露，[23]無以塞責。願乞骸骨，[24]退避賢能。”上曰：

“朕夙夜庶幾，[25]求賢若渴，冀與公共治天下，以致太平。今之所請，深乖本望，縱令筋骨衰謝，猶屈公卧治一隅。”[26]於是出拜荆州總管。[27]時天下唯置四大總管，并、揚、益三州，[28]並親王臨統，唯荆州委於世康，時論以爲美。世康爲政簡静，百姓愛悦，合境無訟。十七年，卒于州，時年六十七。上聞而痛惜之，贈賻甚厚。[29]贈大將軍，[30]謚曰文。[31]

[1]在任數年：岑仲勉考云：“尉迥作亂，在大象二年六月；據《本紀一》，世康入爲禮尚在開皇元年二月，是在任最多不過九月耳，傳作數年，失實。”（岑仲勉：《隋書求是》，中華書局2004年版，第93頁）

[2]奏課：即官吏向朝廷匯報政績，朝廷對其進行考核。　連最：指在考核政績或軍功中連續評爲上等。最，即上等。

[3]禮部尚書：官名。是隋尚書省所轄六部之一禮部的長官，掌禮儀、祭祀、外交、宴享等政令，統禮部、祠部、主客、膳部四曹。置一員，正三品。

[4]上庸郡公：爵名。爲隋九等爵的第四等。從一品。

[5]邑：也稱食邑、封邑。是古代君王封賜給有爵位之人的一種食禄制度，受封者可徵收封地内的民户租税充作食禄。魏晋以後，食邑分爲虛封和實封兩類：虛封一般僅冠以“邑”或“食邑”之名，這祇是一種榮譽性加衔，受封者並不能獲得實際的食禄收入；而實封一般須冠以“真食”“食實封”等名，受封者可真正獲得食禄收入。

[6]吏部尚書：官名。是隋尚書省所轄六部之一吏部的長官，掌全國文職官員的銓選、考課等政令，統吏部、主爵、司勳、考功四曹。置一員，正三品。

[7]丁母憂：即遭逢母親喪事。古代喪服禮制規定，父母死後，

子女須守喪，三年内不得做官、不得婚娶、不得赴宴、不得應考、不得舉樂，等等。

[8]未期（jī）：此指服喪未滿一周年。按古代禮制，凡父母去世，子女須服喪三年。但官員辭官服喪期間，若遇國家有特殊需要，可由皇帝下令讓其提前結束服喪期，重新起用任官，稱作“奪情”。

[9]視事：即就任官職而治理政事。此指服喪期未滿而受命復官任職。

[10]私制：此指喪服禮制。

[11]開皇：隋文帝楊堅年號（581—600）。

[12]江南：地區名。指長江以南地區。此處借指南朝陳。

[13]方鎮：指掌握兵權、鎮守一方的軍政長官。

[14]襄州：隋初置總管府。治所在今湖北襄樊市。 刺史：各本皆同，《北史》卷六四《韋世康傳》亦同，但本書卷二《高祖紀下》載作“總管”。岑仲勉認爲“蓋總管、刺史常混稱也”（參見岑仲勉《隋書求是》，第93頁）。

[15]安州：西魏始置，隋初沿之，置總管府，開皇十四年府廢。治所在今湖北安陸市。 總管：官名。全稱是總管刺史加使持節。北周始置諸州總管，隋承繼，又有增置。總管的統轄範圍可達數州至十餘州，實爲一軍政轄區的最高長官。隋文帝在并、益、荆、揚四州置大總管，其餘州置總管。總管分上、中、下三等，品秩分別爲流内視從二品、視正三品、視從三品。

[16]信州：北周置總管府，隋初沿之。治所在今重慶奉節縣東。

[17]耳順：語出《論語·爲政》：“六十而耳順。”鄭玄注：“耳順，聞其言而知其微旨也。”後遂用作六十歲的代稱。

[18]懸車：即致仕退休。古人一般至七十歲即辭官家居，廢車不用，故稱“懸車”。

[19]福嗣：人名。即韋福嗣。韋世康的次子，隋時官至内史舍

人，後以罪免官；隋末戰亂中爲楊玄感所擒，令作文檄，隋煬帝銜恨之，終被車裂而死。事亦見本書卷七〇《李密傳》、《北史》卷六〇《李密傳》及卷六四《韋世康傳》等。

[20]二疏：指漢宣帝時名臣疏廣及其兄子疏受二人。疏廣爲太傅，疏受爲少傅，叔侄同時以年老乞致仕，時人賢之。參見《漢書》卷七一《疏廣傳》。

[21]台鉉：即台鼎。因鼎爲三足，有三公之象，故用以喻指宰輔重臣。

[22]犬馬：古時臣子對君上的自卑之稱。 齒耋（dié）：即年老。耋，同「耊」。

[23]朝露：即早上的露水。喻指存在時間短促，人年未老而早死。

[24]乞骸骨：古代官吏自請退職的一種表達方式。意謂使骸骨得以歸葬故鄉。

[25]庶幾：語出《易·繫辭下》：「顏氏之子，其殆庶幾乎。」後用以喻指賢才和求賢。

[26]臥治：典出《史記》卷一二〇《汲鄭列傳》：「臥而治之。」後用以稱謂政事清簡，無爲而治。

[27]荆州：隋初置大總管府。治所在今湖北荆州市。

[28]并：州名。北周置總管府，隋開皇二年置河北道行臺，開皇九年改置大總管府。治所在今山西太原市西南古城營。 揚：州名。隋開皇九年改吳州置，設大總管府。治所在今江蘇揚州市。益：州名。北周置總管府，隋開皇二年置西南道行臺，開皇三年改置大總管府。治所在今四川成都市。

[29]贈賻：即贈送財物以助治喪。

[30]贈大將軍：贈官名。正三品。

[31]謚：古代帝王、貴族、大臣、士大夫或其他有地位的人死後，據其生前業迹評定的一種帶有褒貶意義的稱號。

世康性孝友，初以諸弟位並隆貴，獨季弟世約宦途不達，[1]共推父時田宅，盡以與之，世多其義。

[1]世約：人名。即韋世約。韋世康的小弟，隋文帝時官至太子洗馬，後因進讒於太子，以罪免官除名。事亦見本書本卷《韋冲傳》、卷四六《韋師傳》及《北史》卷六四《韋世康傳》《韋師傳》等。

長子福子，[1]官至司隸別駕。[2]次子福嗣，仕至內史舍人，[3]後以罪黜。楊玄感之作亂也，[4]以兵逼東都，[5]福嗣從衛玄戰於城北，[6]軍敗，爲玄感所擒。令作文檄，辭甚不遜。尋背玄感還東都，帝銜之不已，車裂於高陽。[7]少子福獎，[8]通事舍人，[9]在東都，與玄感戰没。

[1]福子：人名。即韋福子。韋世康的長子，隋煬帝時官至司隸別駕。事亦見《北史》卷六四《韋世康傳》。

[2]司隸別駕：官名。隋煬帝大業三年（607）始置司隸臺，掌巡察之事，與御史臺、謁者臺合稱三臺。司隸別駕爲司隸臺的屬官，置二人，分察東都及京師。從五品。

[3]內史舍人：官名。爲內史省的屬官，掌參議表章，草擬詔敕。隋初置八人，正六品上，開皇三年升爲從五品。隋煬帝大業三年減置四人，大業末改內史省爲內書省，內史舍人遂改稱內書舍人。

[4]楊玄感：人名。傳見本書卷七〇，《北史》卷四一有附傳。

[5]東都：即洛陽（今河南洛陽市東北）。隋煬帝即位初，營建洛陽爲東京，大業五年又改東京爲東都。

[6]衛玄：人名。傳見本書卷六三、《北史》卷七六。

[7]車裂：古代的一種酷刑，俗稱“五馬分屍”。原爲車裂屍體，即把被殺之人的頭和四肢分別拴在五輛車上，以五馬駕車同時分馳，撕裂其肢體。亦有車裂活人者。　高陽：郡名。隋煬帝大業九年改博陵郡爲高陽郡。治所在今河北定州市。

[8]福奬：人名。即韋福奬。韋世康的少子，隋煬帝時官至通事謁者，隋末楊玄感圍攻東都時戰死。事亦見《北史·韋世康傳》《新唐書·宰相世系表四上》）。

[9]通事舍人：官名。隋初爲内史省的屬官，置十六人，掌承旨傅宣之事。從六品上。隋煬帝大業三年改隸謁者臺，更名爲通事謁者，置二十人，從六品。按，文中所述事在大業末年，當時已改通事舍人爲通事謁者，故此處仍稱“通事舍人”欠準確，應作“通事謁者”。

　　洸字世穆，性剛毅，有器幹，[1]少便弓馬。仕周，釋褐主寢上士。[2]數從征伐，累遷開府，[3]賜爵衛國縣公，[4]邑千二百户。高祖爲丞相，[5]從季父孝寬擊尉迥於相州，[6]以功拜柱國，[7]進封襄陽郡公，[8]邑二千户。時突厥寇邊，[9]皇太子屯咸陽，[10]令洸統兵出原州道，[11]與虜相遇，擊破之。尋拜江陵總管。[12]未幾，以母疾徵還。俄拜安州總管。

[1]器幹：即才幹。
[2]釋褐：亦稱“解褐”。即脫去平民衣服而換上官服，喻指始任官職。　主寢上士：官名。北周時爲天官府御正曹的屬官，掌皇帝寢宫内部事務，侍奉皇帝起居。正三命。按，“主寢上士”底本、宋刻遞修本、殿本、庫本皆同，中華本據《北史》卷六四《韋洸傳》改作“直寢上士”。考王仲犖《北周六典》，北周官制中並無直寢上士，而有主寢上士，此官當是因改西魏“直寢”一職所

置，二者雖有承繼關係，但名稱和命品已有變化，故中華本所改欠妥，今不從。（參見唐華全《中華書局點校本〈隋書〉質疑二十九則》，《河北師範大學學報》2012 年第 1 期）

[3]開府：官名。北周時全稱爲開府儀同三司，周武帝建德四年又改稱開府儀同大將軍。屬勳官。北周府兵制中二十四軍的每軍長官均加此勳官名，可開府置官屬。九命。

[4]衛國縣公：爵名。北周時爲十一等爵的第六等，"命數未詳，非正九命則當是九命"（參見王仲犖《北周六典》卷八《封爵第十九》，第 548 頁）。

[5]丞相：官名。此當是"左大丞相"或"大丞相"的簡稱。北周靜帝大象二年（580）置左、右大丞相，以宗室親王宇文贊爲右大丞相，僅有虛名；以外戚楊堅爲左大丞相，總攬朝政。旋又去左右之號，獨以楊堅爲大丞相。楊堅由此成爲控制北周朝廷的權臣。

[6]孝寬：人名。即韋孝寬。韋洸的叔父，北周末年位居上柱國，官任行軍元帥，奉詔統軍略定淮南，又討滅相州總管尉遲迥之叛。傳見《周書》卷三一、《北史》卷六四。　相州：北魏天興四年（401）分冀州始置相州，治所在今河北臨漳縣西南鄴鎮東。東魏、北齊時改稱司州，爲都城所在地。北周建德六年滅北齊後復名相州。北周大象二年平定相州總管尉遲迥之叛後，因州城被毀，遂移治今河南安陽市。

[7]柱國：官名。全稱是柱國大將軍。北魏太武帝始置柱國，以爲開國元勳長孫嵩的加官。北魏末孝莊帝以尒朱榮有擁立之功，又特置此官以授之，位在丞相之上。西魏文帝以宇文泰有中興之功，亦置此官授之。後凡屬功參佐命、望實俱重的大臣，也得居之。至西魏大統十六年（550）以前，任此官者名義上有八人，但宗室元欣有其名而無實權，宇文泰爲最高統帥，其他六柱國則分掌禁旅，各轄二大將軍，爲府兵系統的最高長官。大統十六年以後，功臣位至柱國者愈多，遂成爲散秩，無所統御。至北周武帝時，又

增置上柱國等官，形成十一等勳官之制。柱國大將軍是十一等勳官的第二等，可開府置官屬。正九命。

[8]襄陽郡公：爵名。北周時爲十一等爵的第五等。正九命。

[9]突厥：古族名、國名。公元六世紀初興起於今阿爾泰山西南麓，552 年在今鄂爾渾河流域建立突厥汗國，此後其勢力擴展至大漠南北，橫跨蒙古高原，隋開皇二年分裂爲東、西兩部。傳見本書卷八四、《周書》卷五〇、《北史》卷九九、《舊唐書》卷一九四、《新唐書》卷二一五。

[10]咸陽：城名。在今陝西咸陽市。

[11]原州：北周置總管府，隋初沿之。治所在今寧夏固原市。

[12]江陵：鎮、縣名。治所在今湖北荆州市。西魏、北周在此置總管府，用以監控其附屬藩國後梁，隋初沿之，後併爲荆州大總管府。

伐陳之役，[1]領行軍總管。[2]及陳平，拜江州總管，[3]率步騎二萬，略定九江。[4]陳豫章太守徐璒據郡持兩端，[5]洗遣開府吕昂、長史馮世基以兵相繼而進。[6]既至城下，璒僞降，其夜率所部二千人襲擊昂。昂與世基合擊，大破之，擒璒於陣。高梁女子洗氏率衆迎洗，[7]遂進圖嶺南。[8]上遺洗書曰：“公鴻勳大業，名高望重，率將戎旅，撫慰彼方，風行電掃，咸應稽服。[9]若使干戈不用，兆庶獲安，方副朕懷，是公之力。”至廣州，[10]說陳渝州都督王猛下之，[11]嶺表皆定。上聞而大悅，許以便宜從事。[12]洗所綏集二十四州，拜廣州總管。

[1]陳：即南朝陳（557—589），都於建康（今江蘇南京市）。

[2]領：亦稱"兼領"。官制用語。即以較高官兼理較低官之職事。　行軍總管：北周至隋時所置的統領某部或某路出征軍隊的軍事長官。根據需要其上還可置行軍元帥以統轄全局。屬臨時差遣任命之職，事罷則廢。

[3]江州：隋開皇九年平陳後置總管府。治所在今江西九江市。

[4]九江：郡名。南朝陳時治所在今江西九江市。隋開皇九年平陳後郡廢。

[5]豫章：郡名。南朝陳時治所在今江西南昌市。隋開皇九年平陳後郡廢。　徐璒：人名。南朝陳末年官任豫章郡太守，隋開皇九年平陳後仍負隅頑抗，時降時叛，韋洸遣部將呂昂、馮世基率兵擊破之。事亦見本書卷四〇《王世積傳》、卷六六《柳莊傳》、卷八〇《譙國夫人傳》，《北史》卷七〇《柳莊傳》、卷九一《譙國夫人洗氏傳》。

[6]開府：官名。全稱是開府儀同三司。隋文帝因改北周十一等勳官之制形成十一等散實官，用以酬勤勞，無實際職掌。開府儀同三司是隋十一等散實官的第六等，可開府置僚佐，正四品上。隋煬帝大業三年廢十一等散實官，唯保留開府儀同三司一官，並改爲從一品，位次王公。　呂昂：人名。隋開皇九年平陳時官居開府儀同三司，隨從江州總管韋洸掃蕩南陳殘餘勢力，略定豫章郡。其事除見於本卷外，未見其他記載。　長史：官名。此指總管府長史。爲諸州總管府的上佐官，位居府中衆屬官之首，輔助總管統領府中政務。其品階史無明載，但隋代諸州總管府和諸州府均分爲上、中、下三等，三等州長史的品階分別爲正五品上、從五品上、正六品上，故三等總管府長史的品階亦當與三等州長史略同。　馮世基：人名。本書卷四六有附傳，另事見本書卷二五《刑法志》、卷四二《李德林傳》及《北史》卷七五《張奰傳》等。

[7]高梁：各本皆同，但本書《譙國夫人傳》及《北史·譙國夫人洗氏傳》均作"高凉"。岑仲勉考按云："梁、凉字常混……應正作高凉。"（岑仲勉：《隋書求是》，第93頁）高凉，郡名。南朝

陳時治所在今廣東陽江市西。隋開皇九年平陳後郡廢。　洗
(xiǎn) 氏：即譙國夫人洗氏。傳見本書卷八〇、《北史》卷九一。

　　[8]嶺南：地區名。亦稱"嶺表""嶺外"。指南嶺以南地區。

　　[9]咸應稽服："應"字底本、宋刻遞修本、庫本、中華本皆
同，殿本作"行"。

　　[10]廣州：隋開皇九年平陳後置總管府，治所在今廣東始興
縣，開皇末年移治今廣東廣州市。

　　[11]渝州：各本皆同，但檢本書《地理志》，南朝陳無渝州；
再考《陳書》卷一四《王勇傳》和《南史》卷二四《王猛傳》，均
載隋平陳時王猛爲東衡州刺史、都督衡廣交桂武等二十四州諸軍
事，故疑此處"渝州"當是"東衡州"之誤（參見唐華全《〈隋
書〉勘誤18則》，《南昌航空大學學報》2012年第2期）。東衡州，
南朝陳時治所在今廣東始興縣。隋開皇九年平陳後改置爲廣州。
都督：官名。全稱是都督諸軍事。南朝陳時爲某一軍政轄區的最高
長官，可領一州或數州刺史，多帶將軍名號，統轄範圍可達數州至
數十州。其品階不定，分使持節、持節、假節三種，各有不同職
權。　王猛：人名。本名王勇，南朝陳末年官任東衡州刺史、都督
衡廣交桂武等二十四州諸軍事，隋開皇九年平陳時被韋洸説服歸降
隋朝，遂避皇太子楊勇之諱而改名王猛，尋卒。《陳書》卷一四、
《南史》卷二四有附傳。

　　[12]便宜從事：亦作"便宜行事"。古代重要軍政長官出征、
出使或出鎮時，由皇帝授予的一種職權特令。即可斟酌情勢，不拘
規制條文，不須請示，自行處理前方軍政事務。

　　歲餘，番禺夷王仲宣聚衆爲亂，[1]以兵圍洸。洸勒
兵拒之，中流矢而卒。贈上柱國，[2]賜綿絹萬段，謚曰
敬。子協嗣。[3]

[1]番（pān）禺：縣名。隋開皇九年平陳後分南海縣置，尋又廢入南海縣。治所在今廣東廣州市番禺區。　夷：古時對少數民族的一種泛稱。　王仲宣：人名。南朝陳末年嶺南地區的夷人酋長，隋開皇九年平陳後仍聚衆反抗隋朝的統治，發兵圍攻廣州，韋洸戰死，其後被多路隋軍擊敗潰散。事亦見本書卷六五《慕容三藏傳》、卷六七《裴矩傳》、卷八〇《譙國夫人傳》，《陳書》卷一四《王勇傳》，《北史》卷三八《裴矩傳》、卷六四《韋洸傳》、卷九一《譙國夫人洗氏傳》。

[2]上柱國：贈官。從一品。

[3]協：人名。即韋協。韋洸的嗣子，隋文帝時位居柱國，歷官州刺史，有能名。事亦見《北史·韋洸傳》《新唐書·宰相世系表四上》。　嗣：此指繼承父輩的爵位和家業，以延續香火。

協字欽仁，好學，有雅量。起家著作佐郎，[1]後轉秘書郎。[2]開皇中，其父在廣州有功，上令協賫詔書勞問，未至而父卒。上以其父身死王事，拜協柱國。[3]後歷定、息、秦三州刺史，[4]皆有能名，卒官。

[1]起家：官制用語。即從家中徵召出來，始授以官職。　著作佐郎：官名。爲秘書省著作曹的次官，置八人，協助長官著作郎掌撰史書、碑志、祝文、祭文等事。正七品下。

[2]秘書郎：官名。爲秘書省的屬官，置四員，掌經、史、子、集四部圖書之事。隋初爲正七品下，煬帝大業三年升爲從五品。

[3]柱國：官名。爲隋十一等散實官的第二等，可開府置僚屬。正二品。

[4]定：州名。治所在今河北定州市。　息：州名。北周宣政元年改東豫州置，隋初沿之。治所在今河南息縣。　秦：州名。治所在今甘肅天水市。

藝字世文，少受業國子。[1]周武帝時，數以軍功，致位上儀同，[2]賜爵修武縣侯，[3]邑八百户。授左旅下大夫。[4]出爲魏郡太守。[5]

[1]國子：即國子學。古代設於京城的最高學府，與太學並列。始立於西晋，後歷代多沿置。專門招收三品以上官爵之子孫及從二品以上官爵之曾孫入學受業，置有博士、助教等學官教授五經。學生學成後，經考試合格即可任官。

[2]上儀同：官名。全稱爲上儀同大將軍。北周武帝建德四年始置，爲十一等勳官的第七等，可開府置官屬。九命。

[3]修武縣侯：爵名。北周時爲十一等爵的第七等。正八命。

[4]左旅下大夫：官名。北周時其隸屬、職掌未詳，王仲犖歸入“六官餘録”。正四命。（參見王仲犖《北周六典》卷七《六官餘録第十三》，第507頁）

[5]魏郡：北周時治所在今河北臨漳縣西南鄴鎮東。北周靜帝大象二年平定相州總管尉遲迥之叛後，因郡城被毀，遂移治今河南安陽市。

及高祖爲丞相，尉迥陰圖不軌，朝廷微知之。遣藝季父孝寬馳往代迥。孝寬將至鄴，[1]因詐病，止傳舍，[2]從迥求藥，以察其變。迥遣藝迎孝寬。孝寬問迥所爲，藝黨於迥，不以實答。孝寬怒，將斬之，藝懼，乃言迥反狀。孝寬於是將藝西遁，每至亭驛，輒盡驅傳馬而去。[3]復謂驛司曰：[4]“蜀公將至，[5]宜速具酒食。”迥尋遣騎追孝寬，追人至驛，輒逢盛饌，又無馬，遂遲留不進，孝寬與藝由是得免。高祖以孝寬故，弗問藝之罪，加授上開府，即從孝寬擊迴，及破尉惇，[6]平相州，皆有力焉。以功進位上大將軍，[7]改封武威縣公，[8]邑千户。以脩武縣侯別封一子。

[1]鄴：都邑名。爲東魏、北齊的都城，北周相州總管府的治所，在今河北臨漳縣西南鄴鎮東。北周靜帝大象二年平定相州總管尉遲迴之叛時，城被焚毁，遂移至今河南安陽市，仍爲相州治所。

[2]傳（zhuàn）舍：古時設在交通道路近旁以供行人休息食宿的驛站旅舍。

[3]傳馬：即驛站所備用的馬匹。

[4]驛司：此指管理驛站的官吏。

[5]蜀公：爵名。即尉遲迴的封爵蜀國公。北周時爲十一等爵的第四等。正九命。此代指尉遲迴其人。

[6]尉惇：人名。即尉遲迴之子尉遲惇。北周末年隨同其父起兵反對楊堅篡周，旋被討滅。事亦見《周書》卷二一、《北史》卷六二《尉遲迴傳》。

[7]上大將軍：官名。北周武帝建德四年始置，爲十一等勳官的第三等，可開府置官屬。正九命。

[8]武威縣公：爵名。北周時爲十一等爵的第六等。正九命或九命。

高祖受禪，[1]進封魏興郡公。[2]歲餘，拜齊州刺史。[3]爲政清簡，士庶懷惠。在職數年，遷營州總管。[4]藝容貌瑰偉，每夷狄參謁，[5]必整儀衛，盛服以見之，獨坐滿一榻。番人畏懼，[6]莫敢仰視。而大治産業，與北夷貿易，家資巨萬，頗爲清論所譏。[7]開皇十五年卒官，時年五十八。諡曰懷。

[1]受禪：中國古代王朝更迭時，新皇帝承受舊皇帝讓給的帝位，即稱受禪。此指楊堅於公元581年廢北周静帝，即位稱皇帝，正式建立隋王朝。

[2]魏興郡公：爵名。爲隋九等爵的第四等。從一品。

[3]齊州：治所在今山東濟南市。

[4]營州：隋初置總管府，隋煬帝大業初府廢。治所在今遼寧朝陽市。

[5]夷狄：古稱東方部族爲夷、北方部族爲狄。後常用以泛稱古代各少數民族。

[6]番人：古時泛指少數族人或外國人。

[7]清論：指公正的輿論。

　　冲字世冲，少以名家子，[1]在周釋褐衛公府禮曹參軍。[2]後從大將軍元定渡江伐陳，[3]爲陳人所虜，周武帝以幣贖而還之。帝復令冲以馬千匹使於陳，以贖開府賀拔華等五十人及元定之柩而還。[4]冲有辭辯，奉使稱旨，累遷少御伯下大夫，[5]加上儀同。于時稽胡屢爲寇亂，[6]冲自請安集之，因拜汾州刺史。

[1]名家子：即名門世家之子弟。

[2]衛：即衛國公，是北周宗室親王宇文直封王之前的爵名，爲十一等爵的第四等。正九命。　公府禮曹參軍：官名。北周時爲國公府所屬列曹參軍之一，掌判府内禮儀事務。命品未詳。

[3]大將軍：官名。北周時爲十一等勳官的第四等，可開府置官屬。正九命。　元定：人名。北周武帝天和二年（567）官任大將軍，奉命率軍渡江伐陳，結果戰敗被俘，尋卒於江南。傳見《周書》卷三四、《北史》卷六九。

[4]賀拔華：人名。北周武帝天和二年官任開府儀同三司，部

從元定渡江伐陳，戰敗被俘，後被贖還。事亦見《北史》卷六四《韋冲傳》、卷七〇《杜杲傳》。

[5]少御伯下大夫：官名。正稱"小御伯下大夫"，亦簡稱"小御伯"或"御伯下大夫"。北周時爲天官府御伯曹的次官，置二人，協助本曹長官御伯中大夫掌封駁制敕，參議政令的制定。正四命。周武帝保定四年改御伯爲納言，小御伯下大夫亦隨改稱"納言下大夫"，簡稱"小納言"。按，據《周書》卷五《武帝紀上》及同書《元定傳》載，元定渡江伐陳没於江南是在天和二年，上距周武帝保定四年（564）改御伯爲納言，已過四年。而韋冲得贖北還，又奉使至陳，當更在其後，此時不容再有小御伯下大夫或少御伯下大夫之官名。故此處所載"少御伯下大夫"顯欠準確，疑當作"納言下大夫"。（參見王仲犖《北周六典》卷二《天官府第七》，第62頁）

[6]稽胡：古族名。亦稱步落稽。或説是匈奴別種，乃十六國時劉淵所統五部匈奴之苗裔；或説是山戎赤狄之後。北朝至隋時主要分布在今山西西部、陝西北部及甘肅東部一帶山區。傳見《周書》卷四九、《北史》卷九六。

高祖踐阼，[1]徵爲兼散騎常侍，[2]進位開府，賜爵安固縣侯。[3]歲餘，發南汾州胡千餘人北築長城，[4]在塗皆亡。上呼冲問計，冲曰："夷狄之性，易爲反覆，皆由牧宰不稱之所致也。[5]臣請以理綏静，可不勞兵而定。"上然之，因命冲綏懷叛者。月餘皆至，並赴長城，上下書勞勉之。尋拜石州刺史，[6]甚得諸胡歡心。以母憂去職。[7]俄而起爲南寧州總管，[8]持節撫慰。[9]復遣柱國王長述以兵繼進。[10]冲上表固讓。詔曰："西南夷裔，屢有生梗，[11]每相殘賊，[12]朕甚愍之，已命戎徒，清撫邊服。[13]以開府器幹堪濟，[14]識略英遠，軍旅事重，故以相任。知在艱疚，[15]日月未多，金革奪情，[16]蓋有通式。[17]宜自抑割，[18]即膺往旨。"沖既至南寧，渠帥爨震及西爨首領皆詣府參謁。[19]上大悅，下詔褒揚之。其兄子伯仁，[20]隨沖在府，掠人之妻，士卒縱暴，邊人失望。上聞而大怒，令蜀王秀治其事。[21]益州長史元巖，[22]性方正，案沖無所寬貸，沖竟坐免。其弟太子洗馬世約，[23]譖巖於皇太子。上謂太子曰："古人有沽酒酸而不售者，為噬犬耳。[24]今何用世約乎？適累汝也。"世約遂除名。

[1]踐阼：亦作"踐祚""踐胙"。本指走上廟寢堂前的阼階主位以行祭祀，後代指皇帝即位登基。此指楊堅於公元581年廢北周靜帝，即位稱帝。

[2]散騎常侍：官名。為門下省的屬官，置四員，掌陪從朝直，獻納得失，實則多為安置退免大臣的閑散虛職。從三品。隋煬帝大業三年罷廢。

[3]安固縣侯：爵名。為隋九等爵的第六等。正二品。

[4]南汾州胡：此指西魏以來居於南汾州（治所在今山西稷山縣）境內的稽胡。

[5]牧宰：泛指州縣長官。

[6]石州：北周改西汾州置，隋初沿之。治所在今山西呂梁市。

[7]憂：即居親喪。多指居父母之喪。

[8]南寧州：隋開皇四年置，設總管府。治所在今雲南曲靖市。

[9]持節：魏晉南北朝至隋時，凡重要軍政長官出鎮或出征，均加使持節、持節、假節等頭銜，以表示其權力和尊崇。使持節可誅殺二千石以下官吏，持節可誅殺無官職之人，假節可誅殺犯軍令

之人。

[10]王長述：人名。即王述，以字行。傳見本書卷五四，《北史》卷六二有附傳。

[11]生梗：即桀驁不馴。

[12]殘賊：即暴虐殘害。

[13]邊服：指距離統治中心極遠的地方。

[14]開府：此處是以韋冲所任的散實官名"開府"代稱其人。

[15]艱疚：指喪親之痛。

[16]金革奪情：古時官員辭職居親喪期間，若國有征伐戰事，帝王即可令其提前結束服喪期，復官投赴戰事，此稱作"金革奪情"。

[17]通式：即通行的程式慣例。

[18]抑割：此指抑制喪親的悲痛之情。

[19]渠帥：古時對少數民族部落酋長或武裝反叛者首領的泛稱。　爨震：人名。南朝末至隋初南中地區爨氏部族的首領。事亦見本書卷三七、《北史》卷五九《梁睿傳》。　西爨：古族名。由三國兩晋南北朝時期南中大姓爨氏集團演變而來，是爨氏部族的西支，分布在今雲南省東部一帶。

[20]伯仁：人名。即韋伯仁。韋冲的侄子，隋開皇中隨從韋冲在南寧州總管府任職當差，但其掠人之妻，縱兵施暴，引起邊患。隋文帝即令益州大總管蜀王楊秀嚴治其罪，韋冲亦受牽連坐罪免官。事亦見《北史》卷六四《韋冲傳》。

[21]蜀王秀：即楊秀。傳見本書卷四五、《北史》卷七一。

[22]益州長史：官名。據本書卷六二《元巖傳》，此當是"益州總管府長史"的省稱。參見前注"益州""總管府長史"。　元巖：人名。傳見本書卷六二、《北史》卷七五。

[23]太子洗（xiǎn）馬：官名。爲太子東宮門下坊所轄六局之一司經局的長官，掌東宮圖籍文翰，太子出行則當直者前驅導威儀。隋文帝時置四員，從五品上；隋煬帝時減置二員，從五品。

[24]噬犬：即凶猛咬人的狗。

後數載，令沖檢校括州事。[1]時東陽賊帥陶子定、吳州賊帥羅慧方並聚衆爲亂，[2]攻圍婺州永康、烏程諸縣，[3]沖率兵擊破之。改封義豐縣侯，[4]檢校泉州事。[5]尋拜營州總管。

[1]檢校：官制用語。指尚未實授某官但已掌其職事，即代理、代辦之意。此處"檢校括州事"，即代理括州刺史之職事。　括州：隋開皇十二年改處州置。治所在今浙江麗水市東南。

[2]東陽：縣名。隋時有兩個東陽縣，文中所指當是開皇十二年改吳寧縣所置的東陽縣，治所在今浙江金華市，開皇十八年改名金華縣。　陶子定：人名。隋時東陽縣人，開皇中聚衆反叛，韋沖率兵擊破之。事亦見《北史》卷六四《韋沖傳》。　吳州：隋時先後有三個吳州，文中所指當是開皇九年平陳後改東揚州所置的吳州，治所在今浙江紹興市，大業初改稱越州，大業三年改爲會稽郡。　羅慧方：人名。隋時吳州人，開皇中聚衆叛亂，韋沖率兵擊破之。事亦見《北史·韋沖傳》。

[3]婺州：隋開皇九年平陳後始置。治所在今浙江金華市。永康：縣名。治所在今浙江永康市。　烏程：縣名。治所在今浙江湖州市。按，據本書《地理志下》，隋時婺州無烏程縣，而有烏傷縣（治所在今浙江義烏市）；烏程縣隸屬於蘇州，其地與文中所涉之括州、東陽縣、吳州、婺州、永康縣等地相距甚遠，而烏傷縣則與文中所涉五地相鄰近，故疑此處"烏程"當是"烏傷"之誤（參見唐華全《中華書局點校本〈隋書〉質疑二十九則》）。

[4]義豐縣侯：爵名。爲隋九等爵的第六等。正二品。

[5]泉州：隋開皇九年平陳後改豐州置。治所在今福建福州市。

　　冲容貌都雅，[1]寬厚得衆心。懷撫靺鞨、契丹，[2]皆能致其死力。奚、霫畏懼，[3]朝貢相續。高麗嘗入寇，[4]冲率兵擊走之。仁壽中，[5]高祖爲豫章王暕納冲女爲妃，[6]徵拜民部尚書。[7]未幾，卒，時年六十六。少子挺，[8]最知名。

　　[1]都雅：即俊美閑雅。

　　[2]靺鞨：古族名。周時稱肅慎，漢魏時稱挹婁，南北朝時稱勿吉，隋唐時稱靺鞨。分布在今松花江、牡丹江流域及黑龍江下游，東至日本海。傳見本書卷八一、《北史》卷九四、《舊唐書》卷一九九下、《新唐書》卷二一九。按，“靺鞨”各本皆同，但《北史》卷六四《韋冲傳》作“靺羯”，當訛。　契丹：古族名。源出東胡。南北朝至隋唐時分布在今遼河上游及內蒙古西拉木倫河一帶。傳見本書卷八四、《魏書》卷一〇〇、《北史》卷九四、《舊唐書》卷一九九下、《新唐書》卷二一九。

　　[3]奚：古族名。源出東胡。南北朝時稱庫莫奚，隋唐時稱奚。分布在今內蒙古西拉木倫河流域及河北承德市一帶，後漸與契丹同化。傳見本書卷八四、《魏書》卷一〇〇、《周書》卷四九、《北史》卷九四、《舊唐書》卷一九九下、《新唐書》卷二一九。　霫：古族名。隋唐時分布在今內蒙古西拉木倫河以北及大興安嶺中段山區，後南遷併於奚，漸與契丹同化。傳見《舊唐書》卷一九九下。

　　[4]高麗：古國名。亦稱高句麗。南北朝至隋唐時位於今朝鮮半島北部及遼河以東地區。傳見本書卷八一、《魏書》卷一〇〇、《周書》卷四九、《北史》卷九四、《舊唐書》卷一九九上、《新唐書》卷二二〇。

　　[5]仁壽：隋文帝楊堅年號（601—604）。

　　[6]豫章王：爵名。全稱是豫章郡王。爲隋九等爵的第二等。從一品。　暕：人名。即隋煬帝第二子楊暕。傳見本書卷五九、

《北史》卷七一。

[7]民部尚書：官名。隋初沿北魏、北齊之制置度支尚書，開皇三年改稱民部尚書。爲尚書省所轄六部之一民部的長官，掌全國土地、户口、賦税、錢糧之政令，統度支、民部、金部、倉部四曹。置一員，正三品。按，“民部尚書”各本皆同，但《北史·韋冲傳》作“户部尚書”，當是避唐太宗李世民之諱而改。

[8]挺：人名。即韋挺。韋冲的少子，隋至唐初時人，官至御史大夫、太常卿，爲唐太宗朝之名臣。傳見《舊唐書》卷七七、《新唐書》卷九八。

壽字世齡。[1]父孝寬，周上柱國、郇國公。[2]壽在周，以貴公子，早有令譽，爲右侍上士。[3]遷千牛備身。[4]趙王爲雍州牧，[5]引爲主簿。尋遷少御伯。[6]武帝親征高氏，[7]拜京兆尹，[8]委以後事。以父軍功，賜爵永安縣侯，[9]邑八百户。高祖爲丞相，以其父平尉迥，拜壽儀同三司，進封滑國公，[10]邑五千户。俄以父喪去職。高祖受禪，起令視事，尋遷恒、毛二州刺史，[11]頗有治名。開皇十年，以疾徵還，卒于家，時年四十二。謚曰定。仁壽中，高祖爲晉王昭納其女爲妃。[12]以其子保巒嗣。[13]

[1]壽字世齡：底本“壽”之前有“韋壽”二字，當衍，據宋刻遞修本、殿本、庫本、中華本删。

[2]上柱國：官名。北周武帝建德四年始置，爲十一等勳官的第一等，可開府置官屬。正九命。　郇國公：爵名。北周時爲十一等爵的第四等。正九命。

[3]右侍上士：官名。北周時爲天官府左右宮伯曹的屬官，與

左侍上士對置，位居該曹左右中侍上士之下，同掌宫寢内部禁衛之事。正三命。

[4]千牛備身：官名。北魏始置千牛備身，掌執千牛御刀，侍從皇帝左右。北齊時屬左右將軍府，隋時屬左右領左右府，均爲正六品下。北周當是仿襲北魏、北齊之制而置千牛備身，但其隸屬、命品未詳。

[5]趙王：北周宗室親王宇文招的封爵名，此代指其人。宇文招是宇文泰之子，北周武帝建德三年爵封趙王，建德四年官任雍州牧。傳見《周書》卷一三、《北史》卷五八。　雍州牧：官名。北周時爲都城長安（今陝西西安市西北郊）所在地雍州的最高行政長官，例由宗室諸王專任。因與諸州刺史有别而特稱“牧”。九命。

[6]少御伯：官名。是北周小御伯的别稱。參見前注“少御伯下大夫”。按，據《周書》卷六《武帝紀下》，趙王招爲雍州牧是在建德四年三月，周武帝親征北齊是在建德四年之秋，上距周武帝保定四年改御伯爲納言，已過十二年，此時不容再有小御伯或少御伯之官名。故此處所載“少御伯”顯欠準確，疑當作“小納言”。（參見王仲犖《北周六典》卷二《天官府第七》，第62頁）

[7]高氏：北齊皇帝的姓氏，此代指北齊。

[8]京兆尹：官名。北周時爲都城長安所在地京兆郡的長官。因與諸郡太守有别而特稱“尹”。八命。

[9]永安縣侯：爵名。北周時爲十一等爵的第七等。正八命。

[10]滑國公：爵名。北周時爲十一等爵的第四等。正九命。

[11]恒：州名。北周始置，隋初沿之。治所在今河北正定縣西南。　毛：州名。治所在今河北館陶縣。

[12]晋王昭：即隋煬帝的長子楊昭。傳見本書卷五九、《北史》卷七一。按，“昭”底本原作“廣”，殿本、庫本與底本同，但宋刻遞修本、中華本作“昭”。考本書卷二《高祖紀下》，開皇二十年十一月立晋王楊廣爲皇太子，仁壽元年正月改封楊廣的長子楊昭爲晋王。然則仁壽中稱晋王者絶非楊廣，而當是其子楊昭。故

底本、殿本、庫本均誤，今據宋刻遞修本、中華本改。

[13]保巒：人名。即韋保巒。韋壽的嗣子，隋時官至右衛副率。事亦見《北史》卷六四《韋壽傳》、《新唐書·宰相世系表四上》）。

壽弟霽，[1]位至太常少卿，[2]安邑縣伯。[3]津位至內史侍郎，[4]判民部尚書事。[5]

[1]霽：人名。即韋霽。韋孝寬之子，韋壽之弟，隋煬帝時官任太常少卿，爵封安邑縣伯。事亦見本書《禮儀志三》、卷七三《魏德深傳》及《北史》卷六四《韋孝寬傳》、卷八六《魏德深傳》。

[2]太常少卿：官名。爲太常寺的次官，協助長官太常卿掌國家禮樂、郊廟社稷祭祀等事務，通判本寺各署事。隋初置一員，正四品上；隋煬帝大業三年增置二員，降爲從四品。

[3]安邑縣伯：爵名。爲隋九等爵的第七等。正三品。

[4]津：人名。即韋津。韋孝寬之子，韋霽之弟，隋煬帝時官任內史侍郎，判民部尚書事。事亦見本書卷四《煬帝紀下》、卷七〇《李密傳》、卷七一《元文都傳》，《北史》卷七九《段達傳》，《新唐書·宰相世系表四上》等。　內史侍郎：官名。爲內史省的次官，協助本省長官掌詔令出納宣行。隋初置四員，正四品下；隋煬帝大業三年減置二員，正四品。大業十二年改內史省爲內書省，內史侍郎遂改稱內書侍郎。

[5]判：官制用語。即以本官署理他官之職事。

世康從父弟操，[1]字元節，剛簡有風概。仕周，致位上開府、光州刺史。[2]高祖爲丞相，以平尉迥功，進位柱國，封平桑郡公，[3]歷青、荊二州總管，[4]卒官。諡曰静。

[1]操：人名。即韋操。韋世康的堂弟，北周至隋初時人，隋文帝時位居柱國，爵封平桑郡公，歷官青、荊二州總管。其事除見於本卷外，未見其他記載。

[2]光州：北周時有兩個光州：一是沿襲北魏、北齊所置的光州，治所在今山東萊州市；二是沿襲南朝梁所置的光州，治所在今河南光山縣。文中所指當是第一個光州。

[3]平桑郡公：爵名。北周時爲十一等爵的第五等。正九命。

[4]青：州名。北周置總管府，隋初沿之，開皇十四年府廢。治所在今山東青州市。

柳機　子述　機弟旦　肅　從弟雄亮　從子謇之　族兄昂　昂子調

柳機字匡時，河東解人也。[1]父慶，[2]魏尚書左僕射。[3]機偉儀容，有器局，[4]頗涉經史。年十九，周武帝時爲魯公，[5]引爲記室。[6]及帝嗣位，自宣納上士累遷少納言、太子宮尹，[7]封平齊縣公。[8]從帝平齊，拜開府，轉司宗中大夫。[9]宣帝時，[10]遷御正上大夫。[11]機見帝失德，屢諫不聽，恐禍及己，托於鄭譯，[12]陰求出外，於是拜華州刺史。[13]

[1]河東：郡名。治所在今山西永濟市西蒲州鎮。　解（xiè）：縣名。漢時治所在今山西運城市西南。按，此處因言柳氏郡望，故沿用漢縣名，隋時無解縣。

[2]慶：人名。即柳慶。柳機之父，北魏末至北周時人，西魏

時官至尚書左僕射，北周時官至司會中大夫。傳見《周書》卷二
二，《北史》卷六四有附傳。

　　[3]尚書左僕射：官名。西魏時爲尚書省的次官，與尚書右僕
射對置，輔助長官尚書令執行政務，參議國家大政。但因尚書令不
常置，尚書省政務常由左右僕射主持，僕射則成爲尚書省的實際長
官，位列宰相。從二品。

　　[4]器局：即器量、度量。

　　[5]魯公：爵名。全稱是魯國公。北周時爲十一等爵的第四等。
正九命。

　　[6]記室：官名。此是國公府記室參軍事的省稱。北周時爲國
公府所屬列曹參軍之一，掌判府内章表書記之事務。命品未詳。

　　[7]宣納上士：官名。北周時其隸屬、職掌未詳，“或天官之
屬”。正三命。（參見王仲犖《北周六典》卷七《六官餘録第十
三》，第495頁）　少納言：官名。即北周“小納言”的別稱。參
見前注“少御伯下大夫”。　太子宮尹：官名。全稱是太子宮尹下
大夫。北周時爲太子東宮的屬官，掌領東宮諸政務。正四命。

　　[8]平齊縣公：爵名。北周時爲十一等爵的第六等。正九命或
九命。

　　[9]司宗中大夫：官名。西魏末至北周初於春官府設禮部曹，
置禮部中大夫爲該曹長官，掌吉凶禮制，正五命。北周武帝保定四
年改禮部曹爲司宗曹，禮部中大夫遂改稱司宗中大夫，但其隸屬、
職掌、命品仍舊。

　　[10]宣帝：即北周宣帝宇文贇。紀見《周書》卷七、《北史》
卷一○。

　　[11]御正上大夫：官名。亦簡稱大御正。北周明帝武成元年始
置，爲天官府御正曹的長官，掌草擬詔册文誥，近侍樞機，參議刑
罰爵賞及軍國大事。置四員，正六命。

　　[12]鄭譯：人名。傳見本書卷三八，《北史》卷三五有附傳。

　　[13]華州：北周時治所在今陝西華縣。

　　及高祖作相，徵還京師。時周代舊臣皆勸禪讓，[1]機獨義形於色，無所陳請。俄拜衞州刺史。[2]及踐阼，進爵建安郡公，[3]邑二千四百户，徵爲納言。[4]機性寬簡，有雅望，然當近侍，無所損益，又好飲酒，不親細務，在職數年，復出爲華州刺史。奉詔每月朝見。尋轉冀州刺史。[5]後徵入朝，以其子述尚蘭陵公主，[6]禮遇益隆。

　　[1]禪讓：中國古代歷史上統治權力轉移的一種方式，即皇帝把帝位讓給他人。此指北周靜帝讓位於楊堅。

　　[2]衞州：北周時治所在今河南淇縣東。

　　[3]建安郡公：爵名。爲隋九等爵的第四等。從一品。

　　[4]納言：官名。爲隋門下省的長官，置二員，掌封駁制敕，參決軍國大政，是宰相之職。正三品。

　　[5]冀州：治所在今河北冀州市。

　　[6]述：人名。即柳述。柳機之子。本卷、《北史》卷六四有附傳。　蘭陵公主：隋公主封號名。隋文帝第五女，嫁柳述爲妻。傳見本書卷八〇、《北史》卷九一。

　　初，機在周，與族人文城公昂俱歷顯要。[1]及此，機、昂並爲外職，楊素時爲納言，[2]方用事，[3]因上賜宴，素戲機曰：“二柳俱摧，孤楊獨聳。”坐者歡笑，機竟無言。未幾，還州。前後作牧，[4]俱稱寬惠。後數年，以疾徵還京師，卒於家，時年五十六。贈大將軍、青州刺史，謚曰簡。子述嗣。

　　[1]文城公：爵名。全稱是文城郡公。北周時爲十一等爵的第
五等。正九命。　　昂：人名。即柳昂。柳機的族兄。本卷、《周書》
卷三二、《北史》卷六七有附傳。

　　[2]楊素：人名。傳見本書卷四八，《北史》卷四一有附傳。

　　[3]用事：執政當權。

　　[4]牧：泛指州郡長官。

　　柳述字業隆，性明敏，有幹略，頗涉文藝。[1]少以
父蔭，[2]爲太子親衛。[3]後以尚主之故，拜開府儀同三
司，內史侍郎。上於諸婿中，特所寵敬。歲餘，判兵部
尚書事。[4]丁父艱去職。[5]未幾，起攝給事黃門侍郎
事，[6]襲爵建安郡公。仁壽中，判吏部尚書事。

　　[1]文藝：指撰述和寫作方面的學問。

　　[2]蔭：亦稱“門蔭”。古代貴族官僚子孫憑藉父祖先世的功
勞而獲得封賞、做官或免罪的一種特權制度。

　　[3]太子親衛：官名。爲太子東宮左右衛率府所統三衛之一親
衛府的衛士，掌東宮內部宿衛，皆以五品以上官之子孫充任。從七
品上。

　　[4]兵部尚書：官名。是尚書省所轄六部之一兵部的長官，掌
全國軍衛武官選授之政令，統兵部、職方、駕部、庫部四曹。置一
員，正三品。

　　[5]丁父艱：亦稱“丁父憂”。即遭逢父親喪事。參見前注
“丁母憂”。

　　[6]攝：官制用語。即以本官代理或兼理他官之職事。　　給事
黃門侍郎：官名。隋初於門下省置給事黃門侍郎四員，爲門下省的
次官，協助長官納言掌封駁制敕，參議政令的制定。正四品上。隋
煬帝大業三年去“給事”之名，但稱“黃門侍郎”，並減置二員。

正四品。

　　述雖職務修理，[1]爲當時所稱，然不達大體，暴於馭下，又怙寵驕豪，無所降屈。楊素時稱貴倖，朝臣莫不讋憚，[2]述每陵侮之，數於上前面折素短。判事有不合素意，素或令述改之，輒謂將命者曰：[3]“語僕射，[4]道尚書不肯。”素由是銜之。俄而楊素亦被疏忌，不知省務。述任寄逾重，拜兵部尚書，參掌機密。[5]述自以無功可紀，過叨匪服，[6]抗表陳讓。上許之，令攝兵部尚書。[7]

　　[1]修理：處理政務合宜。

　　[2]讋（zhé）憚：即畏懼。

　　[3]將命者：傳命之人。

　　[4]僕射：官名。全稱是尚書僕射。隋於尚書省置左、右僕射各一人爲副貳，地位僅次於長官尚書令。但因隋代尚書令不常置，僕射則成爲尚書省的實際長官，是宰相之職。從二品。此處是以職官名代稱楊素其人。

　　[5]參掌機密：官制用語。即非宰相之官而參決宰相之事的一種加銜。

　　[6]過叨（tāo）匪服：意謂所授職官已超出本身才能而無法勝任。

　　[7]令攝兵部尚書：此句底本、殿本、庫本皆同，宋刻遞修本、中華本“尚書”下有“事”字。

　　上於仁壽宮寢疾，[1]述與楊素、黃門侍郎元巖等侍疾宮中。[2]時皇太子無禮於陳貴人，[3]上知而大怒，因令述召房陵王。[4]述與元巖出外作敕書，楊素聞之，與皇太子協謀，便矯詔執述、巖二人，[5]持以屬吏。及煬帝嗣位，[6]述竟坐除名，與公主離絶。徙述于龍川郡。[7]公主請與述同徙，帝不聽，事見《列女傳》。[8]述在龍川數年，復徙寧越，[9]遇瘴癘而死，時年三十九。

[1]仁壽宮：隋離宮名。始建於開皇十三年。位於今陝西麟游縣西天臺山上。因其涼爽宜人，且離京城不遠，故爲隋代帝王消夏避暑之所。

[2]黃門侍郎：官名。參見前注“給事黃門侍郎”。按，隋煬帝大業三年始改給事黃門侍郎爲黃門侍郎，而文中所述事在隋文帝仁壽末年，此時給事黃門侍郎尚未改稱，故此處稱元巖的官銜爲“黃門侍郎”欠準確，當作“給事黃門侍郎”。　元巖：人名。隋文帝末年官任給事黃門侍郎，深受文帝寵信；隋煬帝奪位時被執下獄，煬帝即位後被除名流徙南海，終被收殺。事亦見本書卷三六《宣華夫人陳氏傳》、卷八〇《華陽王楷妃傳》及《北史》卷一四《宣華夫人陳氏傳》、卷六四《柳述傳》、卷九一《華陽王楷妃傳》等。按，此元巖與本卷《韋冲傳》所載之元巖，並非同一人。

[3]陳貴人：即隋文帝的寵婦宣華夫人陳氏。傳見本書卷三六、《北史》卷一四。

[4]房陵王：爵名。是廢太子楊勇死後所追封的爵名，此代指楊勇其人。傳見本書卷四五、《北史》卷七一。

[5]矯詔：即僞造和假托皇帝的詔令。

[6]煬帝：即隋煬帝楊廣。紀見本書卷三、四，《北史》卷一二。

[7]徙：即貶謫、流放。　龍川郡：隋大業初改循州置。治所在今廣東惠州市東。

[8]《列女傳》：此指本書卷八〇《列女傳》。

　　[9]寧越：郡名。隋大業初改欽州置。治所在今廣西欽州市東北。

　　旦字匡德，工騎射，頗涉書籍。起家周左侍上士，[1]累遷兵部下大夫。[2]頃之，益州總管王謙起逆，[3]拜爲行軍長史，[4]從梁睿討平之，[5]以功授儀同三司。開皇元年，加授開府，封新城縣男，[6]遷授掌設驃騎。[7]歷羅、浙、魯三州刺史，[8]並有能名。大業初，[9]拜龍川太守。民居山洞，好相攻擊，旦爲開設學校，大變其風。帝聞而善之，下詔褒美。四年，徵爲太常少卿，攝判黄門侍郎事。卒官，年六十一。子燮，[10]官至河内掾。[11]

　　[1]左侍上士：官名。北周時爲天官府左右宫伯曹的屬官，與右侍上士對置，位居該曹左右中侍上士之下，同掌宫寢内部禁衛之事。正三命。

　　[2]兵部下大夫：官名。全稱是小兵部下大夫，亦簡稱小兵部。北周時爲夏官府兵部曹的次官，協助長官兵部中大夫掌武官選授、軍籍及軍隊調遣等政令。正四命。

　　[3]益州：北周時置總管府，治所在今四川成都市。　總管：官名。東魏孝静帝武定六年（548）始置總管，西魏亦置。北周明帝武成元年正式改都督諸州軍事爲總管，加使持節諸軍事，總管之設乃成定制。北周總管或單任，然多兼帶刺史，故總管的職權雖以軍事爲主，實際是一軍政轄區若干州、鎮、防的最高長官。北周總管的命品史無明載，但應不低於五等州刺史的命品。（參見王仲犖《北周六典》卷一〇《總管府第二十五》，第623頁）　王謙：人名。北周末年官任益州總管，起兵反對楊堅篡周，旋被討滅。傳見《周書》卷二一，《北史》卷六〇有附傳。

〔4〕行軍長史：北周至隋時出征軍統帥屬下的幕府僚佐，位居幕府内衆幕僚之首，掌領幕府行政事務。屬臨時差遣任命之職，事罷則廢。

〔5〕梁睿：人名。傳見本書卷三七，《北史》卷五九有附傳。

〔6〕新城縣男：爵名。爲隋九等爵的第九等。正五品上。

〔7〕掌設：官制用語。即以本官掌管他官之職事。　驃騎：官名。此當是“驃騎將軍”的省稱。隋文帝時爲府兵制中統領驃騎府兵的軍事長官。正四品上。隋煬帝大業三年改驃騎府爲鷹揚府，驃騎將軍亦改稱鷹揚郎將。正五品。

〔8〕羅：州名。隋時先後有三個羅州：一是沿襲西魏始置的羅州，治所在今湖北竹山縣，開皇十八年改稱房州；二是開皇九年平陳後沿襲南朝陳所置的羅州，治所在今廣東化州市，煬帝大業初州廢；三是煬帝大業初改岳州所置的羅州，治所在今湖南岳陽市，大業三年改爲巴陵郡。文中所述事在開皇年間，故其所指當是前兩個羅州中的某一個。　淅：州名。西魏始置，隋初沿之。治所在今河南淅川縣南。按，“淅”底本原作“浙”，庫本與底本同，而宋刻遞修本、殿本、中華本均作“淅”。考本書《地理志》，隋時無浙州而有淅州，故“浙”顯爲“淅”之訛，今據宋刻遞修本、殿本、中華本改。　魯：州名。治所在今河南魯山縣。

〔9〕大業：隋煬帝楊廣年號（605—618）。

〔10〕變：人名。即柳變。柳旦之子，隋煬帝時官至河内郡掾，隋末戰亂中歸降李密，唐初官至都官郎中。事亦見本書卷七〇《李密傳》，《新唐書·宰相世系表三上》、卷八四《李密傳》、卷一九一《李育德傳》等。

〔11〕河内：郡名。隋大業初改懷州置。治所在今河南沁陽市。　掾：官名。此指郡掾。隋煬帝大業三年改州爲郡，於各郡置東、西曹掾，通稱“郡掾”，位次郡丞，分掌郡府所屬六司之事。京兆、河南二郡之郡掾爲從五品，其餘上、中、下三等郡之郡掾分別爲正六品、從六品、正七品。

蕭字匡仁，少聰敏，閑於占對。[1]起家周齊王文學，[2]武帝見而異之，召拜宣納上士。高祖作相，引爲賓曹參軍。[3]開皇初，授太子洗馬。陳使謝泉來聘，[4]以才學見稱，詔蕭宴接，時論稱其華辯。轉太子内舍人，[5]遷太子僕。[6]太子廢，坐除名爲民。大業中，帝與段達語及庶人罪惡之狀，[7]達云：“柳蕭在宫，大見疏斥。”帝問其故，答曰：“學士劉臻，[8]嘗進章仇太翼於宫中，[9]爲巫蠱事。[10]蕭知而諫曰：‘殿下帝之冢子，[11]位當儲貳，[12]誠在不孝，無患見疑。劉臻書生，鼓摇唇舌，適足以相詿誤，願殿下勿納之。’庶人不懌，[13]他日謂臻曰：‘汝何故漏泄，使柳蕭知之，令面折我？’自是後言皆不用。”帝曰：“蕭横除名，非其罪也。”召守禮部侍郎，[14]轉工部侍郎，[15]大見親任。每行幸遼東，[16]常委之於涿郡留守。[17]十一年卒，時年六十二。

[1]占對：即應對、對答。

[2]齊王：爵名。北周時爲宗室親王宇文憲的封爵名，亦代指其人。　文學：官名。此指王府文學。北周時爲諸王府的屬官，掌王府内經籍圖書之事，修撰文章，並奉侍諸王問對。命品未詳，但北魏、北齊時王府文學爲正六品上，隋時爲從六品上，可作參考。

[3]賓曹參軍：官名。此是丞相府賓曹參軍事的省稱。北周時爲楊堅左大丞相府或大丞相府所屬列曹參軍之一，掌判對外邦交之事務，接待四方使者賓客。正四命。

[4]謝泉：人名。南朝陳人，有才學，隋開皇四年以兼散騎常侍出使於隋，甚見禮遇。事亦見本書卷一《高祖紀上》、《北史》卷六四《柳蕭傳》。　聘：指國與國之間的遣使訪問。

[5]太子内舍人：官名。爲東宮門下坊的次官，制比朝中門下省之次官，輔佐長官左庶子掌侍從贊相，駁正啓奏，通判本坊事。隋初置四員，正五品上；隋煬帝時減置二員，正五品。

[6]太子僕：官名。爲東宮太子僕寺的長官，置一員，掌皇族親疏次序、車輿騎乘之事，統領厩牧署。從四品上。

[7]段達：人名。傳見本書卷八五、《北史》卷七九。　庶人：此指廢太子楊勇。

[8]學士：此指東宮學士，亦稱太子學士。是隋太子楊勇徵召文學優長之朝士兼任的一種職官。其職掌是整理東宮經籍圖書，侍從太子左右解析經史疑義。屬臨時差遣任命之職，無固定員額和品階。　劉臻：人名。傳見本書卷七六、《北史》卷八三。

[9]章仇（qiú）太翼：人名。本姓章仇氏，隋煬帝時賜姓盧氏，遂稱“盧太翼”。傳見本書卷七八、《北史》卷八九。

[10]巫蠱：古代巫師使用巫術詛咒及埋木偶人於地下，以圖加害於人的一種迷信邪術。

[11]冢子：即嫡長子。

[12]儲貳：即儲君、皇太子。

[13]不懌：即不悦、不高興。

[14]守：官制用語。即以較低官階署理較高官職。　禮部侍郎：官名。隋初於尚書省禮部下轄四曹之一禮部曹置禮部侍郎一人，爲該曹長官，掌禮儀之制。正六品上，開皇三年升爲從五品。隋煬帝大業三年改稱諸曹侍郎爲“郎”，而又於尚書省所轄六部各置“侍郎”一人，爲六部之副長官，正四品。此後，禮部侍郎就成爲禮部的副長官，而原禮部侍郎則改稱爲儀曹郎。

[15]工部侍郎：官名。隋初於尚書省工部下轄四曹之一工部曹置工部侍郎二人，爲該曹長官，掌百工徒役、土木營造之政令。正六品上，開皇三年升爲從五品。隋煬帝大業三年改稱諸曹侍郎爲“郎”，而又於尚書省所轄六部各置“侍郎”一人，爲六部之副長官。正四品。此後，工部侍郎就成爲工部的副長官，而原工部侍郎

則改稱爲起部郎。

[16]遼東：地區名。泛指今遼河以東地區。因高麗國位於遼東，故此處“行幸遼東”即指隋煬帝征高麗之事。

[17]涿郡：隋大業初改幽州置。治所在今北京市西南。　留守：古代皇帝出巡或親征時，必命大臣督守京城，許以便宜行事，謂之“京城留守”；其陪京和行都亦常設留守，多以地方長官兼任。此屬臨時差遣任命之職，皇帝還京和歸都後則罷廢。隋煬帝征高麗時，以涿郡爲行都，故沿舊制置涿郡留守。

雄亮字信誠。父檜，[1]仕周華陽太守。[2]遇黃衆寶作亂，[3]攻陷華陽，檜爲賊所害。雄亮時年十四，[4]哀毀過禮，[5]陰有復讎之志。武帝時，衆寶率其所部歸於長安，[6]帝待之甚厚。雄亮手斬衆寶於城中，請罪闕下，帝特原之。尋治梁州總管記室，[7]遷湖城令，[8]累遷內史中大夫，[9]賜爵汝陽縣子。[10]

[1]檜：人名。即柳檜。柳雄亮之父，柳慶之兄，北魏末至西魏時人，官至魏興、華陽二郡太守，西魏廢帝元年（552）安康酋帥黃衆寶攻陷郡城，即被擒殺。傳見《周書》卷四六，《北史》卷六四有附傳。

[2]華陽：郡名。西魏時治所在今陝西勉縣東。按，據《周書》卷二八《陸騰傳》、卷四六《柳檜傳》及《北史·柳檜傳》，柳檜卒於西魏廢帝元年，並未入周。故此處稱“仕周華陽太守”欠準確，“周”當作“西魏”。

[3]黃衆寶：人名。西魏安康郡酋帥，廢帝元年聚衆作亂，攻陷華陽等郡，又攻圍東梁州，旋被陸騰率軍擊破；至北周武帝時率部歸順朝廷，結果被柳雄亮復仇斬殺於長安城中。事亦見《周書·陸騰傳》、卷四四《泉仲遵傳》、卷四六《柳檜傳》，《北史》卷二

八《陸騰傳》、卷六四《柳檜傳》。

　　[4]年十四：各本皆同，《北史》卷六四《柳雄亮傳》亦同，但《周書·柳檜傳》載作“年十二”。

　　[5]哀毀：指居親喪悲傷異常而毀損身體。常用作居喪盡禮之辭。

　　[6]長安：西魏、北周的都城，在今陝西西安市西北郊。

　　[7]治：官制用語。通“司”，即掌管某官之職事，亦即任官之意。　梁州：北周時治所在今陝西漢中市。　總管記室：官名。全稱是總管府記室參軍事。北周時爲諸州總管府所屬列曹參軍之一，掌判府内章表書記之事務。其命品史無明載，但北周諸州府的記室參軍按諸州等級分爲正三命至正一命五級，故諸州總管府的記室參軍亦應與此略同。

　　[8]湖城：縣名。北周時治所在今河南靈寶市西北。

　　[9]内史中大夫：官名。北周初爲春官府内史曹的長官，置二人，掌撰擬皇帝詔令，參議刑罰爵賞及軍國大事。北周宣帝大象元年增置内史上大夫一人爲該曹長官，内史中大夫遂退居該曹次官。正五命。

　　[10]汝陽縣子：爵名。北周時爲十一等爵的第九等。正六命。

　　司馬消難作亂江北，[1]高祖令雄亮聘于陳，以結鄰好。及還，會高祖受禪，拜尚書考功侍郎，[2]尋遷給事黃門侍郎。尚書省凡有奏事，[3]雄亮多所駁正，深爲公卿所憚。俄以本官檢校太子左庶子，[4]進爵爲伯。[5]秦王俊之鎮隴右也，[6]出爲秦州總管府司馬，[7]領山南道行臺左丞。[8]卒官，時年五十一。有子贊。[9]

　　[1]司馬消難：人名。北周末年官任鄖州總管，起兵反對楊堅篡周，旋被討滅，逃奔南朝陳。傳見《周書》卷二一，《北史》卷

五四有附傳。　江北：地區名。此指長江中游以北地區。

［2］拜：底本原作“梁”，顯誤，據宋刻遞修本、殿本、庫本、中華本改。　尚書考功侍郎：官名。爲尚書省吏部所轄四曹之一考功曹的長官，置一員，掌官員政績考課事務。隋初爲正六品上，開皇三年升爲從五品。隋煬帝大業三年改諸曹侍郎爲郎，考功侍郎遂改稱考功郎。

［3］尚書省：官署名。爲隋中央最高政令執行機關，與門下省、内史省共秉軍國大政，合稱“三省”。其長官爲尚書令，但不常置，故實由次官左右僕射主其事。下轄吏、民、禮、兵、刑、工六部，分掌全國行政事務。

［4］太子左庶子：官名。爲太子東宮所轄門下坊的長官，置二員，掌侍從贊相，駁正啓奏，制比朝廷門下省的納言。正四品上。

［5］伯：爵名。爲隋九等爵的第七等。正三品。

［6］秦王俊：即楊俊。傳見本書卷四五、《北史》卷七一。隴右：地區名。亦稱隴西。泛指今甘肅隴山以西地區。

［7］秦州：北周置總管府，隋初沿之。治所在今甘肅天水市。總管府司馬：官名。爲諸州總管府的上佐官，協助總管統領府中軍務。其品階史無明載，但隋代諸州總管府和諸州府均分爲上、中、下三等，三等州司馬的品階分別爲正五品下、從五品下、正六品下，故三等總管府司馬的品階亦當與三等州司馬略同。

［8］山南道：即在華山和終南山以南之地設置的軍政特區，治所在今湖北襄樊市。隋初根據形勢需要，於地方設置軍政特區，稱爲“道”，每道範圍包括若干州。　行臺左丞：官名。隋初在各道軍政特區設置“行臺尚書省”，簡稱行臺，是中央最高行政機關尚書省的派出機構，執掌特區内軍政事務。行臺左丞是行臺尚書省的屬官，掌判行臺總署事務，糾駁諸司文案，爲流内視從四品。

［9］贊：人名。即柳贊。柳雄亮的嗣子，隋至唐初時人，官至都官郎中。事亦見《北史》卷六四《柳雄亮傳》、《新唐書·宰相世系表三上》。

　　謩之字公正。父蔡年，[1]周順州刺史。[2]謩之身長七尺五寸，儀容甚偉，風神爽亮，進止可觀。爲童兒時，[3]周齊王憲嘗遇謩之於塗，[4]異而與語，大奇之。因奏入國子，以明經擢第，[5]拜宗師中士，[6]尋轉守廟下士。[7]武帝嘗有事太廟，[8]謩之讀祝文，[9]音韻清雅，觀者屬目。帝善之，擢爲宣納上士。及高祖作相，引爲田曹參軍，[10]仍諮典籤事。[11]

　　[1]蔡年：人名。即柳蔡年。柳謩之之父，柳慶兄柳虬之子，柳機的堂兄，北周時人，官至順州刺史。事亦見《北史》卷六四《柳謩之傳》、《新唐書·宰相世系表三上》。

　　[2]順州：北周時治所在今湖北隨州市西北。

　　[3]童兒：底本、宋刻遞修本、中華本皆同，殿本、庫本作"兒童"。

　　[4]齊王憲：即北周宗室親王宇文憲。宇文泰的第五子，北周武帝時爵封齊王。傳見《周書》卷一二、《北史》卷五八。

　　[5]明經：漢代射策取士的一個科目名。南北朝時沿置，亦爲朝廷選拔人才的考試科目之一，主要考察應試者對儒家經典的通曉程度，凡合格者即可録用授官。　擢第：即在明經等科目考試中合格及第。

　　[6]宗師中士：官名。全稱是小宗師中士。北周時爲天官府宗師曹的屬官，仰承長官宗師中大夫之命，掌修撰皇室親族之譜牒。正二命。按，"宗師中士"各本皆同，但《北史·柳謩之傳》作"宮師中士"。考王仲犖《北周六典》，北周官制中無宮師中士而有宗師中士，故《北史》當訛。

　　[7]守廟下士：官名。全稱是小守廟下士。北周時爲春官府守廟曹的屬官，仰承長官守廟中大夫之命，掌太廟日常守護、四時祭

祀之事務。正一命。

[8]太廟：古代帝王供奉和祭祀祖先的宗廟。

[9]祝文：古代祭祀神靈或祖先的文辭。

[10]田曹參軍：官名。此是丞相府田曹參軍事的省稱。北周時為楊堅左大丞相府或大丞相府所屬列曹參軍之一，掌判土地籍帳、勸課農桑等事務。正四命。

[11]諮：官制用語。即參議或參掌某官之職事。 典籤：官名。此指丞相府典籤。北周時為楊堅左大丞相府或大丞相府的屬官，掌宣傳本府教令之事。命品未詳。

開皇初，拜通事舍人，尋遷内史舍人，歷兵部、司勳二曹侍郎。[1]朝廷以謇之有雅望，善談謔，又飲酒至石不亂，由是每梁、陳使至，[2]輒令謇之接對。後遷光祿少卿。[3]出入十餘年，每參掌敷奏。[4]會吐谷渾來降，[5]朝廷以宗女光化公主妻之，[6]以謇之兼散騎常侍，送公主於西域。[7]俄而突厥啓民可汗求結和親，[8]復令謇之送義成公主於突厥。[9]謇之前後奉使，得二國所贈馬千餘匹，雜物稱是，皆散之宗族，家無餘財。仁壽中，出為肅州刺史，[10]尋轉息州刺史，俱有惠政。後二歲，以母憂去職。

[1]兵部：官名。即兵部侍郎。隋初於尚書省兵部下轄四曹之一兵部曹置兵部侍郎二人為該曹長官，掌武官勳祿品級、軍籍及軍隊調遣等政令。正六品上，開皇三年升為從五品。隋煬帝大業三年改諸曹侍郎為“郎”，而又於尚書省所轄六部各置“侍郎”一人，為六部之副長官。正四品。此後，兵部侍郎就成為兵部的副長官，而原兵部侍郎則改稱為兵曹郎。 司勳：官名。即司勳侍郎。為尚

書省吏部所轄四曹之一司勳曹的長官，置二員，掌校定勳績及授予勳散官告身等事。隋初爲正六品上，開皇三年升爲從五品。隋煬帝大業三年改諸曹侍郎爲郎，司勳侍郎遂改稱司勳郎。

［2］梁：即南朝後梁（555—587），都於江陵（今湖北荆州市）。

［3］光禄少卿：官名。爲光禄寺的次官，輔助長官光禄卿掌管宮廷膳食、窖藏、釀造等事務，通判本寺所轄太官、肴藏、良醖、掌醢四署事。隋初置一員，正四品上；隋煬帝大業三年增置二員，降爲從四品。

［4］敷奏：即臣下向皇帝陳奏政事。

［5］吐谷（yù）渾：古族名。本爲遼東鮮卑之種，姓慕容氏，西晉時西遷至群羌故地，北朝至隋唐時期游牧於今青海北部和新疆東南部地區。傳見本書卷八三、《晉書》卷九七、《魏書》卷一〇一、《周書》卷五〇、《北史》卷九六、《舊唐書》卷一九八、《新唐書》卷二二一上。

［6］光化公主：隋公主封號名。隋宗室之女，開皇十六年出嫁吐谷渾主世伏爲妻，翌年世伏被殺，其弟伏允繼立，遂依俗再嫁伏允。事亦見本書《吐谷渾傳》及《北史》卷六四《柳䛒之傳》、卷九六《吐谷渾傳》。

［7］西域：地區名。漢以來對玉門關、陽關以西地區的總稱。狹義專指葱嶺以東而言；廣義則指凡通過狹義西域所能到達的地區，包括亞洲中西部、印度半島、歐洲東部和非洲北部在内。此指吐谷渾所轄的西域之地。

［8］啓民可汗：隋時東突厥可汗，名染干。事亦見本書卷八四、《北史》卷九九《突厥傳》等。可汗是古代鮮卑、柔然、突厥、回紇、蒙古等民族中最高統治者的稱號。按，“啓民”各本皆同，但《北史·柳䛒之傳》作“啓人”，乃避唐太宗李世民之諱而改。

［9］義成公主：隋公主封號名。亦作“義城公主”。隋宗室之女，開皇十九年出嫁東突厥啓民可汗爲妻。事亦見本書卷三及卷四《煬帝紀》、卷五一《長孫晟傳》、卷六五《李景傳》、卷八四《突

厥傳》，《北史》卷一二《隋煬帝紀》、卷一四《隋煬帝愍皇后蕭氏傳》、卷七九《宇文化及傳》、卷九九《突厥傳》等。

[10]肅州：隋文帝仁壽中置。治所在今甘肅酒泉市。

煬帝踐阼，復拜光禄少卿。大業初，啓民可汗自以內附，遂畜牧於定襄、馬邑間，[1]帝使謇之諭令出塞。及還，奏事稱旨，拜黄門侍郎。

[1]定襄：郡名。隋大業初改雲州置。治所在今內蒙古和林格爾縣西北。　馬邑：郡名。隋大業初改朔州置。治所在今山西朔州市。

時元德太子初薨，[1]朝野注望，皆以齊王當立。[2]帝方重王府之選，大業三年，車駕還京師，拜爲齊王長史。[3]帝法服臨軒，[4]備儀衛，命齊王立於西朝堂之前，北面。遣吏部尚書牛弘、内史令楊約、左衛大將軍宇文述等，[5]從殿廷引謇之詣齊王所，西面立。牛弘宣敕謂齊王曰：“我昔階緣恩寵，[6]啓封晉陽，[7]出藩之初，[8]時年十二。先帝立我於西朝堂，乃令高熲、虞慶則、元旻等，[9]從内送王子相於我。[10]于時誡我曰：‘以汝幼冲，未更世事，今令子相作輔於汝，事無大小，皆可委之。無得昵近小人，疏遠子相。若從我言者，有益於社稷，成立汝名行。如不用此言，唯國及身，敗無日矣。’吾受敕之後，奉以周旋，[11]不敢失墜。微子相之力，吾無今日矣。若與謇之從事，一如子相也。”又敕謇之曰：“今以卿作輔於齊，善思匡救之理，副朕所望。若齊王德業修備，富貴自當鍾卿一門。若有不善，罪亦相及。"
時齊王正擅寵，左右放縱，喬令則之徒，[12] 深見昵狎。
謇之雖知其罪失，不能匡正。及王得罪，謇之竟坐
除名。

[1]元德太子：即隋煬帝長子楊昭。傳見本書卷五九、《北史》
卷七一。　薨：上古稱諸侯之死爲薨，後世沿以稱三品以上官之死
爲薨。

[2]齊王：即隋煬帝次子楊暕的封爵名，此代指其人。傳見本
書卷五九、《北史》卷七一。

[3]長史：官名。此指親王府長史。爲隋親王府的上佐官，位
居府中衆僚屬之首，統領府內諸政務。從四品上。

[4]法服：古代根據禮法規定的不同等級的服飾。此指皇帝的
正式朝服。　臨軒：指皇帝不坐正殿而御前殿。因殿前堂陛之間近
檐處兩邊有檻楯，如車之軒，故稱臨軒。古代皇帝法服臨軒，乃是
拜官宣敕的一種重要儀式。

[5]牛弘：人名。傳見本書卷四九、《北史》卷七二。　內史
令：官名。爲內史省的長官，掌皇帝詔令出納宣行，是宰相之職。
隋初內史省置監、令各一人，尋廢監，置令二人。正三品。隋煬帝
大業末改內史省爲內書省，內史令遂改稱內書令。　楊約：人名。
本書卷四八、《北史》卷四一有附傳。　左衛大將軍：官名。隋文
帝時設左右衛，各置大將軍一人爲本府長官，掌宮掖禁禦，督攝仗
衛。正三品。隋煬帝大業三年改左右衛爲左右翊衛，左衛大將軍遂
改稱左翊衛大將軍。　宇文述：人名。傳見本書卷六一、《北史》
卷七九。

[6]階緣：即憑藉、依托之意。

[7]晉陽：縣名。治所在今山西太原市西南古城營。此指隋煬
帝楊廣在隋初受封晉王時的封國所在地。

[8]出藩：即出任地方長官。此指楊廣在隋初出任并州大總管、河北道行臺尚書令。

[9]高熲：人名。傳見本書卷四一、《北史》卷七二。　虞慶則：人名。傳見本書卷四〇、《北史》卷七三。　元旻：人名。隋文帝時官至左衛大將軍，爵封五原郡公，開皇二十年皇太子楊勇被廢時苦諫，文帝怒而誅之。事亦見本書卷四〇《元胄傳》、卷四五《房陵王勇傳》、卷五三《史萬歲傳》，《北史》卷六八《王世積傳》、卷七一《房陵王勇傳》、卷七三《元胄傳》。

[10]王子相：人名。即王韶，字子相。傳見本書卷六二、《北史》卷七五。

[11]周旋：古代行禮時進退揖讓的動作，後借喻對他人的禮敬尊崇。

[12]喬令則：人名。隋煬帝時爲齊王楊暕的寵佞府僚，陰助楊暕多行不法，煬帝聞而怒斬之。事亦見本書卷五九、《北史》卷七一《齊王暕傳》。

帝幸遼東，召謇之檢校燕郡事。[1]及帝班師，至燕郡，坐供頓不給，[2]配戍嶺南，卒於湞口，[3]時年六十。子威明。[4]

[1]燕郡：隋大業初置。治所在今遼寧義縣。

[2]供頓：指供給行旅宴飲所需之物。

[3]湞口：地名。即今廣東英德市西南連江口。

[4]威明：人名。即柳威明。柳謇之之子，隋至唐初時人，官至吏部郎中。事亦見《北史》卷六四《柳謇之傳》、《新唐書·宰相世系表三上》。

昂字千里。父敏，[1]有高名，好禮篤學，治家如官。

仕周，歷職清顯。開皇初，爲太子太保。[2]昂有器識，[3]幹局過人。周武帝時，爲大内史，[4]賜爵文城郡公，致位開府，當塗用事，百僚皆出其下。宣帝嗣位，稍被疏遠，然不離本職。

[1]敏：人名。即柳敏。柳昂之父，北魏末至隋初時人，北周時官至小司馬，隋開皇元年官至太子太保，其年卒。傳見《周書》卷三二、《北史》卷六七。

[2]太子太保：官名。爲東宮三師之一，置一員，掌教諭太子。實則多爲安置退免大臣的閑職，或用作加官贈衒，皆無官屬。正二品。

[3]器識：底本、宋刻遞修本、中華本皆同，殿本、庫本作"氣識"。

[4]大内史：官名。全稱是内史上大夫。北周宣帝大象元年始置，爲春官府内史曹的長官，置一人，掌撰擬皇帝詔令，參議刑罰爵賞及軍國大事。正六命。按，文中所述事在周武帝時，此時尚未置内史上大夫，内史曹的長官爲内史中大夫，而考《周書》卷三二、《北史》卷六七《柳昂傳》均正載作"内史中大夫"，故此處"大内史"當是"内史中大夫"之誤（參見唐華全《中華書局點校本〈隋書〉質疑二十九則》）。

及高祖爲丞相，深自結納。高祖大悦之，以爲大宗伯。[1]昂受拜之日，遂得偏風，[2]不能視事。高祖受禪，昂疾愈，加上開府，[3]拜潞州刺史。[4]昂見天下無事，可以勸學行禮，因上表曰：

[1]大宗伯：官名。全稱是大宗伯卿。北周時爲六官中第三官

春官府的長官，置一員，掌禮樂、邦交等政務。正七命。

〔2〕偏風：即中風而致半身不遂之症。

〔3〕上開府：官名。全稱是上開府儀同三司。爲隋十一等散實官的第五等，可開府置僚佐。從三品。

〔4〕潞州：治所在今山西長治市。

　　臣聞帝王受命，建學制禮，故能移既往之風，成惟新之俗。自魏道將謝，分割九區，[1]關右、山東，[2]久爲戰國，各逞權詐，俱殉干戈，賦役繁重，刑政嚴急。蓋救焚拯溺，無暇從容，非朝野之願，以至於此。晚世因循，遂成希慕，俗化澆敝，流宕忘反。自非天然上哲，挺生於時，則儒雅之道，經禮之制，衣冠民庶，莫肯用心。世事所以未清，軌物由兹而壞。[3]

　　〔1〕九區：即古“九州”。此代指全國。

　　〔2〕關右：地區名。參見前注。此代指西魏和北周。　　山東：地區名。戰國秦漢時期稱崤山或華山以東地區爲山東，魏晉南北朝隋唐時期亦稱太行山以東地區爲山東。此代指東魏和北齊。

　　〔3〕軌物：即法度、準則。

　　伏惟陛下稟靈上帝，受命旻天，[1]合三陽之期，[2]膺千祀之運。[3]往者周室頹毀，區宇沸騰，聖策風行，神謀電發，端坐廊廟，蕩滌萬方，俯順幽明，君臨四海。擇萬古之典，無善不爲，改百王之弊，無惡不盡。至若因情緣義，爲其節文，[4]故以三百三千，[5]事高前代。然下土黎獻，[6]尚未盡行。臣謬蒙獎策，從政藩部，[7]人庶軌儀，實見多闕，儒風以墜，禮教猶微，是知百姓之心，未能頓變。仰惟深思遠慮，情念下民，漸被以儉，使至於道。臣恐業淹事緩，動延年世。若行禮勸學，道教相催，[8]必當靡然向風，不遠而就。家知禮節，人識義方，[9]比屋可封，輒謂非遠。

[1]旻天：宋刻遞修本、殿本、庫本、中華本均作"昊天"，義同。

[2]三陽：指《易》八卦中的乾卦，由三陽爻構成，爲吉亨之象。

[3]千祀：即千年、千載。

[4]節文：指禮儀規範。

[5]三百三千：三百，《詩經》之篇數；三千，孔子之弟子數。此代指儒學詩禮。

[6]黎獻：即黎民百姓。

[7]藩部：泛指地方州郡。

[8]道教：此指道德教化。

[9]義方：指行事應該遵守的規範和道理。

上覽而善之，因下詔曰：

建國重道，莫先於學，尊主庇民，莫先於禮。自魏氏不競，[1]周、齊抗衡，分四海之民，鬮二邦之力，遞爲强弱，多歷年所。務權詐而薄儒雅，重干戈而輕俎豆，[2]民不見德，唯争是聞。朝野以機巧爲師，文吏用深刻爲法，風澆俗弊，化之然也。雖復建立庠序，[3]兼啓黌塾，[4]業非時貴，道亦不行。其間服膺儒術，蓋有之矣，彼衆我寡，未能移俗。然其維持名教，[5]獎飾彝倫，[6]微相弘益，賴斯而已。王者承天，休咎隨化，[7]有禮則祥瑞必降，無禮則妖孽興起。人禀五常，[8]性靈不一，有禮則陰陽合德，無禮則禽獸其心。治國立身，非禮不可。

[1]不競：即不强、不振，衰敗之意。
[2]俎豆：古代祭祀、宴饗時盛食物用的兩種禮器。此代指儒學禮制。
[3]庠序：此指官方學校。
[4]黌（hóng）塾：此指私學、私塾。
[5]名教：指以正名定分爲主的古代儒家禮教。
[6]彝倫：即綱常倫理。
[7]休咎：即善惡、吉凶。
[8]五常：一指仁、義、禮、智、信五種道德教條；一指父義、母慈、兄友、弟恭、子孝五種道德倫理。

朕受命於天，財成萬物，[1]去華夷之亂，[2]求風化之宜。戒奢崇儉，率先百辟，[3]輕徭薄賦，冀以寬弘。而積習生常，未能懲革，閭閻士庶，[4]吉凶之禮，動悉乖方，[5]不依制度。執憲之職，似塞耳而無聞，蒞民之官，猶蔽目而不察。宣揚朝化，其若是乎？古人之學，且耕且養。今者民丁非役之日，農畝時候之餘，若敦以學業，勸以經禮，自可家慕大道，人希至德。豈止知禮節，識廉恥，父慈子孝，兄恭弟順者乎？始自京師，爰及州郡，宜祗朕意，勸學行禮。

[1]財成：即裁成。謂裁度以成之。財，通“裁”。
[2]華夷之亂：指漢族文化與少數民族文化的交錯雜糅。

［3］百辟：即百官。

［4］閭閻：泛指民間。

［5］乖方：即違背法度。

自是天下州縣皆置博士習禮焉。[1]

［1］博士：官名。此指州縣博士。爲各州縣的學官，掌以儒經教授州縣生徒。品階不詳。

昂在州，甚有惠政。數年，卒官。

子調，起家秘書郎，尋轉侍御史。[1]左僕射楊素嘗於朝堂見調，[2]因獨言曰：“柳條通體弱，獨搖不須風。”調斂板正色曰：[3]“調信無取者，公不當以爲侍御史；調信有可取，不應發此言。公當具瞻之秋，[4]樞機何可輕發！”[5]素甚奇之。煬帝嗣位，累遷尚書左司郎。[6]時王綱不振，朝士多贓貨，[7]唯調清素守常，爲時所美。然於幹用，[8]非其所長。

［1］侍御史：官名。爲御史臺的屬官，置八人。隋初掌糾彈百官，推按獄訟，並以年長資深者一人主臺內日常事務。從七品下。隋煬帝大業五年罷其臺內職事歸於治書侍御史，而唯掌侍從糾察。正七品。

［2］左僕射：官名。參見前注“僕射”。

［3］斂板：亦作“斂版”。古代官員朝會時皆執手版，端持近身以示恭敬。　正色：即神情莊重，態度嚴肅。

［4］具瞻：語出《詩·小雅·節南山》：“赫赫師尹，民具爾瞻。”鄭玄箋：“此言尹氏汝居三公之位，天下之民俱視汝之所爲。”

意謂爲衆人所瞻望。後亦喻指宰輔重臣。

[5]樞機：典出《易・繫辭上》："言行，君子之樞機。"後因以喻指言語。

[6]尚書左司郎：官名。隋煬帝大業三年於尚書都省始置左右都司郎各一員，爲尚書左右丞之副貳，掌駁正違失，署覆文書及知省内宿直等事。正六品。

[7]贓貨：即用不正當手段獲取的財貨。

[8]幹用：即才幹、才能。

史臣曰：韋氏自居京兆，代有人物。世康昆季，[1]餘慶所鍾，[2]或入處禮闥，[3]或出總方岳，朱輪接軫，[4]旌斾成陰，[5]在周暨隋，勳庸並茂，盛矣！建安風韻閑雅，[6]望重當時。述恃寵驕人，終致傾敗。且屢有惠政，肅每存誠讜。[7]雄亮名節自立，忠正見稱，霽之神情開爽，頗爲疏放。文城歷仕二朝，[8]咸見推重，獻書高祖，遂興學校，言能弘道，其利博哉！[9]

[1]昆季：即兄弟。長爲昆，幼爲季。

[2]餘慶：指祖先留給子孫後輩的德澤。

[3]禮闥：漢代尚書臺設在建禮門内，又近禁闥，故稱之爲"禮闥"。後因以代指朝廷權要機關。

[4]朱輪接軫：此喻指韋氏一門位居高官顯爵者甚多。朱輪，即用朱紅漆成的車輪，借指古代高官顯貴所乘的車子；接軫，指車輛相銜接而行，形容其多。

[5]旌斾成陰：意謂旌旗林立蔽日。此亦喻指韋氏官宦人物之多。旌斾，泛指旌旗。

[6]建安：建安郡公的省稱。此代指柳機。

[7]誠讜：忠直。

〔8〕文城：文城郡公的省稱。此代指柳昂。

〔9〕其利博哉："博"字底本、宋刻遞修本、殿本、中華本皆同，庫本作"溥"。

隋書　卷四八

列傳第十三

楊素　弟約　從父文思　文紀

　　楊素字處道，弘農華陰人也。[1]祖暄，[2]魏輔國將軍、諫議大夫。[3]父敷，[4]周汾州刺史，[5]没於齊。[6]素少落拓，[7]有大志，不拘小節，世人多未之知，唯從叔祖魏尚書僕射寬深異之，[8]每謂子孫曰：“處道當逸群絶倫，非常之器，非汝曹所逮也。”後與安定牛弘同志好學，[9]研精不倦，多所通涉。善屬文，工草隸，頗留意於風角。[10]美鬚髯，有英傑之表。周大冢宰宇文護引爲中外記室，[11]後轉禮曹，[12]加大都督。[13]武帝親總萬機，[14]素以其父守節陷齊，未蒙朝命，上表申理。帝不許，至於再三。帝大怒，命左右斬之。素乃大言曰：“臣事無道天子，死其分也。”帝壯其言，由是贈敷爲大將軍，[15]諡曰忠壯。[16]拜素爲車騎大將軍、儀同三司，[17]漸見禮遇。帝命素爲詔書，下筆立成，詞義兼美。帝嘉之，顧謂素曰：“善自勉之，勿憂不富貴。”素應聲答曰：“臣但恐富貴來逼臣，臣無心圖富貴。”

[1]弘農：郡名。治所在今河南靈寶市。　華陰：縣名。治所在今陝西華陰市。

[2]暄：人名。即楊暄。楊素之祖，北魏時人，官至輔國將軍、諫議大夫。事亦見《魏書》卷五八《楊播傳》、《周書》卷三四《楊敷傳》、《北史》卷四一《楊敷傳》。

[3]魏：即北魏（386—557），亦稱後魏。初都平城（今山西大同市東北），公元494年遷都洛陽（今河南洛陽市東北白馬寺東）。公元534年分裂爲東魏和西魏兩個政權。東魏（534—550）都於鄴（今河北臨漳縣西南鄴鎮東），西魏（535—557）都於長安（今陝西西安市西北郊）。　輔國將軍：官名。北魏時屬軍號官，可開府置僚佐，多用作加官。從三品。　諫議大夫：官名。北魏時爲門下省的屬官，掌侍從規諫，實則多爲虛職，常用作加官。從四品下。

[4]敷：人名。即楊敷。楊素之父，北魏末至北周時人，官至汾州刺史，北周武帝天和六年遭北齊軍圍攻，力戰被擒，尋卒於齊都鄴城。傳見《周書》卷三四、《北史》卷四一。

[5]周：即北周（557—581），都於長安（今陝西西安市西北郊）。　汾州：北周時治所在今山西吉縣。

[6]齊：即北齊（550—577），都於鄴（今河北臨漳縣西南鄴鎮東）。

[7]落拓：放浪不羈。

[8]尚書僕射：官名。西魏時爲尚書省的次官，左右各置一員，輔助長官尚書令執行政務，參議國家大政。但因尚書令不常置，尚書省政務常由左右僕射主持，僕射則成爲尚書省的實際長官，位列宰相。從二品。　寬：人名。即楊寬。楊素的從叔祖，楊暄之弟，北魏末至北周時人，西魏時官至尚書左僕射，北周時官至小冢宰。

傳見《周書》卷二二,《北史》卷四一有附傳。

[9]安定:郡名。治所在今甘肅涇川縣西北。 牛弘:人名。傳見本書卷四九、《北史》卷七二。

[10]風角:古代占卜之法。即以五音占候四方四隅之風而定吉凶。

[11]大冢宰:官名。全稱爲大冢宰卿。西魏恭帝三年(556)仿《周禮》建六官,置大冢宰卿一人,爲天官冢宰府的長官。職掌邦治,以建邦之六典輔佐皇帝治邦國。正七命。北周沿置,然其權力則因人而異,若有"五府總於天官"之命,即稱"冢宰",能總攝百官,實爲大權在握的宰輔;若無此命,即稱"太宰",與五卿並列,僅統本府官。 宇文護:人名。北周初期的宗室權臣,官居大冢宰,都督中外諸軍事,至北周武帝建德元年(572)被誅殺。傳見《周書》卷一一,《北史》卷五七有附傳。 中外記室:官名。全稱爲中外府記室參軍事。北周武帝保定元年(561)以大冢宰宇文護爲都督中外諸軍事,開府置官屬,其府名簡稱"中外府",此爲宇文護控制北周朝政的權力機構。至建德元年周武帝誅殺宇文護,親總朝政,中外府則廢。中外府記室參軍事,即爲宇文護中外府所屬列曹參軍之一,掌判府內章表書記之事務。正四命。

[12]禮曹:官名。此是中外府禮曹參軍事的省稱。北周時爲宇文護中外府所屬列曹參軍之一,掌判府內禮儀事務。正四命。

[13]大都督:官名。北周時爲十一等勳官的第九等,北周府兵制中每團的長官均加此勳官名。八命。

[14]武帝:即北周武帝宇文邕。紀見《周書》卷五、六,《北史》卷一〇。

[15]大將軍:官名。此是北周贈官。正九命。

[16]謚:古代帝王、貴族、大臣、士大夫或其他有地位的人死後,據其生前業迹評定的一種帶有褒貶意義的稱號。

[17]車騎大將軍:官名。北周時屬軍號官。北周府兵制中儀同府的長官均帶此軍號官。九命。 儀同三司:官名。亦簡稱儀同。

北周時屬勳官。北周府兵制中儀同府的長官均加此勳官名，可開府置官屬。北周武帝建德四年改稱"儀同大將軍"。九命。

　　及平齊之役，素請率父麾下先驅。帝從之，賜以竹策，[1]曰："朕方欲大相驅策，故用此物賜卿。"從齊王憲與齊人戰於河陰，[2]以功封清河縣子，[3]邑五百户。[4]其年授司城大夫。[5]明年，復從憲拔晋州。[6]憲屯兵雞棲原，[7]齊主以大軍至，[8]憲懼而宵遁，爲齊兵所躡，衆多敗散。素與驍將十餘人盡力苦戰，憲僅而獲免。其後每戰有功。及齊平，加上開府，[9]改封成安縣公，[10]邑千五百户，賜以粟帛、奴婢、雜畜。從王軌破陳將吳明徹於吕梁，[11]治東楚州事。[12]封弟慎爲義安侯。[13]陳將樊毅築城於泗口，[14]素擊走之，夷毅所築。

　　[1]竹策：竹杖。古代帝王以此物賜予臣下，帶有鞭策勉勵臣下的寓意。

　　[2]齊王憲：即北周宗室親王宇文憲。傳見《周書》卷一二、《北史》卷五八。　河陰：縣名。北齊時治所在今河南孟津縣東北。

　　[3]清河縣子：爵名。北周時爲十一等爵的第九等。正六命。

　　[4]邑：也稱食邑、封邑。是古代君王封賜給有爵位之人的一種食禄制度，受封者可徵收封地内的民户租税充作食禄。魏晋以後，食邑分爲虚封和實封兩類：虚封一般僅冠以"邑"或"食邑"之名，這衹是一種榮譽性加銜，受封者並不能獲得實際的食禄收入；而實封一般須冠以"真食""食實封"等名，受封者可真正獲得食禄收入。

　　[5]司城大夫：官名。全稱是司城中大夫。北周時其隸屬未詳，王仲犖引《通鑑》胡三省注云："蓋髣髴《周官》掌固之職。"即掌

修固城郭、溝池、樹渠等事務。正五命。（參見王仲犖《北周六典》卷七《六官餘録第十三》，中華書局 1979 年版，第 514—515 頁）

［6］晋州：北齊時治所在今山西臨汾市。

［7］鷄棲原：地名。在今山西霍州市北。

［8］齊主：此指北齊後主高緯。紀見《北齊書》卷八、《北史》卷八。按，“齊主”底本、宋刻遞修本、中華本皆同，《北史》卷四一《楊素傳》亦同，但殿本、庫本作“齊王”，顯訛。

［9］上開府：官名。全稱是上開府儀同大將軍。北周武帝建德四年始置，爲十一等勳官的第五等，可開府置官屬。九命。

［10］成安縣公：爵名。北周時爲十一等爵的第六等，“命數未詳，非正九命則當是九命”（參見王仲犖《北周六典》卷八《封爵第十九》，第 548 頁）。按，“成安”各本皆同，《北史·楊素傳》亦同，但本卷下文作“安成”。

［11］王軌：人名。北周武帝建德六年官居上大將軍，奉命統率諸軍前往救援被南朝陳軍圍困的徐州總管梁士彦，結果大獲全勝，擒獲陳軍主將吳明徹。傳見《周書》卷四〇、《北史》卷六二。
陳：即南朝陳（557—589），都於建康（今江蘇南京市）。　吳明徹：人名。南朝陳將，陳宣帝太建九年（577）率軍北伐，圍攻北周徐州總管梁士彦，適逢北周遣王軌領兵來援，結果戰敗被俘，尋以憂病卒於長安。傳見《陳書》卷九、《南史》卷六六。　呂梁：山名。位於今江蘇徐州市東南。

［12］治：官制用語。通“司”，即掌管某官之職事。此處“治東楚州事”，即掌管東楚州刺史之職事。　東楚州：北齊時治所在今江蘇泗陽縣。北周建德六年攻滅北齊後改置爲泗州。

［13］慎：人名。即楊慎。楊素的次弟，楊敷的第三子，北周武帝時因楊素之功得封義安縣侯。事亦見《北史·楊素傳》《新唐書·宰相世系表一下》。　義安侯：爵名。北周時爲十一等爵的第七等。正八命。

［14］樊毅：人名。南朝陳將，陳宣帝太建九年吳明徹兵敗呂梁

之後，奉命率軍渡淮，於泗口築城，與周軍相抗，楊素率兵擊退之，所築城亦被夷平。傳見《陳書》卷三一、《南史》卷六七。泗口：地名。在今江蘇淮安市西南泗水入淮河口。

宣帝即位，[1]襲父爵臨貞縣公，[2]以弟約爲安成公。[3]尋從韋孝寬徇淮南，[4]素別下盱眙、鍾離。[5]

[1]宣帝：即北周宣帝宇文贇。紀見《周書》卷七、《北史》卷一〇。

[2]臨貞縣公：爵名。北周時爲十一等爵的第六等。正九命或九命。

[3]約：人名。即楊約。楊素的大弟，楊敷的次子。本卷、《北史》卷四一有附傳。

[4]韋孝寬：人名。北周末年位居上柱國，官任行軍元帥，奉詔統軍略定淮南，又討滅相州總管尉遲迥之叛。傳見《周書》卷三一、《北史》卷六四。　淮南：地區名。泛指淮河以南之地。

[5]盱眙：郡名。南朝陳時治所在今江蘇盱眙縣東北。　鍾離：郡名。南朝陳時治所在今安徽鳳陽縣東。

及高祖爲丞相，[1]素深自結納，高祖甚器之，以素爲汴州刺史。[2]行至洛陽，[3]會尉迥作亂，[4]滎州刺史宇文胄據武牢以應迥，[5]素不得進。高祖拜素大將軍，[6]發河內兵擊胄，[7]破之。遷徐州總管，[8]進位柱國，[9]封清河郡公，[10]邑二千戶。以弟岳爲臨貞公。[11]高祖受禪，[12]加上柱國。[13]開皇四年，[14]拜御史大夫。[15]其妻鄭氏性悍，素忿之曰："我若作天子，卿定不堪爲皇后。"鄭氏奏之，由是坐免。

　　[1]高祖：隋文帝楊堅的廟號。紀見本書卷一、二及《北史》卷一一。　　丞相：官名。此是“左大丞相”或“大丞相”的簡稱。北周靜帝大象二年（580）置左、右大丞相，以宗室親王宇文贊爲右大丞相，僅有虛名；以外戚楊堅爲左大丞相，總攬朝政。旋又去左右之號，獨以楊堅爲大丞相。楊堅由此成爲控制北周朝廷的權臣。

　　[2]汴州：北周時治所在今河南開封市。

　　[3]洛陽：城邑名。在今河南洛陽市東北白馬寺東。

　　[4]尉迥：人名。即尉遲迥。北周末年官任相州總管，起兵反對楊堅篡周，旋被討滅。傳見《周書》卷二一、《北史》卷六二。

　　[5]滎州：北周時治所在今河南滎陽市西北汜水鎮。按，“滎州”底本、宋刻遞修本、中華本皆同，《北史》卷四一《楊素傳》亦同，但殿本、庫本作“榮州”，顯訛。　　宇文胄：人名。北周宗室成員，襲爵邵國公，北周末年官任滎州刺史，舉州兵響應尉遲迥之叛，楊素率軍擊破之，被擒殺。《周書》卷一〇、《北史》卷五七有附傳。　　武牢：關隘名。本作“虎牢”，唐人諱改。在今河南滎陽市西北汜水鎮。

　　[6]大將軍：官名。北周時爲十一等勳官的第四等，可開府置官屬。正九命。

　　[7]河內：郡名。北周時治所在今河南沁陽市。

　　[8]徐州：北周時治所在今江蘇徐州市。　　總管：官名。東魏孝靜帝武定六年（548）始置，西魏亦置。北周明帝武成元年（559）正式改都督諸州軍事爲總管，加使持節諸軍事，總管之設乃成定制。北周總管或單任，然多兼帶刺史，故總管的職權雖以軍事爲主，實際是一軍政轄區若干州、鎮、防的最高長官。北周總管的命品史無明載，但應不低於五等州刺史的命品。隋初承繼北周之制亦置諸州總管，分上、中、下三等，品秩分別爲流内視從二品、視

正三品、視從三品，可作參考。（參見王仲犖《北周六典》卷一〇《總管府第二十五》，第 623 頁）

[9]柱國：官名。全稱爲柱國大將軍。北魏太武帝始置柱國，以爲開國元勳長孫嵩的加官。北魏末孝莊帝以尒朱榮有擁立之功，又特置此官以授之，位在丞相之上。西魏文帝以宇文泰有中興之功，亦置此官授之。後凡屬功參佐命、望實俱重的大臣，也得居之。至西魏大統十六年（550）以前，任此官者名義上有八人，但宗室元欣有其名而無實權，宇文泰爲最高統帥，其他六柱國則分掌禁旅，各轄二大將軍，爲府兵系統的最高長官。大統十六年以後，功臣位至柱國者愈多，遂成爲散秩，無所統御。至北周武帝時，又增置上柱國等官，形成十一等勳官之制。柱國大將軍是十一等勳官的第二等，可開府置官屬。正九命。

[10]清河郡公：爵名。北周時爲十一等爵的第五等。正九命。

[11]岳：人名。即楊岳。楊素的第三弟，楊敷的第四子。北周末年因楊素以功改封清河郡公，得襲父爵爲臨貞縣公，隋時官至萬年縣令，改封蒼山縣公。事亦見《北史·楊素傳》《新唐書·宰相世系表一下》。

[12]受禪：中國古代王朝更迭時，新皇帝承受舊皇帝讓給的帝位，即稱受禪。此指楊堅於公元 581 年廢北周靜帝，即位稱皇帝，正式建立隋王朝。

[13]上柱國：官名。隋文帝因改北周十一等勳官之制形成十一等散實官，用以酬勤勞，無實際職掌。上柱國是隋十一等散實官的第一等，可開府置僚屬。從一品。

[14]開皇：隋文帝楊堅年號（581—600）。

[15]御史大夫：官名。爲御史臺的長官，置一員，掌國家刑憲典章之政令，糾察彈劾百官。隋初爲從三品，隋煬帝大業五年（據本書《百官志下》，而《唐六典》卷一三《御史臺》載作“大業八年”）降爲正四品。

上方圖江表，^[1]先是，素數進取陳之計，未幾，拜信州總管，^[2]賜錢百萬、錦千段、馬二百匹而遣之。素居永安，^[3]造大艦，名曰五牙，^[4]上起樓五層，高百餘尺，左右前後置六拍竿，^[5]並高五十尺，容戰士八百人，旗幟加於上。次曰黄龍，^[6]置兵百人。自餘平乘、舴艋等各有差。^[7]及大舉伐陳，以素爲行軍元帥，^[8]引舟師趣三硤。^[9]軍至流頭灘，^[10]陳將戚欣，^[11]以青龍百餘艘、屯兵數千人守狼尾灘，^[12]以遏軍路。其地險峭，諸將患之。素曰：“勝負大計，在此一舉。若晝日下船，彼則見我，灘流迅激，制不由人，則吾失其便。”乃以夜掩之。素親率黄龍數千艘，銜枚而下，^[13]遣開府王長襲引步卒從南岸擊欣別栅，^[14]令大將軍劉仁恩率甲騎趣白沙北岸，^[15]遲明而至，擊之，欣敗走。悉虜其衆，勞而遣之，秋毫不犯，陳人大悦。素率水軍東下，舟艦被江，旌甲曜日。素坐平乘大船，容貌雄偉，陳人望之懼曰：“清河公即江神也。”陳南康内史吕仲肅屯岐亭，^[16]正據江峽，^[17]於北岸鑿巖，綴鐵鎖三條，横截上流，以遏戰船。素與仁恩登陸俱發，先攻其栅。仲肅軍夜潰，素徐去其鎖。仲肅復據荆門之延洲。^[18]素遣巴蜒卒千人，^[19]乘五牙四艘，以柏檣碎賊十餘艦，^[20]遂大破之，俘甲士二千餘人，仲肅僅以身免。陳主遣其信州刺史顧覺，^[21]鎮安蜀城，^[22]荆州刺史陳紀鎮公安，^[23]皆懼而退走。巴陵以東，^[24]無敢守者。湘州刺史、岳陽王陳叔慎遣使請降。^[25]素下至漢口，^[26]與秦孝王會。^[27]及還，拜荆州總管，^[28]進爵郢國公，^[29]邑三千户，真食長壽縣千户。^[30]

以其子玄感爲儀同，[31]玄獎爲清河郡公。[32]賜物萬段，粟萬石，加以金寶，又賜陳主妹及女妓十四人。素言於上曰：“里名勝母，曾子不入。[33]逆人王誼，[34]前封於郢，[35]臣不願與之同。”於是改封越國公。[36]尋拜納言。[37]歲餘，轉內史令。[38]

[1]江表：地區名。亦稱“江南”“江外”。指長江以南地區。此借指南朝陳。

[2]信州：北周置總管府，隋初沿之。治所在今重慶奉節縣東。

總管：官名。全稱是總管刺史加使持節。北周始置諸州總管，隋承繼，又有增置。總管的統轄範圍可達數州至十餘州，實爲一軍政轄區的最高長官。隋文帝在并、益、荆、揚四州置大總管，其餘州置總管。總管分上、中、下三等，品秩分別爲流內視從二品、視正三品、視從三品。

[3]永安：古城名。又名白帝城。因三國時蜀先主劉備在夷陵戰敗後退還於此，起永安宮居之，故名“永安”。故址在今重慶奉節縣東瞿塘峽口。

[4]五牙：艦船名。爲五層樓艦，高百餘尺，可容士兵八百人，置有拍竿等戰具。

[5]拍竿：亦省稱“拍”。是南北朝時期發明的一種戰具，多裝置於戰艦或兵車之上，利用杠杆和滑輪來遥擲石塊、釘板、火種等物，以摧毀敵方的船艦、城樓及其他防禦工事。按，“拍竿”各本皆同，《通鑑》卷一七六《陳紀》長城公禎明元年條亦同，但《北史》卷四一《楊素傳》作“檣竿”，當誤。

[6]黃龍：艦船名。因船身飾作黃龍而得名，可容士兵百人。

[7]平乘：大船名。又名平乘舫。《宋書·禮志五》載其形制云：“平乘舫皆平兩頭作露平形，不得擬像龍舟，悉不得朱油。”

舴艋：小船名。《廣雅·釋水》王念孫疏證云：“小舟謂之舴艋，小蝗謂之蚱蜢，義相近也。”

[8]行軍元帥：北周至隋時出征軍的統帥名。根據需要臨時差遣任命，事罷則廢。

[9]三硤：亦作“三峽”。即長江上游的瞿塘峽、巫峽和西陵峽的合稱。在今重慶和湖北境內。

[10]流頭灘：江灘名。在今湖北宜昌市西北古宜昌縣城西之長江流段。

[11]戚欣：人名。南朝陳將，隋開皇八年十二月大舉伐陳時，率領水軍數千人據守長江上游要衝狼尾灘，以阻遏隋軍沿江東下，楊素設計襲破之。事亦見《北史·楊素傳》。按，“戚欣”各本皆同，《北史·楊素傳》亦同，但《通鑑》卷一七六《陳紀》長城公禎明二年條作“戚昕”。

[12]青龍：艦船名。即青龍艦，因船身飾作青龍而得名。相傳爲三國時吳帝孫權在青浦所始造。　狼尾灘：江灘名。在今湖北宜昌市西北古宜昌縣城東之長江流段。

[13]銜枚：古代行軍時士卒橫銜枚於口中，以防止喧嘩或叫喊。枚，即銜於口中的器具，形如筷子，兩端有帶，可繫於頸上。按，“銜”底本原作“御”，據宋刻遞修本、殿本、庫本、中華本改。

[14]開府：官名。全稱是開府儀同三司。爲隋十一等散實官的第六等，可開府置僚佐。正四品上。隋煬帝大業三年（607）廢十一等散實官，唯保留開府儀同三司一官，並改爲從一品，位次王公。　王長襲：人名。隋開皇八年官居開府儀同三司，部從楊素領兵伐陳。事亦見《北史·楊素傳》。

[15]大將軍：官名。爲隋十一等散實官的第四等，可開府置僚佐。正三品。　劉仁恩：人名。本書卷四六有附傳。　白沙：地名。在今湖北宜昌市西北古宜昌縣城東長江沿岸。

[16]南康：郡國名。南朝陳時治所在今江西贛州市。　內史：官名。南朝陳時爲諸王國的屬官，掌治王國民政，位同郡太守。萬

戶以上王國之內史爲第六品，萬戶以下王國之內史爲第七品。　呂仲肅：人名。南朝陳人，本名"呂忠肅"，隋人避諱改作"呂仲肅"或"呂肅"。南朝陳末年官任南康內史，隋開皇九年正月楊素率水軍沿江東下時，調任爲長江上游西陵峽一帶的陳軍守將，力圖阻擋隋軍東下，結果被楊素揮軍擊破，慘敗而逃。事亦見本書卷四六《張奫傳》、卷五六《宇文敳傳》，《北史》卷四一《楊素傳》、卷七五《宇文敳傳》，《陳書》卷一五《陳慧紀傳》，《南史》卷六五《陳宜黃侯慧紀傳》。　岐亭：地名。在今湖北宜昌市西北西陵峽口。

[17]江峽：此指長江上游的西陵峽。在今湖北宜昌市西北。按，"江峽"各本皆同，《北史·楊素傳》亦同，但《通鑑》卷一七七《隋紀》文帝開皇九年條作"巫峽"，胡三省注已辨其誤，斷言"呂忠肅所據者，蓋西陵峽也。當從《楊素傳》作'江峽'爲通"。

[18]荆門：山名。在今湖北宜昌市東南長江南岸。按，"荆門"各本皆同，《通鑑》卷一七七《隋紀》開皇九年條亦同，但《北史·楊素傳》作"荆州"，疑訛。　延洲：江島名。在今湖北宜昌市東南長江中流。

[19]巴蜑：古族名。指巴郡（今重慶市）一帶的水蜑族。習於水居用舟，擅長水戰。

[20]以柏檣碎賊十餘艦："柏檣"底本、殿本、庫本、中華本皆同，宋刻遞修本作"拍檣"，《北史·楊素傳》作"檣竿"，《通鑑》卷一七七《隋紀》文帝開皇九年條作"拍竿"。考"檣"和"檣竿"皆指船桅杆，然則此句"以柏檣（或拍檣）碎賊十餘艦"和《北史》"以檣竿碎賊十餘艦"之文義均不可解。而"拍竿"已見前注，是一種戰具，如此則《通鑑》"以拍竿碎賊十餘艦"之文義可解。且本傳上文已明載楊素所造的五牙大艦上"左右前後置六拍竿"。故可知此處"柏檣"及宋刻遞修本之"拍檣"均當是"拍竿"之訛誤，應以《通鑑》所載爲是。（參見唐華全《中華書局點校本

〈隋書〉質疑二十九則》，《河北師範大學學報》2012年第1期）

[21]陳主：此指南朝陳後主陳叔寶。紀見《陳書》卷六、《南史》卷一〇。　信州：南朝陳時治所在今湖北宜昌市西北。　顧覺：人名。南朝陳末年官任信州刺史，奉命鎮守長江上游軍事重鎮安蜀城，隋開皇九年正月楊素擊破呂仲肅後，懼而退逃。事亦見《北史·楊素傳》。

[22]安蜀城：城名。在今湖北宜昌市西北西陵峽口長江南岸。

[23]荊州：南朝陳時治所在今湖北公安縣西北。　陳紀：人名。即陳慧紀的省稱。出身陳宗室，爵封宜黃縣侯，南朝陳末年官任荊州刺史，奉命鎮守長江上游要地公安，隋開皇九年正月楊素擊破呂仲肅後，懼而退逃。傳見《陳書》卷一五、《南史》卷六五。公安：縣名。南朝陳時治所在今湖北公安縣西北。

[24]巴陵：郡、縣名。南朝陳時治所在今湖南岳陽市。

[25]湘州：南朝陳時治所在今湖南長沙市。　岳陽王：爵名。全稱是岳陽郡王。南朝陳時爲十二等爵的第一等。第一品。　陳叔慎：人名。出身陳宗室，爵封岳陽郡王，南朝陳末年官任湘州刺史，隋開皇九年正月楊素揮軍沿江東下時，懼而請降，尋又復叛，旋被隋軍討滅。傳見《陳書》卷二八、《南史》卷六五。

[26]漢口：地名。在今湖北武漢市長江與漢江交匯處。

[27]秦孝王：即隋文帝第三子楊俊。傳見本書卷四五、《北史》卷七一。

[28]荊州：隋初置大總管府。治所在今湖北荊州市。

[29]郢國公：爵名。爲隋九等爵的第三等。從一品。

[30]長壽縣：治所在今湖北鍾祥市。

[31]玄感：人名。即楊玄感。楊素的長子。傳見本書卷七〇，《北史》卷四一有附傳。　儀同：官名。全稱是儀同三司。爲隋十一等散實官的第八等，可開府置僚佐。正五品上。

[32]玄獎：人名。即楊玄獎。楊素的次子，隋開皇九年以楊素之功得襲父爵爲清河郡公，後位至上儀同三司，官至義陽太守，隋

煬帝大業九年從其兄楊玄感反，被誅殺。事亦見本書《楊玄感傳》、《北史‧楊素傳》、《新唐書‧宰相世系表一下》。　清河郡公：爵名。爲隋九等爵的第四等。從一品。

[33]里名勝母，曾子不入：典出《史記》卷八三《魯仲連鄒陽列傳》：“臣聞盛飾入朝者不以利汙義，砥厲名號者不以欲傷行，故縣名勝母而曾子不入，邑號朝歌而墨子回車。”司馬貞《索隱》：“《淮南子》及《鹽鐵論》並云里名勝母，曾子不入，蓋以名不順故也。”勝母，古地名。其今地未詳。曾子，即曾參。爲孔子的賢弟子之一，以孝聞名。詳見《史記》卷六七《仲尼弟子列傳》。

[34]王誼：人名。隋開皇五年以謀反被誅。傳見本書卷四〇，《北史》卷六一有附傳。

[35]郢：此指王誼生前的封爵郢國公。

[36]越國公：爵名。爲隋九等爵的第三等。從一品。

[37]納言：官名。爲隋門下省的長官，置二員，掌封駁制敕，參決軍國大政，是宰相之職。正三品。

[38]內史令：官名。爲內史省的長官，掌皇帝詔令出納宣行，是宰相之職。隋初內史省置監、令各一人，尋廢監，置令二人。正三品。隋煬帝大業末改內史省爲內書省，內史令遂改稱內書令。

俄而江南人李稜等聚衆爲亂，[1]大者數萬，小者數千，共相影響，殺害長吏。以素爲行軍總管，[2]帥衆討之。賊朱莫問自稱南徐州刺史，[3]以盛兵據京口。[4]素率舟師入自楊子津，[5]進擊破之。晋陵顧世興自稱太守，[6]與其都督鮑遷等復來拒戰。[7]素逆擊破之，執遷，虜三千餘人。進擊無錫賊帥葉略，[8]又平之。吳郡沈玄憎、沈傑等以兵圍蘇州，[9]刺史皇甫績頻戰不利。[10]素率衆援之，玄憎勢迫，走投南沙賊帥陸孟孫。[11]素擊孟孫於松江，[12]大破之，生擒孟孫、玄憎。黟、歙賊帥沈雪、沈能據柵自固，[13]又攻拔之。浙江賊帥高智慧自號東揚州刺史，[14]船艦千艘，屯據要害，兵甚勁。素擊之，自旦至申，苦戰而破。智慧逃入海，素躡之，從餘姚泛海趣永嘉。[15]智慧來拒戰，素擊走之，擒獲數千人。賊帥汪文進自稱天子，[16]據東陽，[17]署其徒蔡道人爲司空，[18]守樂安。[19]進討，悉平之。又破永嘉賊帥沈孝徹。[20]於是步道向天台，[21]指臨海郡，[22]逐捕遺逸寇。前後百餘戰，智慧遁守閩越。[23]

[1]李稜：人名。隋開皇十年聚衆叛亂，楊素率軍討平之。事亦見本書卷二《高祖紀下》、卷六四《麥鐵杖傳》，《北史》卷四一《楊素傳》、卷七八《麥鐵杖傳》。

[2]行軍總管：北周至隋時所置的統領某部或某路出征軍隊的軍事長官。根據需要其上還可置行軍元帥以統轄全局。屬臨時差遣任命之職，事罷則廢。

[3]朱莫問：人名。開皇十年聚衆叛亂，占據京口，自稱南徐州刺史，楊素率軍擊破之。事亦見《北史‧楊素傳》。 南徐州：南朝陳時治所在今江蘇鎮江市。按，隋開皇九年平陳後，南徐州已廢，此處是叛隋者仍沿用南朝舊州名。

[4]京口：地名。在今江蘇鎮江市。

[5]楊子津：渡口名。亦作"揚子津"。在今江蘇揚州市南長江北岸。爲古代長江下游揚州至京口之間的重要津渡。按，"楊子津"底本、宋刻遞修本、中華本皆同，殿本、庫本作"揚子津"。

[6]晉陵：縣名。治所在今江蘇常州市。 顧世興：人名。開皇十年聚衆叛亂，自稱晉陵太守，楊素率軍擊破之。事亦見《北史‧楊素傳》。

　　[7]都督：此是叛隋者所置的僞官名。其職掌、品秩未詳。
鮑遷：人名。開皇十年隨從顧世興聚衆叛亂，僞署都督，楊素率軍
擊破之，被擒。事亦見《北史・楊素傳》。

　　[8]無錫：縣名。治所在今江蘇無錫市。　葉略：人名。隋時
無錫縣人，開皇十年聚衆叛亂，楊素率軍討平之。事亦見《通鑑》
卷一七七《隋紀》文帝開皇十年條。按，“葉略”各本皆同，但
《北史・楊素傳》作“葉皓”。

　　[9]吳郡：南朝陳時治所在今江蘇蘇州市西南。按，隋開皇九
年平陳後，吳郡已廢入吳縣，此處仍沿用南朝舊郡名。　沈玄憎：
人名。隋時蘇州吳縣人，開皇十年聚衆叛亂，以兵圍攻蘇州，楊素
率軍擊破之，被擒。事亦見本書《高祖紀下》、卷六四《魚俱羅
傳》，《北史》卷一一《隋文帝紀》、卷四一《楊素傳》、卷七八
《魚俱羅傳》。　沈傑：人名。隋時蘇州吳縣人，開皇十年與同鄉人
沈玄憎共同聚衆叛亂，圍攻蘇州，楊素率軍擊破之。事亦見《北
史・楊素傳》。　蘇州：隋開皇九年平陳後改吳州置。治所在今江
蘇蘇州市西南。

　　[10]皇甫績：人名。傳見本書卷三八、《北史》卷七四。

　　[11]南沙：縣名。南朝陳時治所在今江蘇常熟市西北。按，隋
開皇九年平陳後，南沙縣已改稱常熟縣，此處仍沿用南朝舊縣名。
　陸孟孫：人名。隋時常熟縣人，開皇十年聚衆叛亂，楊素率軍擊
破之，被擒。事亦見《北史・楊素傳》。

　　[12]松江：古水名。即今江蘇、上海境內的吳淞江。

　　[13]黟（yī）：縣名。亦作“黝”。隋開皇九年平陳後縣廢，開
皇十一年復置。治所在今安徽黟縣。按，“黟”字底本、宋刻遞修
本、中華本皆同，殿本、庫本作“黝”。　歙：縣名。隋開皇九年
平陳後縣廢，開皇十一年復置。治所在今安徽歙縣。　沈雪：人
名。開皇十一年聚衆叛亂，楊素率軍討平之。事亦見《北史・楊素
傳》。　沈能：人名。隋時歙縣人，開皇十一年聚衆叛亂，楊素率
軍討平之。事亦見《北史・楊素傳》。

[14]浙江：古水名。即今浙江省境内的錢塘江及其上游新安江。按，"浙江"各本皆同，但《北史·楊素傳》作"江浙"，疑誤倒。　高智慧：人名。隋時吳州會稽縣人，開皇十年聚衆叛亂，初號東揚州刺史，尋自稱天子，聲勢強勁，楊素率軍屢破之，遂入海南逃至閩越之地；至開皇十二年被泉州酋帥王國慶俘獲，獻於楊素，斬之。事亦見本書《高祖紀下》、卷三《煬帝紀上》、卷三八《皇甫績傳》、卷五三《史萬歲傳》、卷五五《杜彦傳》、卷六〇《于仲文傳》、卷六四《來護兒傳》、卷六五《李景傳》、卷六六《陸知命傳》、卷七一《劉弘傳》、卷七四《崔弘度傳》，《北史》卷四一《楊素傳》、卷七八《張奫傳》、卷七九《段達傳》。　東揚州：南朝陳時治所在今浙江紹興市。按，隋開皇九年平陳後，東揚州已改稱吳州，此處是叛隋者仍沿用南朝舊州名。又按，"揚"底本、宋刻遞修本作"楊"，今據殿本、庫本、中華本改。

[15]餘姚：縣名。南朝陳時治所在今浙江餘姚市。按，隋開皇九年平陳後，餘姚縣已併入句章縣（治所在今浙江寧波市東南），此處仍沿用南朝舊縣名。　永嘉：縣名。隋開皇九年平陳後改永寧縣置。治所在今浙江溫州市。

[16]汪文進：人名。開皇十年聚衆叛亂，占據東陽，自稱天子，署置百官，楊素率軍討平之。事亦見本書《高祖紀下》、《來護兒傳》、卷八五《段達傳》，《北史》卷四一《楊素傳》、卷七八《陳稜傳》。

[17]東陽：縣名。治所在今浙江金華市。

[18]蔡道人：人名。開皇十年聚衆叛亂，後歸附汪文進，僞署爲司空，楊素率軍討平之。事亦見本書《高祖紀下》，《北史》卷一一《隋文帝紀》、卷四一《楊素傳》。　司空：此是叛隋者所置的僞官名。其職掌、品秩未詳。

[19]樂安：縣名。南朝陳時治所在今浙江仙居縣。按，隋開皇九年平陳後，樂安縣已併入臨海縣（治所在今浙江臨海市），此處仍沿用南朝舊縣名。

［20］沈孝徹：人名。開皇十年聚衆叛亂，楊素率軍擊破之。事亦見本書《高祖紀下》、《北史・隋文帝紀》及《楊素傳》。

［21］天台：山名。在今浙江天台縣東北。

［22］臨海郡：南朝陳時治所在今浙江臨海市。按，隋開皇九年平陳後，臨海郡已廢爲臨海縣，此處仍沿用南朝舊郡名。

［23］閩越：地區名。指秦漢時閩越族所居之地，即今福建北部和浙江南部一帶。

　　上以素久勞於外，詔令馳傳入朝。[1]加子玄感官爲上開府，[2]賜彩物三千段。[3]素以餘賊未殄，恐爲後患，又自請行。乃下詔曰：“朕憂勞百姓，日旰忘食，一物失所，情深納隍。[4]江外狂狡，妄構妖逆，雖經殄除，民未安堵。猶有賊首凶魁，逃亡山洞，恐其聚結，重擾蒼生。内史令、上柱國、越國公素，識達古今，經謀長遠，比曾推轂，[5]舊著威名，宜任以大兵，總爲元帥。[6]宣布朝風，振揚威武，擒剪叛亡，慰勞黎庶，軍民事務，一以委之。”素復乘傳至會稽。[7]先是，泉州人王國慶，[8]南安豪族也，[9]殺刺史劉弘，[10]據州爲亂，諸亡賊皆歸之。自以海路艱阻，非北人所習，不設備伍。素泛海掩至，國慶遑遽，棄州而走，餘黨散入海島，或守溪洞。素分遣諸將，水陸追捕。乃密令人謂國慶曰：“爾之罪狀，計不容誅。唯有斬送智慧，可以塞責。”國慶於是執送智慧，斬於泉州。自餘支黨，悉來降附，江南大定。上遣左領軍將軍獨孤陀至浚儀迎勞。[11]比到京師，問者日至。拜素子玄奬爲儀同，賜黄金四十斤，加銀瓶，實以金錢，縑三千段，馬二百匹，羊二千口，[12]

公田百頃，宅一區。代蘇威爲尚書右僕射，[13] 與高熲專掌朝政。[14]

[1] 傳（zhuàn）：此指驛站所備的車馬。

[2] 上開府：官名。全稱是上開府儀同三司。爲隋十一等散實官的第五等，可開府置僚佐。從三品。

[3] 三千：各本皆同，《北史》卷四一《楊素傳》作"八千"。

[4] 納隍：語出漢代張衡《東京賦》："人或不得其所，若己納之於隍。"後用以喻指出民於水火的迫切心情。

[5] 推轂：古代帝王任命將帥時的隆重禮遇，即帝王親自爲所命將帥推車前進。此指楊素自北周以來，連續擔任出征軍將帥之職。

[6] 元帥：此指行軍元帥。參見前注。

[7] 會稽：縣名。治所在今浙江紹興市。

[8] 泉州：隋開皇九年平陳後改豐州置。治所在今福建福州市。
王國慶：人名。隋時泉州南安縣豪族，開皇十年聚衆叛亂，攻殺刺史劉弘，占據泉州，聲勢强盛；至開皇十二年楊素率軍渡海襲破之，棄州逃散，後聽楊素之令俘獻高智慧，遂得歸降，江南乃大定。事亦見本書卷二《高祖紀下》，《北史》卷一一《隋文帝紀》、卷四一《楊素傳》。

[9] 南安：縣名。隋開皇九年平陳後改晋安縣置。治所在今福建泉州市西北。

[10] 劉弘：人名。傳見本書卷七一、《北史》卷八五。

[11] 左領軍將軍：官名。按本書《百官志下》載隋文帝朝置"左右領軍府，各掌十二軍籍帳、差科、辭訟之事。不置將軍。唯有長史、司馬"等員（《通典》卷二八《職官·左右領軍衛》所載略同）。但考本書和《北史》紀傳，隋文帝時及隋煬帝初，任左、右領軍大將軍者有高熲、宇文忻、李安、楊秀、崔彭、楊爽、賀若

弼、劉升等人，任左、右領軍將軍者有李安、楊處綱、長孫晟、史萬歲、盧賁、史祥、獨孤陀等人。由此可知，《百官志下》所云"不置將軍"當是隋初始設左右領軍府時所定之制，而稍後則與其他衛府一樣實際上各置有大將軍和將軍。左領軍將軍，當是左領軍府的次官，職掌如前《百官志下》所載，員額和品秩則當與其他各衛府將軍相同，亦爲二員，從三品。　獨孤陀：人名。亦作"獨孤陁"。本書卷七九、《北史》卷六一有附傳。　浚儀：縣名。治所在今河南開封市。

〔12〕二千：各本皆同，《北史·楊素傳》作"三千"。

〔13〕蘇威：人名。傳見本書卷四一，《北史》卷六三有附傳。尚書右僕射：官名。隋於尚書省置左、右僕射各一人爲副貳，地位僅次於長官尚書令。但因隋代尚書令不常置，僕射則成爲尚書省的實際長官，是宰相之職。從二品。

〔14〕高熲：人名。傳見本書卷四一、《北史》卷七二。

　　素性疏而辯，高下在心，朝臣之內，頗推高熲，敬牛弘，厚接薛道衡，[1]視蘇威蔑如也。[2]自餘朝貴，多被陵轢。[3]其才藝風調，優於高熲，至於推誠體國，處物平當，有宰相識度，不如熲遠矣。

〔1〕薛道衡：人名。傳見本書卷五七，《北史》卷三六有附傳。

〔2〕蔑如：微細，沒有什麼了不起。

〔3〕陵轢：欺壓。

　　尋令素監營仁壽宮，[1]素遂夷山堙谷，督役嚴急，作者多死，宮側時聞鬼哭之聲。及宮成，上令高熲前視，奏稱頗傷綺麗，大損人丁，高祖不悅。素憂懼，計無所出，即於北門啓獨孤皇后曰：[2]“帝王法有離宮別館，今天下太平，造此一宮，何足損費！”后以此理諭上，上意乃解。於是賜錢百萬緡，[3]絹三千段。

[1]仁壽宮：隋離宮名。始建於開皇十三年。位於今陝西麟游縣西天臺山上。因其涼爽宜人，且離京城不遠，故爲隋代帝王消夏避暑之所。

[2]北門：此當指隋都大興城宮城之北門。　獨孤皇后：隋文帝的皇后獨孤氏。傳見本書卷三六、《北史》卷一四。

[3]賜錢百萬緡：此句底本、殿本、庫本皆同，但宋刻遞修本、中華本“緡”作“錦”，且中華本將“錦”字斷屬下句；而《北史》卷四一《楊素傳》“緡”又作“綿”，亦斷屬下句。

十八年，突厥達頭可汗犯塞，[1]以素爲靈州道行軍總管，[2]出塞討之，賜物二千段，黃金百斤。先是，諸將與虜戰，[3]每慮胡騎奔突，皆以戎車步騎相參，轝鹿角爲方陣，[4]騎在其內。素謂人曰：“此乃自固之道，非取勝之方也。”於是悉除舊法，令諸軍爲騎陣。達頭聞之大喜，曰：“此天賜我也。”因下馬仰天而拜，率精騎十餘萬而至。素奮擊，大破之，達頭被重創而遁，殺傷不可勝計，群虜號哭而去。優詔褒揚，賜縑二萬匹，及萬釘寶帶。加子玄感位大將軍，玄獎、玄縱、積善並上儀同。[5]

[1]突厥：古族名、國名。公元六世紀初興起於今阿爾泰山西南麓，552 年在今鄂爾渾河流域建立突厥汗國，此後其勢力擴展至大漠南北，橫跨蒙古高原，隋開皇二年分裂爲東、西兩部。傳見本

書卷八四、《周書》卷五〇、《北史》卷九九、《舊唐書》卷一九四、《新唐書》卷二一五。　達頭可汗：隋時西突厥的可汗，名玷厥。事見本書《突厥傳》、《北史·突厥傳》。可汗，是古代鮮卑、柔然、突厥、回紇、蒙古等民族中最高統治者的稱號。

〔2〕靈州道：戰區名。即以靈州（治所在今寧夏靈武市西南）爲中心而臨時劃定的作戰區域，戰罷即撤廢。

〔3〕虜：古時對北方少數民族或外族的蔑稱。此指突厥。

〔4〕鹿角：古代軍營或軍陣中所用的防禦物。即用帶枝的樹木削尖布置在營陣周圍，以阻止敵人進犯。因其形似鹿角，故名。

〔5〕玄縱：人名。即楊玄縱。楊素的第三子，隋開皇十八年以楊素之功位至上儀同三司，仁壽初進爵爲淮南郡公，後官至武賁郎將，隋煬帝大業九年從其兄楊玄感反，被誅殺。事亦見本書卷四三《觀德王雄傳》、卷七〇《楊玄感傳》《斛斯政傳》、卷七三《梁彦光傳》、卷七六《崔儦傳》，《北史》卷二四《崔儦傳》、卷四一《楊素傳》《楊玄感傳》、卷四九《斛斯政傳》、卷六八《楊綝傳》、卷八六《梁彦光傳》等。　積善：人名。即楊積善。楊素的第四子，隋開皇十八年以楊素之功位至上儀同三司，後官至朝請大夫，隋煬帝大業九年從其兄楊玄感反，被誅殺。事亦見本書卷四《煬帝紀下》、卷七〇《楊玄感傳》，《北史》卷一二《隋煬帝紀》、卷四一《楊素傳》《楊玄感傳》等。　上儀同：官名。全稱是上儀同三司。爲隋十一等散實官的第七等，可開府置僚佐。從四品上。

素多權略，乘機赴敵，應變無方，然大抵馭戎嚴整，有犯軍令者，立斬之，無所寬貸。每將臨寇，輒求人過失而斬之，多者百餘人，少不下十數。流血盈前，言笑自若。及其對陣，先令一二百人赴敵，陷陣則已，如不能陷陣而還者，無問多少，悉斬之。又令三二百人復進，還如向法。將士股慄，[1]有必死之心，由是戰無不勝，稱爲名將。素時貴倖，言無不從，其從素征伐者，微功必録，至於他將，雖有大功，多爲文吏所譴却。故素雖嚴忍，士亦以此願從焉。

[1]股慄：亦作“股栗”。即大腿發抖。形容恐懼之甚。

二十年，晋王廣爲靈朔道行軍元帥，[1]素爲長史。[2]王卑躬以交素。及爲太子，素之謀也。

[1]晋王廣：即楊廣。紀見本書卷三、四及《北史》卷一二。
靈朔道：戰區名。即以靈州（治所在今寧夏靈武市西南）和朔州（治所在今山西朔州市）爲中心而臨時劃定的作戰區域，戰罷即撤廢。
[2]長史：此指行軍元帥府長史。爲隋時出征軍統帥屬下的幕府僚佐，位居幕府內衆幕僚之首，掌領幕府行政事務。屬臨時差遣任命之職，事罷則廢。

仁壽初，[1]代高熲爲尚書左僕射，[2]賜良馬百匹，[3]牝馬二百匹，奴婢百口。其年，以素爲行軍元帥，出雲州擊突厥，[4]連破之。突厥退走，率騎追躡，至夜而及之。將復戰，恐賊越逸，令其騎稍後。於是親將兩騎，并降突厥二人，與虜並行，不之覺也。候其頓舍未定，[5]趣後騎掩擊，大破之。自是突厥遠遁，磧南無復虜庭。[6]以功進子玄感位爲柱國，[7]玄縱爲淮南郡公。[8]賞物二萬段。

[1]仁壽：隋文帝楊堅年號（601—604）。

[2]尚書左僕射：官名。隋尚書省置左、右僕射各一人爲副貳，地位僅次於長官尚書令。但因隋代尚書令不常置，僕射則成爲尚書省的實際長官，是宰相之職。從二品。

[3]百匹：底本、殿本、庫本、中華本皆同，但宋刻遞修本及《北史》卷四一《楊素傳》作“十匹”。

[4]雲州：治所在今内蒙古和林格爾縣西北。按，“雲州”各本皆同，《北史·楊素傳》作“雲中”。

[5]頓舍：停留止息。

[6]磧南：地區名。指今蒙古高原大沙漠以南地區。　虜庭：亦作“虜廷”。古時對少數民族所建政權的貶稱。此指突厥政權。

[7]柱國：官名。爲隋十一等散實官的第二等，可開府置僚屬。正二品。

[8]淮南郡公：爵名。爲隋九等爵的第四等。從一品。

及獻皇后崩，[1]山陵制度，[2]多出於素。上善之，下詔曰：

[1]獻皇后：即隋文帝皇后獨孤氏。傳見本書卷三六、《北史》卷一四。

[2]山陵：此指古代帝王或皇后的陵墓。

君爲元首，臣則股肱，共治萬姓，義同一體。上柱國、尚書左僕射、仁壽宮大監、越國公素，[1]志度恢弘，機鑒明遠，懷佐時之略，包經國之才。王業初基，霸圖肇建，策名委質，[2]受脤出師，[3]擒剪凶魁，克平虢、鄭。[4]頻承廟算，[5]揚旆江表，[6]每禀戎律，[7]長驅塞陰，[8]南指而吳、越肅清，[9]北臨而獯、獫摧服。[10]自居端揆，[11]參贊機衡，[12]當朝正色，直言無隱。論文則詞藻縱橫，語武則權奇間出，既文且武，唯朕所命，任使之處，夙夜無怠。

[1]仁壽宮大監：營造和監護仁壽宮的主管官員。屬臨時差遣之職，事罷則廢。

[2]策名委質：語出《左傳》僖公二十三年：“策名委質，貳乃辟也。”杜預注：“名書於所臣之策。”孔穎達疏：“古之仕者於所臣之人書己名於策，以明繫屬之也。”後用以指因仕宦而獻身於朝廷之事。

[3]受脤：古代出兵祭社，祭畢以社肉頒賜眾人，謂之受脤。後因以稱受命統軍爲“受脤”。

[4]虢、鄭：春秋時國名。此指虢、鄭二國所轄之地，即今河南滎陽市和新鄭市一帶。此句乃言楊素於北周末年平定滎州刺史宇文冑之亂。

[5]廟算：指朝廷或帝王對戰事進行的謀劃。

[6]揚旍：高舉軍旗。借指征戰。旍，同“旌”。

[7]戎律：軍機、軍務、軍法。

[8]塞陰：塞北。指長城邊塞以北之地。亦泛指中國北邊地區。按，“塞陰”各本皆同，《北史》卷四一《楊素傳》作“塞垣”。

[9]吳、越：春秋時國名。此指吳、越二國所轄之地，即今江浙一帶。按，此句乃言楊素平定江南各路叛軍之事。

[10]獯、獫：即獯鬻、獫狁。古代北方少數民族名。夏商時稱獯鬻，周時稱獫狁，秦漢時稱匈奴。此處借指突厥。

[11]端揆：指相位。因宰相居百官之首，總攬國政，故稱“端揆”。

[12]機衡：北斗七星中第三星天機與第五星玉衡的並稱。喻指

朝廷機要政務。

　　獻皇后奄離六宮，[1]遠日云及，[2]塋兆安厝，[3]委素經營。然葬事依禮，唯卜泉石，[4]至如吉凶，不由於此。素義存奉上，情深體國，欲使幽明俱泰，[5]寶祚無窮。[6]以爲陰陽之書，聖人所作，禍福之理，特須審慎。乃遍歷川原，親自占擇，纖介不善，即更尋求，志圖元吉，孜孜不已。心力備盡，人靈協贊，遂得神皐福壤，[7]營建山陵。論素此心，事極誠孝，豈與夫平戎定寇，比其功業？非唯廊廟之器，[8]實是社稷之臣，[9]若不加褒賞，何以申茲勸勵？可別封一子義康郡公，[10]邑萬戶，子子孫孫，承襲不絕。餘如故。

　　[1]奄離：永久離開。喻指去世。　六宮：古代皇后的寢宮。因有正寢一、燕寢五，合稱六宮。

　　[2]遠日：指人去世後一旬以外的日子。

　　[3]塋兆：墓地、墳墓。　安厝：亦作“安措”。即安葬。

　　[4]泉石：此指山陵風水。

　　[5]幽明俱泰：意謂生人與鬼神皆得安寧。

　　[6]寶祚：指國運、帝位。按，“寶祚”各本皆同，但《北史》卷四一《楊素傳》作“永保”。

　　[7]神皐福壤：此指營建陵墓的風水寶地。

　　[8]廊廟：殿下廊屋和太廟的合稱。兩地皆爲古代君臣議政之處，故亦代指朝廷。

　　[9]社稷：古代帝王所祭祀的土神和穀神。後亦用作國家的代稱。

　　[10]義康郡公：爵名。爲隋九等爵的第四等。從一品。

并賜田三十頃，絹萬段，米萬石，金鉢一，實以金，銀鉢一，實以珠，并綾錦五百段。

時素貴寵日隆，其弟約、從父文思、弟文紀，[1]及族父异，[2]並尚書列卿。[3]諸子無汗馬之勞，位至柱國、刺史。家僮數千，後庭妓妾曳綺羅者以千數。第宅華侈，制擬宮禁。有鮑亨者，[4]善屬文，殷胄者，[5]工草隸，並江南士人，因高智慧没爲家奴。親戚故吏，布列清顯，素之貴盛，近古未聞。煬帝初爲太子，[6]忌蜀王秀，[7]與素謀之，構成其罪，後竟廢黜。朝臣有違忤者，雖至誠體國，如賀若弼、史萬歲、李綱、柳彧等，[8]素皆陰中之。若有附會及親戚，雖無才用，必加進擢。朝廷靡然，莫不畏附。唯兵部尚書柳述，[9]以帝婿之重，數於上前面折素。大理卿梁毗，[10]抗表上言，素作威作福。上漸疏忌之，後因出敕曰："僕射國之宰輔，不可躬親細務，但三五日一度向省，評論大事。"外示優崇，實奪之權也。終仁壽之末，不復通判省事。上賜王公以下射，素箭爲第一，上手以外國所獻金精盤，[11]價直鉅萬，以賜之。四年，從幸仁壽宮，宴賜重叠。

[1]文思：人名。即楊文思。楊素的從叔，楊寬之子。本卷、《北史》卷四一有附傳。　文紀：人名。即楊文紀。楊素的從叔，楊寬之子，楊文思之弟。本卷、《北史》卷四一有附傳。按，"文紀"各本皆同，《新唐書·宰相世系表一下》所載之名亦同，但《北史》卷四一《楊素傳》及《楊寬傳》均載作"紀"，岑仲勉認爲"隋、唐間二名者往往好省爲一名"（參見岑仲勉《隋書求是》，

[2]异：人名。即楊异。楊素的從叔，楊暄弟楊儉之子。傳見本書卷四六，《北史》卷四一有附傳。

[3]尚書：官名。爲尚書省六部的長官。正三品。 列卿：官名。爲九寺的長官。隋初均爲正三品，隋煬帝大業三年降光禄以下八寺卿爲從三品。

[4]鮑亨：人名。隋時江南士人，善屬文，嘗從高智慧叛亂，開皇十二年楊素平定高智慧之叛後，被没爲楊素的家奴。事亦見《北史·楊素傳》。

[5]殷冑：人名。隋時江南士人，工草隸書法，嘗從高智慧叛亂，開皇十二年楊素平定高智慧之叛後，被没爲楊素的家奴。事亦見《北史·楊素傳》。

[6]煬帝：隋煬帝楊廣。紀見本書卷三、四，《北史》卷一二。

[7]蜀王秀：即隋文帝第四子楊秀。傳見本書卷四五、《北史》卷七一。

[8]賀若弼：人名。傳見本書卷五二，《北史》卷六八有附傳。 史萬歲：人名。傳見本書卷五三、《北史》卷七三。 李綱：人名。隋文帝時官至尚書右丞，楊素深惡之，屢加排抑；唐初官至禮部尚書、太子少師，爲唐代名臣。傳見《舊唐書》卷六二、《新唐書》卷九九。 柳彧：人名。傳見本書卷六二、《北史》卷七七。

[9]兵部尚書：官名。是隋尚書省所轄六部之一兵部的長官，掌全國軍衛武官選授之政令，統兵部、職方、駕部、庫部四曹。置一員，正三品。 柳述：人名。本書卷四七、《北史》卷六四有附傳。

[10]大理卿：官名。爲大理寺的長官，置一員，掌審獄，定刑名，決諸疑案。隋初爲正三品，隋煬帝大業三年降爲從三品。 梁毗：人名。傳見本書卷六二、《北史》卷七七。

[11]金精盤：水晶盤。

及上不豫，[1]素與兵部尚書柳述、黃門侍郎元巖等入閣侍疾。[2]時皇太子入居大寶殿，[3]慮上有不諱，[4]須豫防擬，[5]乃手自爲書，封出問素。[6]素錄出事狀以報太子。宮人誤送上所，上覽而大恚。所寵陳貴人，[7]又言太子無禮。上遂發怒，欲召庶人勇。[8]太子謀之於素，素矯詔追東宮兵士帖上臺宿衞，[9]門禁出入，並取宇文述、郭衍節度，[10]又令張衡侍疾。[11]上以此日崩，由是頗有異論。

[1]不豫：古時天子有病的諱稱。

[2]黃門侍郎：官名。隋初於門下省置給事黃門侍郎四員，爲門下省的次官，協助長官納言掌封駁制敕，參議政令的制定，正四品上。隋煬帝大業三年去"給事"之名，但稱"黃門侍郎"，並減置二員，正四品。按，隋煬帝大業三年始改給事黃門侍郎爲黃門侍郎，而文中所述事在隋文帝仁壽末年，此時給事黃門侍郎尚未改稱，故此處稱元巖的官銜爲"黃門侍郎"欠準確，當作"給事黃門侍郎"。　元巖：人名。隋文帝末年官任給事黃門侍郎，深受文帝寵信；隋煬帝奪位時被執下獄，煬帝即位後被除名流徙南海，終被收殺。事亦見本書卷三六《宣華夫人陳氏傳》、卷四七《柳述傳》、卷八〇《華陽王楷妃傳》，《北史》卷一四《宣華夫人陳氏傳》、卷六四《柳述傳》、卷九一《華陽王楷妃傳》。按，此元巖與本書卷六二、《北史》卷七五《元巖傳》所載之元巖，並非同一人。

[3]大寶殿：殿名。爲仁壽宮中的正寢殿。

[4]不諱：死亡的委婉稱辭。

[5]須豫防擬："豫"字底本、殿本、庫本、中華本皆同，《北史》卷四一《楊素傳》亦同，但宋刻遞修本作"預"，義同。

[6]問：底本、宋刻遞修本、庫本、中華本皆同，《北史·楊素傳》亦同，但殿本作"開"，顯訛。

[7]陳貴人：即隋文帝的寵婦宣華夫人陳氏。傳見本書卷三六、《北史》卷一四。

[8]庶人勇：即廢太子楊勇。傳見本書卷四五、《北史》卷七一。

[9]矯詔：偽造和假托皇帝的詔令。　帖：兼領、兼掌。

[10]宇文述：人名。傳見本書卷六一、《北史》卷七九。　郭衍：人名。傳見本書卷六一、《北史》卷七四。

[11]張衡：人名。傳見本書卷五六、《北史》卷七四。

漢王諒反，[1]遣茹茹天保來據蒲州，[2]燒斷河橋。[3]又遣王聃子率數萬人并力拒守。[4]素將輕騎五千襲之，潛於渭口宵濟，[5]遲明擊之，天保敗走，聃子懼而以城降。有詔徵還。初，素將行也，計日破賊，皆如所量。帝於是以素爲并州道行軍總管、河北安撫大使，[6]率衆數萬討諒。時晉、絳、呂三州並爲諒城守，[7]素各以二千人縻之而去。[8]諒遣趙子開擁衆十餘萬，[9]策絶徑路，[10]屯據高壁，[11]布陣五十里。素令諸將以兵臨之，自引奇兵潛入霍山，[12]緣崖谷而進，直指其營，一戰破之，殺傷數萬。諒所署介州刺史梁脩羅屯介休，[13]聞素至，懼，棄城而走。進至清源，[14]去并州三十里，[15]諒率其將王世宗、趙子開、蕭摩訶等，[16]衆且十萬，來拒戰。又擊破之，擒蕭摩訶。諒退保并州，素進兵圍之，諒窮蹙而降，餘黨悉平。帝遣素弟脩武公約賷手詔勞素曰：[17]

[1]漢王諒：隋文帝第五子楊諒。傳見本書卷四五、《北史》
卷七一。

[2]茹茹天保：人名。爲并州大總管漢王楊諒部下屬將，隋煬
帝即位初從楊諒舉兵反叛，奉命據守蒲州，楊素率軍擊敗之。事亦
見本書《庶人諒傳》，《北史》卷四一《楊素傳》、卷七一《庶人諒
傳》。　蒲州：治所在今山西永濟市西蒲州鎮。

[3]河橋：古橋名。故址在今陝西大荔縣東大慶關與山西永濟
市西蒲州鎮之間黃河上。始建於戰國秦昭襄王五十年，其後西魏、
北周、隋時皆在此連舟爲浮梁，仍名河橋，唐時改稱蒲津橋。爲古
代關中通往河東的要津。

[4]王聃子：人名。爲并州大總管漢王楊諒部下屬將，隋煬帝
即位初從楊諒舉兵反叛，任爲蒲州刺史，旋被楊素擊敗，以城歸
降。事亦見本書《庶人諒傳》、《北史·楊素傳》及《庶人諒傳》。
按，“王聃子”各本皆同，《北史·楊素傳》亦同，但本書《庶人
諒傳》及《北史·庶人諒傳》均作“王聃”。

[5]渭口：地名。在今陝西潼關縣東北渭河與黃河交匯口。

[6]并州道：戰區名。即以并州（治所在今山西太原市西南古
城營）爲中心而臨時劃定的作戰區域，戰罷即撤廢。　河北：即河
北道。隋時在黃河中下游以北設置的軍政特區。　安撫大使：朝廷
派往某地區安撫民情的使職，根據需要臨時差遣任命，事罷則廢。

[7]晉：州名。治所在今山西臨汾市。　絳：州名。治所在今
山西新絳縣。　呂：州名。隋開皇十八年改汾州置。治所在今山西
霍州市。

[8]二千人：底本、宋刻遞修本、中華本皆同，《北史·楊素
傳》亦同，但殿本、庫本作“二千石”，顯誤。　縻：牽制、控制。

[9]趙子開：人名。爲并州大總管漢王楊諒部下屬將，隋煬帝
即位初從楊諒反叛，領兵十餘萬據守高壁，楊素率軍擊破之。事亦
見本書《庶人諒傳》、《北史·楊素傳》及《庶人諒傳》。

[10]策絕徑路：在各路口築設柵欄以斷絕交通。

[11]高壁：山名。在今山西靈石縣南。

[12]霍山：在今山西霍州市東。

[13]介州：治所在今山西汾陽市。 梁脩羅：人名。爲并州大總管漢王楊諒部下屬將，隋煬帝即位初從楊諒反叛，任爲介州刺史，據守介休，旋懼楊素兵勢，棄城而逃。事亦見《北史·楊素傳》。 介休：縣名。治所在今山西介休市。

[14]清源：縣名。隋開皇十六年置，煬帝大業初廢入晋陽縣。治所在今山西清徐縣。按，"源"底本原作"原"，殿本、庫本與底本同，但宋刻遞修本、中華本及《北史·楊素傳》均作"源"。考本書《地理志》，隋時無清原縣而有清源縣，故"原"當是"源"之訛，今據宋刻遞修本、中華本及《北史·楊素傳》改。

[15]并州：北周置總管府，隋開皇二年置河北道行臺，開皇九年改置大總管府。治所在今山西太原市西南古城營。

[16]王世宗：人名。爲并州大總管漢王楊諒部下屬將，隋煬帝即位初從楊諒反叛，領兵守衛并州，楊素率軍擊破之。事亦見《北史·楊素傳》。 蕭摩訶：人名。本爲南朝陳將，隋開皇九年平陳後降隋，官任開府儀同三司，尋徙爲并州大總管漢王楊諒部下屬將，隋煬帝即位初從楊諒反叛，領兵守衛并州，楊素率軍擊破之，被擒殺。傳見《陳書》卷三一、《南史》卷六七。

[17]脩武公：爵名。全稱是脩武縣公。爲隋九等爵的第五等。從一品。

我有隋之御天下也，于今二十有四年，雖復外夷侵叛，而内難不作，修文偃武，四海晏然。朕以不天，[1]銜恤在疚，[2]號天叩地，無所逮及。朕本以藩王，謬膺儲兩，[3]復以庸虚，[4]纂承鴻業。[5]天下者，先皇之天下也，所以戰戰兢兢，弗敢失墜，況復神器之重，[6]生民之大哉！

[1]不天：意謂不爲天所護佑。

[2]銜恤在疚：指遭逢父母亡故而含哀守喪。按，“銜”底本原作“御”，顯訛，今據宋刻遞修本、殿本、庫本、中華本改。

[3]儲兩：即儲貳。指太子之位。

[4]庸虛：自謙之辭。意謂才能低下，學識淺薄。

[5]纂承：繼承。　鴻業：即大業。多指王業。按，“鴻”底本、宋刻遞修本、中華本同，殿本、庫本作“洪”。

[6]神器：代表國家政權的實物，如玉璽、寶鼎之類。借指帝位、政權。

　　賊諒苞藏禍心，[1]自幼而長，羊質獸心，[2]假托名譽，不奉國諱，[3]先圖叛逆，違君父之命，成莫大之罪。誑惑良善，委任姦回，[4]稱兵内侮，毒流百姓。私假署置，擅相謀戮，小加大，少凌長，民怨神怒，衆叛親離，爲惡不同，同歸於亂。朕寡兄弟，猶未忍及言，是故開關門而待寇，戢干戈而不發。朕聞之，天生蒸民，[5]爲之置君，仰惟先旨，每以子民爲念，朕豈得枕伏苦廬，[6]顛而不救也！大義滅親，《春秋》高義，周旦以誅二叔，[7]漢啓乃戮七藩，[8]義在兹乎？事不獲已，是以授公戎律，問罪太原。[9]且逆子賊臣，何代不有，豈意今者，近出家國。所歎荼毒甫爾，[10]便及此事。由朕不能和兄弟，不能安蒼生，德澤未弘，兵戈先動，賊亂者止一人，塗炭者乃衆庶。[11]非唯寅畏天威，[12]亦乃孤負付囑，薄德厚耻，愧乎天下。

[1]苞：底本、宋刻遞修本、中華本同，殿本、庫本作"包"。

[2]羊質獸心：比喻外表軟弱而内心凶險。

[3]國諱：即國喪。此指隋文帝的喪事。

[4]姦回：指奸惡邪僻之人。

[5]蒸民：即衆民、百姓。蒸，同"烝"，衆、多之意。

[6]苫廬：在親喪中所居的陋室。

[7]周旦：即周公旦。西周初期著名政治家。後世多作爲聖賢的典範。詳見《史記》卷三三《魯周公世家》。 二叔：指管叔鮮、蔡叔度。此二人在周成王時發動叛亂，被周公討滅。詳見《史記》卷三五《管蔡世家》。

[8]漢啓：即漢景帝劉啓。紀見《史記》卷一一、《漢書》卷五。 七藩：指吳王劉濞、楚王劉戊、趙王劉遂、膠西王劉卬、濟南王劉辟光、菑川王劉賢、膠東王劉雄渠七個諸侯王。漢景帝前元三年（前154），吳、楚等七國以誅晁錯爲名發動叛亂，歷三月亂平，七王皆自殺或被殺，史稱"吳楚七國之亂"。

[9]太原：縣名。治所在今山西太原市西南古城營東。此借指漢王楊諒。

[10]荼毒：悲痛。此指遭逢喪親之痛。 甫爾：初始、不久。

[11]塗炭：本指泥淖和火炭。喻指陷入灾難，遭受摧殘。

[12]寅畏：敬畏；恭敬戒懼。

公乃先朝功臣，勳庸克茂。至如皇基草創，百物惟始，便匹馬歸朝，誠識兼至。汴部、鄭州，[1]風卷秋籜，[2]荆南、塞北，[3]若火燎原，早建殊勳，夙著誠節。及獻替朝端，[4]具瞻惟允，[5]爰弼朕躬，以濟時難。昔周勃、霍光，[6]何以加也！賊乃竊據蒲州，關梁斷絶，公以少擊衆，指期平殄。高壁據嶮，抗拒官軍，公以深謀，出其不意，霧廓雲除，冰消瓦解，長驅北邁，直趣巢窟。晉陽之南，[7] 蟻徒數萬，諒不量力，猶欲舉斧。[8]
公以稜威外討，[9] 發憤於內，忘身殉義，親當矢石。兵
刃暫交，魚潰鳥散，[10] 僵屍蔽野，積甲若山。諒遂守窮
城，以拒鈇鉞。[11] 公董率驍勇，[12] 四面攻圍，使其欲戰
不敢，求走無路，智力俱盡，面縛軍門。斬將搴旗，伐
叛柔服，[13] 元惡既除，東夏清晏，[14] 嘉庸茂績，於是乎
在。昔武安平趙，[15] 淮陰定齊，[16] 豈若公遠而不勞，速
而克捷者也。朕殷憂諒闇，[17] 不得親御六軍，未能問道
於上庠，[18] 遂使劬勞於行陣。[19] 言念於此，無忘寢食。
公乃建累世之元勳，執一心之確志。古人有言曰：“疾
風知勁草，世亂有誠臣。”公得之矣。方乃銘之常
鼎，[20] 豈止書勳竹帛哉！[21] 功績克諧，哽歎無已。稍冷，
公如宜。軍旅務殷，殊當勞慮，故遣公弟，指宣往懷。
迷塞不次。[22]

[1] 汴部：指汴州。州名。治所在今河南開封市。 鄭州：隋
開皇元年改滎州置。治所在今河南滎陽市西北汜水鎮，隋煬帝大業
初移治今河南鄭州市。按，此句乃言楊素於北周末年出任汴州刺
史，討平滎州刺史宇文胄之亂事。

[2] 秋籜（tuò）：即秋日的竹殼。喻指脆弱易掉落之物。按，
此句意謂楊素平定宇文胄之亂猶如秋風掃落葉之勢。

[3] 荊南：地區名。指古荊州一帶。亦泛指南方。 塞北：地
區名。指長城邊塞以北之地。亦泛指中國北邊地區。按，此句乃言
楊素率軍伐陳、平定江南各路叛軍及擊破突厥之事。

[4] 獻替：即“獻可替否”的省稱。語出《左傳》昭公二十
年：“君所謂可而有否焉，臣獻其否以成其可。君所謂否而有可焉，
臣獻其可以去其否。”意謂臣下對君主進諫，勸善規過。亦泛指議

論國事興革。　朝端：此指朝廷。

　　[5]具瞻：語出《詩·小雅·節南山》：“赫赫師尹，民具爾瞻。”鄭玄箋：“此言尹氏女居三公之位，天下之民俱視女之所爲。”意謂爲衆人所瞻望。後亦用以喻指宰輔重臣。

　　[6]周勃：人名。西漢名將。世家見《史記》卷五七，傳見《漢書》卷四○。　霍光：人名。西漢昭帝時的輔政大臣。傳見《漢書》卷六八。

　　[7]晋陽：縣名。隋開皇十年改龍山縣置。治所在今山西太原市西南古城營。

　　[8]猶欲舉斧：此句底本、宋刻遞修本、中華本同，殿本、庫本作“欲猶舉斧”。

　　[9]稜威：威嚴、威勢。

　　[10]魚潰鳥散：“魚”底本原作“漁”，顯訛，今據宋刻遞修本、殿本、庫本、中華本改。

　　[11]鈇鉞：即斫刀和大斧。爲古時腰斬、砍頭的刑具。亦泛指刑戮。

　　[12]董率：亦作“董帥”。即統率、領導之意。

　　[13]柔服：以柔德安撫已順服之人。

　　[14]東夏：地區名。泛指中國東部。

　　[15]武安：即武安君。戰國時秦將白起的封爵名。此代指白起其人。傳見《史記》卷七三。　趙：戰國時國名。初都晋陽（今山西太原市東南），後遷都邯鄲（今河北邯鄲市）。

　　[16]淮陰：即淮陰侯。漢初大將韓信的封爵名。此代指韓信其人。傳見《史記》卷九二、《漢書》卷三四。　齊：地區名。指春秋戰國時的齊國故地。

　　[17]殷憂：憂傷。此指居親喪而憂傷。　諒闇：亦作“諒陰”。古代居喪時所住的幽暗房室。亦借指居喪。多用於皇帝。

　　[18]上庠：古代的大學。亦爲敬養國老元勳之所。《禮記·王制》：“有虞氏養國老於上庠，養庶老於下庠。”鄭玄注：“上庠，右

學，大學也。”

[19]劬勞：勞累、勞苦。

[20]方：此字底本原脫，中華本與底本同，據宋刻遞修本、殿本、庫本補。　常鼎：古代宗廟中常用的青銅祭鼎，是代表國家政權和帝位的傳國重器。

[21]竹帛：即竹簡和白絹。古代初無紙，乃用竹帛書寫文字。後遂以“竹帛”代指書籍、史乘。

[22]迷塞不次：古時書信結尾用語。意謂思緒糊塗，不再詳説。

　　素上表陳謝曰：

　　臣自惟虛薄，志不及遠，州郡之職，敢憚劬勞，卿相之榮，無階覬望。然時逢昌運，王業惟始，雖涓流赴海，誠心屢竭，輕塵集岳，功力蓋微。徒以南陽里閈，豐、沛子弟，[1]高位重爵，榮顯一時。遂復入處朝端，[2]出總戎律，受文武之任，預帷幄之謀。[3]豈臣才能，實由恩澤。欲報之德，義極旻天。[4]伏惟陛下照重離之明，[5]養繼天之德，[6]牧臣於疏遠，[7]照臣以光暉，南服降枉道之書，[8]春宮奉蕭成之旨。[9]然草木無識，尚榮枯候時，況臣有心，實自效無路。晝夜迴徨，[10]寢食慚惕，[11]常懼朝露奄至，[12]虛負聖慈。

[1]南陽里閈：東漢光武帝劉秀是南陽郡（今河南南陽市）人，故“南陽里閈”即指東漢皇室宗親。　豐、沛子弟：漢高祖劉邦是沛縣（今江蘇沛縣）豐邑人，故“豐、沛子弟”即指西漢皇室宗親。按，以上兩句乃楊素以兩漢皇室宗親喻指其爲隋朝皇室宗親。

[2]朝端：此指位居首席的朝臣，即尚書省的長官。

[3]帷幄：指天子決策之處或將帥的幕府軍帳。亦借指軍國機密大事。

[4]旻天：宋刻遞修本、殿本、庫本、中華本均作"昊天"，義同。

[5]重離：典出《易·離卦》："明兩作離，大人以繼明照於四方。"孔穎達疏："明兩作離者，離爲日，日爲明。"離卦爲離上離下相重，故以"重離"指太陽。後又以帝王喻日，因本《易·離卦》之義，以"重離"喻指帝王或太子。

[6]繼天：意謂秉承天意。

[7]牧：底本、宋刻遞修本、中華本同，殿本、庫本作"收"。

[8]南服：古代王畿以外地區分爲五服，故稱南方爲"南服"。此處乃指楊廣平陳及出鎮揚州之事。　枉道：路不順而繞道。

[9]春宮：即太子所居的東宮。亦代指太子。此處乃指楊廣被立爲太子之事。按，"春宮"底本原作"春官"，殿本、庫本與底本同，當訛，今據宋刻遞修本、中華本改。　蕭成：典出《三國志》卷二《魏書·文帝紀》裴松之注引王沈《魏書》："帝初在東宮……集諸儒於肅城門內，講論大義，侃侃無倦。"後即以"蕭成"作爲太子講學處。

[10]迴徨：亦作"迴遑"。意謂游移不定，彷徨疑惑。

[11]慚惕：羞愧惶恐。

[12]朝露：早上的露水。喻指人年未及壽而早死。　奄至：忽然而至。

　　賊諒包藏禍心，有自來矣，因幸國哀，便肆凶逆，興兵晋、代，[1]摇蕩山東。[2]陛下拔臣於凡流，授臣以戎律，蒙心膂之寄，禀平亂之規。蕭王赤心，[3]人皆以死，漢皇大度，[4]天下爭歸，妖寇廓清，豈臣之力！曲蒙使臣弟約賫詔書問勞，高旨峻筆，有若天臨，洪恩大澤，便同海運。悲欣慚懼，五情振越，[5]雖百殞微軀，無以一報。

[1]晋、代：春秋時國名。此指晋、代二國之故地，即今山西及河北西北部一帶。

[2]山東：地區名。戰國秦漢時期稱崤山或華山以東地區爲山東，魏晋南北朝隋唐時期亦稱太行山以東地區爲山東。

[3]蕭王赤心：典出《後漢書》卷一上《光武帝紀上》：“蕭王推赤心置人腹中，安得不投死乎！”蕭王，光武帝劉秀稱帝之前由更始帝所封的爵名。

[4]漢皇大度：典出《漢書》卷一上《高祖紀上》：“沛公西過高陽，酈食其爲里監門，曰：‘諸將過此者多，吾視沛公大度。’乃求見沛公。”漢皇，指漢高祖劉邦。

[5]五情：即五内、五臟。指内心。

其月還京師，因從駕幸洛陽，[1]以素領營東京大監。[2]以平諒之功，拜其子萬石、仁行，[3]侄玄挺，[4]皆儀同三司，賫物五萬段，綺羅千匹，諒之妓妾二十人。大業元年，[5]遷尚書令，[6]賜東京甲第一區，物二千段。尋拜太子太師，[7]餘官如故。前後賞錫，不可勝計。明年，拜司徒，[8]改封楚公，[9]真食二千五百户。其年，卒官。謚曰景武，贈光禄大夫、太尉公、弘農河東絳郡臨汾文城河内汲郡長平上黨西河十郡太守。[10]給輼車，[11]班劍四十人，[12]前後部羽葆鼓吹，[13]粟麥五千石，物五千段。鴻臚監護喪事。[14]帝又下詔曰：“夫銘功彝器，[15]紀德豐碑，所以垂名迹於不朽，樹風聲於没世。故楚景武公素，茂績元勳，劬勞王室，竭盡誠節，叶贊朕躬。[16]故以道邁三傑，[17]功參十亂。[18]未臻遐壽，[19]遽戢清徽。[20]春秋遞代，方綿歲祀，式播雕篆，[21]用圖勳德，可立碑宰隧，[22]以彰盛美。"素嘗以五言詩七百字贈番州刺史薛道衡，[23]詞氣宏拔，風韻秀上，亦爲一時盛作。未幾而卒，道衡歎曰："人之將死，其言也善，豈若是乎！"有集十卷。

[1]洛陽：都邑名。在今河南洛陽市東北。隋煬帝即位初，詔令在洛陽營建東京，大業五年又改東京爲東都。

[2]營東京大監：隋煬帝所置營建東京洛陽城的主管官員。屬臨時差遣之職，事罷則廢。

[3]萬石：人名。即楊萬石。楊素的第五子，隋煬帝即位初以楊素平楊諒之功官拜儀同三司，後官至鷹揚郎將，煬帝大業九年從其兄楊玄感反，被誅殺。事亦見《北史》卷四一《楊素傳》及《楊玄感傳》。按，"萬石"各本皆同，《北史·楊素傳》及《楊玄感傳》亦同，但本書卷七〇《楊玄感傳》作"萬碩"。　仁行：人名。即楊仁行。楊素的第六子，隋煬帝即位初以楊素平楊諒之功官拜儀同三司，後官至朝請大夫，煬帝大業九年因其兄楊玄感反，被誅殺。事亦見《北史·楊素傳》及《楊玄感傳》。按，"仁行"各本皆同，《北史·楊素傳》及《楊玄感傳》亦同，但本書卷七〇《楊玄感傳》作"民行"。

[4]玄挺：人名。即楊玄挺。本爲楊素之子，因楊素弟楊約無子，遂過繼給楊約爲嗣子而稱楊素之侄。隋煬帝即位初以楊素平楊諒之功官拜儀同三司，煬帝大業九年從其兄楊玄感反，戰死於洛陽北邙山。事亦見本書本卷《楊約傳》、卷七〇《楊玄感傳》《李密傳》，《北史》卷四一《楊素傳》《楊玄感傳》《楊約傳》、卷六〇《李密傳》。

[5]大業：隋煬帝楊廣年號（605—618）。

[6]尚書令：官名。爲尚書省的長官，置一員，總領尚書省政務，是宰相之職。正二品。但隋代因其位高權重，故不常置。

[7]太子太師：官名。爲東宮三師之首，置一員，掌教諭太子。實則多爲安置退免大臣的閑職，或用作加官贈銜，皆無官屬。正二品。

[8]司徒：官名。與太尉、司空並稱爲“三公”。隋初可開府置僚佐，參議國家大事，但不久省去其府及僚佐，置於尚書都省閑坐聽政，從而失去實權，成爲榮譽性質的頭銜。正一品。

[9]楚公：爵名。全稱是楚國公。爲隋九等爵的第三等。從一品。

[10]光禄大夫：贈官。從一品。　太尉公：即太尉。此是贈官。正一品。　弘農：郡名。隋大業初改虢州置。治所在今河南靈寶市。　河東：郡名。隋大業初改蒲州置。治所在今山西永濟市西蒲州鎮。　絳郡：隋大業初改絳州置。治所在今山西新絳縣。　臨汾：郡名。隋大業初改晉州置。治所在今山西臨汾市。　文城：郡名。隋大業初改汾州置。治所在今山西吉縣。　河内：郡名。隋大業初改懷州置。治所在今河南沁陽市。　汲郡：隋大業初改衛州置。治所在今河南淇縣東。　長平：郡名。隋大業初改澤州置。治所在今山西晉城市東北高都鎮。　上黨：郡名。隋大業初改潞州置。治所在今山西長治市。　西河：郡名。隋大業初改介州置。治所在今山西汾陽市。　十郡：底本、宋刻遞修本、庫本、中華本皆同，《北史・楊素傳》亦同，但殿本作“東郡”，疑訛。

[11]輼車：亦稱輼輬車。古代的一種臥車。亦用作喪車。

[12]班劍：亦作“斑劍”。即有紋飾的劍。或以虎皮飾之，晋時以木代之，皆取裝飾燦爛之義。後用作儀仗，由武士佩持，天子以賜功臣。此指佩持班劍的武士。　四十人：各本皆同，《北史・楊素傳》作“三十人”。

[13]羽葆：古代諸侯、大臣葬禮中所使用的一種儀仗。即以鳥

羽聚於柄頭如蓋，御者持之以指引方向。　鼓吹：此指在葬禮中演奏樂曲的樂隊。

[14]鴻臚：官署名。鴻臚寺。爲隋九寺之一，掌册封諸藩、接待外使及喪葬禮儀等事務。

[15]彝器：古代宗廟常用的青銅祭器的總稱。如鍾、鼎、尊、罍、俎、豆之屬。

[16]叶（xié）贊：底本、宋刻遞修本、殿本、庫本皆同，中華本作“協贊”，義同。

[17]三傑：即三位傑出的歷史人物。或説指漢代的張良、韓信、蕭何；或説指三國時蜀國的諸葛亮、關羽、張飛。

[18]十亂：典出《尚書·泰誓》：“予有亂臣十人，同心同德。”孔穎達疏：“《釋詁》云：亂，治也。”後因以“十亂”指十個輔佐周武王治國平亂的大臣。此十人是指周公旦、召公奭、太公望、畢公、榮公、太顛、閎夭、散宜生、南宮适、文母（一説指文王之后大姒，一説指武王之妻邑姜）。

[19]遐壽：高壽、高齡。

[20]清徽：即清操。亦指清美的聲音或高雅的談吐。

[21]雕篆：此指碑刻銘文。

[22]宰隧：墓道。

[23]番州：隋文帝仁壽元年改廣州置。治所在今廣東廣州市。

素雖有建立之策，[1]及平楊諒功，然特爲帝所猜忌，外示殊禮，内情甚薄。太史言隋分野有大喪，[2]因改封於楚。[3]楚與隋同分，欲以此厭當之。[4]素寢疾之日，帝每令名醫診候，賜以上藥。然密問醫人，恒恐不死。素又自知名位已極，不肯服藥，亦不將慎，[5]每語弟約曰：“我豈須臾活耶？”[6]素負冒財貨，[7]營求產業，東、西二京，[8]居宅侈麗，朝毀夕復，營繕無已，爰及諸方都會處，邸店、水磑并利田宅以千百數，[9]時議以此鄙之。
子玄感嗣，[10]別有傳。諸子皆坐玄感誅死。

[1]建立：古代立國君、皇后、太子，均可稱爲"建立"。

[2]太史：官名。即太史令。隋初爲秘書省太史曹的長官，置
二員，掌天文曆法之事，從七品下。隋煬帝大業三年改太史曹爲太
史監，進太史令階爲從五品。　隋：古國名。故城在今湖北隨州市
南。隋文帝楊堅在北周襲父爵爲隨國公，後又進封隨國王，故稱帝
時即以"隨"爲國號，視古隨國爲其帝業所基之地。又因"隨"
字從"辵"部，"辵"訓"走"，有動蕩不安之意，乃去"辵"改
作"隋"。　分（fèn）野：即與天上星次相對應的地域。古以十
二星次的位置劃分地面上各州、國的位置，兩相對應。就天文説，
稱作"分星"；就地面説，稱作"分野"。如以鶉首對應秦，鶉火
對應周，壽星對應鄭，析木對應燕，星紀對應吳越，等等。古代星
曆學家多以分星的變化來推測地面各分野的吉凶禍福。

[3]楚：古國名。故都在今湖北江陵縣西北紀王城。此指古楚
國之地。

[4]厭當：即用迷信的方法阻止灾禍的降臨。

[5]將慎：調養保重身體。

[6]須臾：從容；優游自得。按，"須臾"底本、殿本、庫本
皆同，宋刻遞修本、中華本及《北史》卷四一《楊素傳》作"須
更"。

[7]負冒：底本、宋刻遞修本、中華本同，殿本、庫本作"貪
冒"，義同。

[8]東、西二京：東京，參見前注"洛陽"。西京，指隋都長
安大興城，在今陝西西安市及其南郊。

[9]水磑：利用水力帶動的水磨。是古時較先進的糧食加工
工具。

[10]嗣：此指繼承父輩的爵位和家業，以延續香火。

　　約字惠伯，素異母弟也。[1]在童兒時，嘗登樹墮地，爲查所傷，[2]由是竟爲宦者。性好沉静，[3]内多譎詐，好學强記。素友愛之，凡有所爲，必先籌於約而後行之。在周末，以素軍功，賜爵安成縣公，拜上儀同三司。[4]高祖受禪，授長秋卿。[5]久之，爲邵州刺史，[6]入爲宗正少卿，[7]轉大理少卿。[8]

　　[1]異母弟：各本皆同，但《北史》卷四一《楊約傳》作“母弟”，疑脱“異”字。
　　[2]查：此指樹杈或樹木砍伐後留下的殘樁。
　　[3]好：底本、殿本、庫本皆同，宋刻遞修本、中華本作“如”，疑訛。
　　[4]上儀同三司：官名。按，據《周書》卷六《武帝紀下》、《北史》卷一〇《周武帝紀》及本書《百官志下》載，北周武帝建德四年改儀同三司爲儀同大將軍，又增置上儀同大將軍（簡稱上儀同），由此形成十一等勳官之制；至隋文帝即位後，改北周十一等勳官置爲十一等散實官，始改稱上儀同大將軍爲上儀同三司。可知北周實無“上儀同三司”之名，而祇有其舊稱“上儀同大將軍”。故此處稱楊約在北周末拜“上儀同三司”欠準確，當作“上儀同大將軍”或“上儀同”。（參見唐華全《〈隋書〉勘誤18則》，《南昌航空大學學報》2012年第2期）上儀同大將軍，爲北周十一等勳官的第七等，可開府置官屬。九命。
　　[5]長秋卿：官名。按，據本書《百官志中》《百官志下》及《通典》卷二七《職官·内侍省》載，隋代並無長秋卿之職。長秋卿是北齊官名，爲長秋寺的長官，置一人，以宦者充任，掌諸宫閤，統領中黄門、掖庭、晉陽宫、中山宫、園池、中宫僕、奚官等

署。從三品。隋初因革北齊官制，將北齊中侍中省和長秋寺兩個官署合併爲内侍省，置内侍二人爲内侍省的長官，亦以宦者充任，掌宫内供奉，傳宣制令，統領内尚食、掖庭、宫闈、奚官、内僕、内府等局。從四品上。故《通典》杜佑注稱："内侍即舊長秋也。"由此可知，隋初已無"長秋卿"之名，而有因改北齊長秋卿所置的"内侍"之職。故此處稱楊約在隋初被授爲"長秋卿"欠準確，當作"内侍"。（參見唐華全《〈隋書〉勘誤18則》）

　　[6]邵州：北周始置，隋初沿之。治所在今山西垣曲縣東南。按，"邵州"各本皆同，但《北史·楊約傳》作"鄘州"，疑訛。

　　[7]宗正少卿：官名。爲宗正寺的次官，協助長官宗正卿掌皇族外戚屬籍及公主邑司名帳，通判本寺事務。隋初置一員，正四品上；煬帝大業三年增置二員，降爲從四品。

　　[8]大理少卿：官名。爲大理寺的次官，協助長官大理卿掌刑獄之事。隋初置一員，正四品上；煬帝大業三年增置二員，降爲從四品。

　　時皇太子無寵，而晉王廣規欲奪宗，[1]以素幸於上，而雅信約。於是用張衡計，遣宇文述大以金寶賂遺於約，因通王意説之曰："夫守正履道，固人臣之常致，[2]反經合義，亦達者之令圖。[3]自古賢人君子，莫不與時消息，[4]以避禍患。公之兄弟，功名蓋世，當塗用事，[5]有年歲矣。朝臣爲足下家所屈辱者，可勝數哉！又儲宫以所欲不行，[6]每切齒於執政。公雖自結於人主，而欲危公者，固亦多矣。主上一旦棄群臣，[7]公亦何以取庇？今皇太子失愛於皇后，主上素有廢黜之心，此公所知也。今若請立晉王，在賢兄之口耳。誠能因此時建大功，王必鎮銘於骨髓，[8]斯則去累卵之危，[9]成太山之安也。"[10]約然之，因以白素。素本凶險，聞之大喜，乃撫掌而對曰："吾之智思，殊不及此，賴汝起予。"約知其計行，復謂素曰："今皇后之言，上無不用，宜因機會，早自結托，則匪唯長保榮祿，傳祚子孫；又晉王傾身禮士，聲名日盛，躬履節儉，有主上之風，以約料之，必能安天下。兄若遲疑，一旦有變，令太子用事，恐禍至無日矣。"素遂行其策，太子果廢。

[1] 規欲：謀求。　奪宗：古時稱奪取嫡長子或太子之位爲"奪宗"。

[2] 常致：即常志、常理。

[3] 令圖：善謀；遠大的謀略。

[4] 消息：變化、變通。

[5] 當塗用事：意謂位居要職，執政當權。

[6] 儲宮：即太子所居的宮室。亦借指太子。此代指太子楊勇。

[7] 棄群臣：古時對帝王去世的委婉稱辭。

[8] 鎮銘：常銘；長久銘記。按，"鎮銘"底本、宋刻遞修本、殿本、庫本皆同，《北史》卷四一《楊約傳》亦同，中華本作"鑴銘"。

[9] 累卵：堆叠起來的蛋卵。比喻極其危險。

[10] 太山：即今山東境內的泰山。常用以比喻安定穩固。

及晉王入東宮，引約爲左庶子，[1] 改封脩武縣公，進位大將軍。及素被高祖所疏，出約爲伊州刺史。[2] 入朝仁壽宮，遇高祖崩，遣約入京。[3] 易留守者，[4] 縊殺庶人勇，然後陳兵集衆，發高祖凶問。煬帝聞之曰："令兄之弟，果堪大任。"即位數日，拜內史令。約有學術，兼達時務，帝甚任之。後數載，加位右光禄大夫。[5]

[1]左庶子：官名。爲太子東宫所轄門下坊的長官，置二員，掌侍從贊相，駁正啓奏，制比朝廷門下省的納言。正四品上。

[2]伊州：隋開皇初改和州置。治所在今河南汝州市。

[3]入京：底本、宋刻遞修本、中華本同，《北史》卷四一《楊約傳》亦同，但殿本、庫本作“入朝”，疑誤。

[4]留守：古代皇帝出巡或親征時，必命大臣督守京城，許以便宜行事，謂之“京城留守”；其陪京和行都亦常設留守，多以地方長官兼任。此屬臨時差遣之職，皇帝還京歸都後則罷廢。

[5]右光禄大夫：官名。屬散實官。隋初爲正二品，隋煬帝大業三年降爲從二品。

後帝在東都，令約詣京師享廟，[1]行至華陰，見其兄墓，[2]遂枉道拜哭，爲憲司所劾，[3]坐是免官。未幾，拜淅陽太守。[4]其兄子玄感，時爲禮部尚書，[5]與約恩義甚篤。既慍分離，形於顏色，帝謂之曰：“公比憂瘁，[6]得非爲叔邪？”玄感再拜流涕曰：“誠如聖旨。”帝亦思約廢立功，[7]由是徵入朝。未幾，卒，以素子玄挺後之。[8]

[1]享廟：在太廟舉行祭祀典禮。

[2]兄：各本皆同，《北史》卷四一《楊約傳》作“先”。

[3]憲司：魏晉以來對御史的別稱。

[4]淅陽：郡名。隋煬帝大業初改淅州置。治所在今河南淅川縣南。按，“淅”字底本原作“淛”，宋刻遞修本與底本同，但殿本、庫本、中華本及《北史·楊約傳》均作“淅”。考本書《地理

志》，隋時無浙陽郡而有淅陽郡，故“浙”顯爲“淅”之訛，據改。

[5]禮部尚書：官名。是尚書省所轄六部之一禮部的長官，掌禮儀、祭祀、外交、宴享等政令，統禮部、祠部、主客、膳部四曹。置一員，正三品。

[6]比：近日、近來。 憂瘁：憂傷困頓。

[7]廢立：此指廢立太子之事。

[8]後：此指過繼爲他人之子嗣，以繼承其爵位和家業，延續其香火。

文思字溫才，素從叔也。父寬，魏左僕射，周小冢宰。[1]文思在周，年十一，拜車騎大將軍、儀同三司、散騎常侍。[2]尋以父功，封新豐縣子，[3]邑五百户。天和初，[4]治武都太守。[5]十姓獠反，[6]文思討平之，復治翼州事。[7]党項羌叛，[8]文思率州兵討平之。進擊資中、武康、隆山生獠及東山獠，[9]並破之。後從陳王攻齊河陰城，[10]又從武帝攻拔晉州，以勳進授上儀同三司，改封永寧縣公，[11]增邑至千户。壽陽劉叔仁作亂，[12]從清河公宇文神舉討之，[13]戰於磚井，[14]在陣生擒叔仁。又別從王誼破賊於鯉魚柵。[15]其後累以軍功，遷果毅右旅下大夫。[16]

[1]小冢宰：官名。全稱是小冢宰上大夫。北周時爲天官冢宰府的次官，置二員，協助長官大冢宰卿掌邦治，統領本府政務。正六命。

[2]散騎常侍：官名。北周時屬散官。其命品未詳，但西魏、北齊、隋時均爲從三品，可作參考。

〔3〕新豐縣子：爵名。北周時爲十一等爵的第九等。正六命。

〔4〕天和：北周武帝宇文邕年號（566—572）。

〔5〕武都：郡名。北周時有兩個武都郡：一是沿襲北魏始置的武都郡，治所在今陝西寶雞市東，至隋開皇初郡廢；二是北周新置的武都郡，治所在今甘肅隴南市東南，後改爲永都郡。文中所指當是後一個武都郡。

〔6〕十姓獠（lǎo）：古族名。是獠族的一支。南北朝時分布在今甘肅東南部、四川西北部、陝西西南部等地。事見《周書》卷四九、《北史》卷九五《獠傳》。

〔7〕翼州：北周時治所在今四川黑水縣東。

〔8〕党項羌：古族名。亦單稱“党項”。是西羌的一支。南北朝時分布在今青海、甘肅、四川邊緣地帶，隋唐時遷居今甘肅、寧夏、陝北一帶。傳見本書卷八三、《北史》卷九六、《舊唐書》卷一九八、《新唐書》卷二二一上。

〔9〕資中：郡名。北周時治所在今四川資中縣。　武康：郡名。北周時治所在今四川簡陽市西北。　隆山：郡名。北周時治所在今四川彭山縣。　生獠：古代對尚未進入州郡城邑定居而仍保持舊俗的獠人的一種蔑稱。　東山獠：古族名。是獠族的一支。南北朝時分布在今四川中西部一帶。

〔10〕陳王：北周宗室親王宇文純的封爵名。傳見《周書》卷一三、《北史》卷五八。　河陰城：城名。北齊時在今河南孟津縣東北。

〔11〕永寧縣公：爵名。北周時爲十一等爵的第六等。正九命或九命。按，“永寧”各本皆同，但《北史》卷四一《楊文思傳》作“承寧”，疑訛。

〔12〕壽陽：縣名。北周時治所在今山西壽陽縣。　劉叔仁：人名。北齊、北周之際壽陽縣人，北周武帝平齊之初聚衆叛亂，領兵謀襲并州城，北周并州刺史宇文神舉率軍來討，結果被楊文思生擒於陣。事亦見《北史·楊文思傳》。

[13]清河公：爵名。全稱是清河郡公。北周時爲十一等爵的第五等。正九命。　宇文神舉：人名。出身北周宗室，北周武帝建德五年從帝伐齊，攻克并州後被任爲并州刺史，其後所部土人多聚衆叛亂，遂率州兵討平之。傳見《周書》卷四〇、《北史》卷五七。

[14]磚井：地名。在今山西晉中市西北。

[15]鯉魚柵：地名。在今山西壽陽縣境内。

[16]果毅右旅下大夫：官名。北周時其隸屬、職掌未詳，王仲犖歸入"六官餘録"。正四命。（參見王仲犖《北周六典》卷七《六官餘録第十三》，第507頁）按，"右旅"各本皆同，《北史·楊文思傳》作"左旅"。

　　高祖爲丞相，從韋孝寬拒尉迥於武陟。[1]迥遣其將李雋圍懷州，[2]與行軍總管宇文述擊走之。破尉惇，[3]平鄴城，[4]皆有功，進授上大將軍，[5]改封洛川縣公。[6]尋拜隆州刺史。[7]開皇元年，進爵正平郡公，[8]加邑二千户。後爲魏州刺史，[9]甚有惠政，及去職，吏民思之，爲立碑頌德。轉冀州刺史。[10]

[1]武陟：城鎮名。北周時在今河南武陟縣。

[2]李雋：人名。北周末年爲相州總管尉遲迥的部將，從尉遲迥起兵反叛，領兵圍攻懷州，結果被宇文述、楊文思率軍擊退。事亦見本書卷六一《宇文述傳》，《北史》卷四一《楊文思傳》、卷七九《宇文述傳》。按，"雋"殿本、庫本作"斅"，宋刻遞修本、中華本及《北史·楊文思傳》作"儁"。　懷州：北周時治所在今河南沁陽市。

[3]尉惇：人名。即尉遲迥之子尉遲惇。北周末年隨同其父起兵反對楊堅篡周，旋被討滅。事亦見《周書》卷二一、《北史》卷六二《尉遲迥傳》。

[4]鄴城：都邑名。爲東魏、北齊的都城，北周相州總管府的
治所，在今河北臨漳縣西南。北周靜帝大象二年平定相州總管尉遲
迥之叛時，城被焚毀，遂移至今河南安陽市，仍爲相州治所。

[5]上大將軍：官名。北周武帝建德四年始置，爲北周十一等
勳官的第三等，可開府置官屬。正九命。

[6]洛川縣公：爵名。北周時爲十一等爵的第六等。正九命或
九命。

[7]隆州：北周時治所在今四川閬中市。

[8]正平郡公：爵名。爲隋九等爵的第四等。從一品。

[9]魏州：北周大象二年分相州置，隋初沿之。治所在今河北
大名縣東北。

[10]冀州：治所在今河北冀州市。

煬帝嗣位，徵爲民部尚書。[1]轉納言，改授右光禄
大夫。從幸江都宮，[2]以足疾不堪趨奏，復授民部尚書，
加位左光禄大夫。[3]卒官，時年七十。諡曰定。初，文
思當襲父爵，自以非嫡，遂讓封於弟文紀，當世
多之。[4]

[1]民部尚書：官名。隋初沿北魏、北齊之制置度支尚書，開
皇三年改稱民部尚書。爲尚書省所轄六部之一民部的長官，掌全國
土地、户口、賦税、錢糧之政令，統度支、民部、金部、倉部四
曹。置一員，正三品。按，"民部"各本皆同，但《北史》卷四一
《楊文思傳》作"户部"，當是避唐太宗李世民之諱而改。

[2]江都宮：隋行宮名。隋煬帝大業元年始建於揚州，後三游
其地，並死於此。故址在今江蘇揚州市。

[3]左光禄大夫：官名。屬散實官。正二品。按，"左"各本
皆同，但《北史·楊文思傳》作"右"，當訛。

[4]多：稱贊、重視。

文紀字温範，少剛正，有器局。[1]在周，襲爵華山郡公，[2]邑二千七百户。自右侍上士累遷車騎大將軍、儀同三司、安州總管長史。[3]將兵迎陳降將李瑗於齊安，[4]與陳將周法尚軍遇，[5]擊走之。以功進授開府，[6]入爲虞部下大夫。[7]高祖爲丞相，改封汾陰縣公。[8]從梁睿討王謙，[9]以功進授上大將軍。前後增邑三千户。拜資州刺史。[10]入爲宗正少卿，坐事除名。後數載，復其爵位，拜熊州刺史，[11]改封上明郡公。[12]除宗正卿，[13]兼給事黄門侍郎，判禮部尚書事。[14]仁壽二年，遷荆州總管。歲餘，卒官，時年五十八。謚曰恭。

[1]器局：即器量、度量。

[2]華山郡公：爵名。北周時爲十一等爵的第五等。正九命。

[3]右侍上士：官名。北周時爲天官府左右宫伯曹的屬官，與左侍上士對置，位居該曹左右中侍上士之下，同掌宫寢内部禁衛之事。正三命。　安州：西魏、北周時置總管府。治所在今湖北安陸市。　總管長史：官名。北周時爲諸州總管府的上佐官，位居府中衆屬官之首，協助總管統領府中政務。其命品史無明載，但北周諸州府的長史按州等級分爲六命至四命五個等級，故諸州總管府長史的命品亦應與五等州長史的命品略同。

[4]李瑗：人名。本爲南朝陳將，駐守齊安郡，陳宣帝時以郡投降北周，由楊文紀接應北歸。事亦見《北史》卷四一《楊紀傳》。按，“李瑗”各本皆同，《北史·楊紀傳》作“王瑗”。　齊安：郡名。南朝陳時治所在今湖北武漢市新洲區。

[5]周法尚：人名。傳見本書卷六五、《北史》卷七六。

[6]開府：官名。全稱是開府儀同三司，北周武帝建德四年改稱開府儀同大將軍。屬勳官。北周府兵制中二十四軍的每軍長官均加此勳官名，可開府置官屬。九命。

[7]虞部下大夫：官名。北周時爲地官府虞部曹的長官，置一員，掌山澤苑囿及草木種植、鳥獸繁育、時蔬薪炭供給等事務。正四命。

[8]汾陰縣公：爵名。北周時爲十一等爵的第六等。正九命或九命。

[9]梁睿：人名。傳見本書卷三七，《北史》卷五九有附傳。

王謙：人名。北周末年官任益州總管，起兵反對楊堅篡周，旋被討滅。傳見《周書》卷二一，《北史》卷六〇有附傳。

[10]資州：北周時治所在今四川資中縣。

[11]熊州：治所在今河南宜陽縣西。

[12]上明郡公：爵名。爲隋九等爵的第四等。從一品。

[13]除：官制用語。即拜官、授職。 宗正卿：官名。爲宗正寺的長官，置一員，掌皇族外戚屬籍及公主邑司名帳。隋初爲正三品，隋煬帝大業三年降爲從三品。

[14]判：官制用語。即以本官署理他官之職事。此處“判禮部尚書事”，即以本官宗正卿署理禮部尚書之職事。

史臣曰：楊素少而輕俠，俶儻不羈，[1]兼文武之資，包英奇之略，志懷遠大，以功名自許。高祖龍飛，[2]將清六合，[3]許以腹心之寄，每當推轂之重。掃妖氛於牛斗，[4]江海無波，摧驍騎於龍庭，[5]匈奴遠遁。[6]考其夷凶静亂，功臣莫居其右，覽其奇策高文，足爲一時之傑。然專以智詐自立，不由仁義之道，阿諛時主，高下其心，營構離宮，陷君於奢侈，謀廢冢嫡，[7]致國於傾危。終使宗廟丘墟，[8]市朝霜露，[9]究其禍敗之源，實乃素之由也。幸而得死，子爲亂階，墳土未乾，闔門俎戮，[10]丘隴發掘，[11]宗族誅夷。則知積惡餘殃，[12]信非徒語。多行無禮必自及，其斯之謂歟！約外示温柔，内懷狡竽，[13]爲蛇畫足，[14]終傾國本，[15]俾無遺育，宜哉！

[1]俶（tì）儻：卓異不凡，豪爽灑脱。

[2]龍飛：典出《易·乾》：“飛龍在天，利見大人。”孔穎達疏：“若聖人有龍德，飛騰而居天位。”後遂以“龍飛”喻指帝王的興起或即位。

[3]六合：即天地四方。亦指天下。

[4]牛斗：即二十八宿中的牛宿和斗宿。牛、斗二宿屬十二星次中的星紀，而星紀所對應的分野是吳越，故此“牛斗”即代指吳越之地。按，此句乃言楊素平定江南各路叛軍之事。

[5]龍庭：亦作“龍廷”。漢時匈奴單于祭祀天地鬼神之所。後亦借指匈奴和其他北邊少數民族國家。此處借指隋時突厥所控制的地區。按，此句乃言楊素擊破突厥之事。

[6]匈奴：古族名。戰國至秦漢時期游牧於大漠南北的廣大地區，後逐漸衰落西遷或被漢化。此處借指突厥。

[7]冢嫡：即嫡長子。此指皇太子。

[8]丘墟：亦作“丘虛”。即廢墟、荒地。形容荒涼殘破。

[9]市朝：即市場和朝廷。此處偏指朝廷。　霜露：形容存在時間短促。

[10]俎：底本、宋刻遞修本、中華本同，殿本、庫本作“葅”。

[11]丘隴：亦作“丘壟”。即墳墓。

[12]積惡餘殃：語出《易·坤》：“積不善之家，必有餘殃。”意謂累積惡行，必給子孫後代留下禍害。

　　[13]竿：底本、宋刻遞修本、殿本、庫本皆同，中華本作
"算"，義同。

　　[14]爲蛇畫足：典出《戰國策·齊策二》所載"畫蛇爭飲"
的故事。後因以"爲蛇畫足"比喻做事節外生枝，不但無益，反而
害事。

　　[15]國本：古代特指確定皇位繼承人，確立太子爲"國本"。

隋書　卷四九

列傳第十四

牛弘

　　牛弘字里仁，安定鶉觚人也，[1]本姓𥸠氏。[2]祖
熾，[3]郡中正。[4]父允，[5]魏侍中、工部尚書、臨涇公，[6]
賜姓爲牛氏。弘初在襁褓，有相者見之，謂其父曰：
"此兒當貴，善愛養之。"及長，鬚貌甚偉，性寬裕，好
學博聞。在周，[7]起家中外府記室、内史上士。[8]俄轉納
言上士，[9]專掌文翰，甚有美稱。加威烈將軍、員外散
騎侍郎，[10]修起居注。[11]其後襲封臨涇公。宣政元
年，[12]轉内史下大夫，[13]進位使持節、大將軍、儀同
三司。[14]

　　[1]安定：郡名。治所在今甘肅涇川縣西北。　　鶉觚：縣名。
治所在今甘肅靈臺縣。

　　[2]𥸠：各本皆同，但《北史》卷七二《牛弘傳》、《新唐書·
宰相世系表五上》作"遼"。

[3]燧：人名。即寮燧，亦稱牛燧。牛弘之祖，北魏時人，官至安定郡中正。事亦見《北史·牛弘傳》。

[4]郡中正：官名。北魏時沿襲魏晉以來的九品中正制，於地方各郡置中正官，以籍屬本郡且才業並重的京官兼任，職掌本郡内選舉事務，評品人才優劣，爲吏部選授官員提供參考依據。中正官無固定品階，地位視其本官而定。

[5]允：人名。即寮允，亦稱牛允。牛弘之父，西魏時人，官至侍中、工部尚書，爵封臨涇縣公。事亦見《周書》卷三七《裴文舉傳》、《北史·牛弘傳》、《新唐書·宰相世系表五上》。按，"允"各本皆同，《周書·裴文舉傳》及《新唐書·宰相世系表五上》亦同，但《北史·牛弘傳》作"元"，疑訛。

[6]魏：即北魏（386—557），亦稱後魏。初都平城（今山西大同市東北），公元494年遷都洛陽（今河南洛陽市東北白馬寺東）。公元534年分裂爲東魏和西魏兩個政權。東魏（534—550）都於鄴（今河北臨漳縣西南鄴鎮東），西魏（535—557）都於長安（今陝西西安市西北郊）。　侍中：官名。北魏時爲門下省的長官，是宰相之職，但西魏、北周時多用作大臣加官，無實際職掌，遂成散職。正三品。　工部尚書：官名。西魏時爲尚書省所轄工部的長官，掌百工、屯田、山澤之政令。置一員，正三品。　臨涇公：爵名。全稱是"臨涇縣公"。西魏時爲十一等爵的第三等。從一品。按，"臨涇"各本皆同，《北史·牛弘傳》亦同，但《新唐書·宰相世系表五上》作"臨淮"，疑訛。

[7]周：即北周（557—581），都於長安（今陝西西安市西北郊）。

[8]起家：官制用語。即從家中徵召出來，始授以官職。　中外府記室：官名。全稱是中外府記室參軍事。北周武帝保定元年（561），以大冢宰宇文護爲都督中外諸軍事，開府置官屬，府名簡稱"中外府"，此爲宇文護控制北周朝政的權力機構。至建德元年（572），周武帝誅殺宇文護，親總朝政，中外府則廢。中外府記室

參軍事，即爲宇文護中外府所屬列曹參軍之一，掌判府内章表書記之事務。正四命。　内史上士：官名。全稱是小内史上士。北周時爲春官府内史曹的屬官，掌草擬皇帝詔令，參修國志及起居注。置二員，正三命。

[9]納言上士：官名。北周武帝保定四年改天官府御伯曹爲納言曹，置納言上士爲該曹屬官，掌駁正制敕。正三命。

[10]威烈將軍：官名。北周時屬軍號官，無具體職掌，多用作加官。正三命。　員外散騎侍郎：官名。北周時屬散官。分左右置，均爲正三命。

[11]起居注：即皇帝的言行錄。兩漢時由宫内修撰，魏晋以後設官專修。凡與皇帝有關的朝廷大事皆按日記載，以供修撰國史所據。

[12]宣政：北周武帝宇文邕年號（578）。

[13]内史下大夫：官名。全稱是小内史下大夫，亦簡稱小内史。北周初爲春官府内史曹的次官，北周宣帝大象元年（579）增置内史上大夫爲該曹長官，原長官内史中大夫退居副貳，小内史下大夫遂退爲屬官。其職掌是協助該曹長官撰寫皇帝詔令，參議刑罰爵賞及軍國大事，並修撰國史及起居注。置二員，正四命。

[14]使持節：魏晋南北朝至隋時，凡重要軍政長官出鎮或出征，均加使持節、持節、假節等頭銜，以表示其權力和尊崇，使持節可誅殺二千石以下官吏。後逐漸變成一種榮譽性質的官銜，非軍政長官而地位尊崇的朝官亦可加此銜。　大將軍、儀同三司：此處“大將軍”和“儀同三司”兩個官名有誤。考北周官制，大將軍是十一等勳官的第四等，正九命；儀同三司是十一等勳官的第八等，九命。按常理，兩個不同等級的勳官不可能同時並列授予同一個人，其排序更不應出現前官高而後官低的情况，故此處所記“大將軍、儀同三司”必有誤。且據《周書》卷六《武帝紀下》、《北史》卷一〇《周武帝紀》載，北周武帝建德四年已改稱儀同三司爲儀同大將軍，而文中所述事在宣政元年，距改稱已過去三年，故此時仍

舊稱"儀同三司"亦欠準確。造成上述疑誤有兩種可能：最大一種可能是"大將軍"誤倒，"三司"是衍文，應將"大將軍、儀同三司"合併刪改爲"儀同大將軍"一個勳官名，如此既可避免兩個勳官同時並授的矛盾，又可避免"儀同三司"欠準確之嫌。再檢《周書·裴文舉傳》末載："又有安定橑允，本姓牛氏……允子弘……宣政中，内史下大夫、儀同大將軍。"此稱牛弘在宣政年間所任勳官正是"儀同大將軍"，這亦可爲上述考釋提供有力的佐證。也正因如此，《北史·牛弘傳》就刪掉"大將軍"三字，而祇保留"儀同三司"一個勳官名。另一種可能是按北周授官之例，凡授儀同三司者一般多於其前帶有車騎大將軍（九命）或驃騎大將軍（九命）兩種軍號官名，故此處所記"大將軍"也有可能是"車騎大將軍"或"驃騎大將軍"之脱文，但若如此，則下文所記"儀同三司"仍欠準確。（參見唐華全《中華書局點校本〈隋書〉質疑二十九則》，《河北師範大學學報》2012 年第 1 期）

　　開皇初，[1] 遷授散騎常侍、秘書監。[2] 弘以典籍遺逸，上表請開獻書之路，曰：

　　[1] 開皇：隋文帝楊堅年號（581—600）。
　　[2] 散騎常侍：官名。隋初爲門下省的屬官，置四員，掌陪從朝值，獻納得失，實則爲閑散虛職，多用作加官。從三品。隋煬帝大業三年（607）罷廢。　秘書監：官名。爲秘書省的長官，置一員，掌圖書經籍、天文曆法之事，統領著作、太史二曹。隋初爲正三品，隋煬帝大業三年降爲從三品，後又改稱秘書令。

　　經籍所興，由來尚矣。爻畫肇於庖羲，[1] 文字生於蒼頡，[2] 聖人所以弘宣教導，博通古今，揚於王庭，肆於時夏。[3] 故堯稱至聖，猶考古道而言，舜其大智，尚觀古人之象。《周官》，[4]外史掌三皇五帝之書，[5]及四方之志。武王問黃帝、顓頊之道，[6]太公曰：[7]"在《丹書》。"[8]是知握符御曆，[9]有國有家者，曷嘗不以《詩》《書》而爲教，[10]因禮樂而成功也。

[1]爻畫：即《易》卦。因《易》卦均由陽爻和陰爻兩種符號組合而成，有八卦及六十四卦之變化，故稱《易》卦爲爻畫。　庖羲：亦稱"伏羲""庖犧""太昊"。古代傳說中人類的始祖，位列三皇之一。相傳其始畫八卦，又教民漁獵，取犧牲以供庖廚，因稱庖犧或庖羲。

[2]蒼頡：亦作"倉頡"。古代傳說中漢文字的創造者。或以爲是黃帝時代的史官。

[3]時夏：此指遠古時代的華夏民族。

[4]《周官》：即《周禮》的別稱。相傳爲周公所作，實爲戰國時儒家搜集周代官制和戰國時各國制度，比附儒家政治理想彙編而成的一部著作，爲儒家經典之一。

[5]外史：官名。周代掌宣京畿以外地區之王令，管理文獻檔案及四方地志。　三皇：遠古傳說中的三位帝王。所指説法不一。　五帝：遠古傳說中的五位帝王。所指説法不一。

[6]武王：即周武王姬發。西周開國君主。詳見《史記》卷四《周本紀》。　黃帝：遠古傳說中的帝王名。號軒轅氏，亦號有熊氏。傳說是中原各族的共同祖先。因以土德而王，土色黃，故稱黃帝。事見《史記》卷一《五帝本紀》。　顓頊：遠古傳說中的帝王名，號高陽氏。傳說是黃帝之孫。事見《史記·五帝本紀》。

[7]太公：即太公望。又名姜尚、呂尚。周文王、武王時的元勳大臣，以功封於齊國。詳見《史記》卷三二《齊太公世家》。

[8]《丹書》：即《洛書》的別稱。傳說夏禹治水時，有洛水神龜負丹書而出，夏禹取法以作《尚書·洪範》"九疇"，後世儒

家遂稱"九疇"之文爲《洛書》或《丹書》。

[9]握符御曆：意謂握有受命於天的符命，控有頒行曆法的權力。喻指帝王承天命而登位，君臨天下。

[10]《詩》：即《詩經》的簡稱。相傳是孔子刪定而成的一部上古詩歌總集，爲儒家經典之一。　《書》：即《尚書》的簡稱。相傳是孔子編選而成的一部上古文獻著作彙編，爲儒家經典之一。

　　昔周德既衰，[1]舊經紊棄。孔子以大聖之才，開素王之業，[2]憲章祖述，[3]制《禮》刊《詩》，[4]正五始而修《春秋》，[5]闡十翼而弘《易》道。[6]治國立身，作範垂法。及秦皇馭宇，[7]吞滅諸侯，任用威力，事不師古，始下焚書之令，行偶語之刑。[8]先王墳籍，掃地皆盡。本既先亡，從而顛覆。臣以圖讖言之，[9]經典盛衰，信有徵數。[10]此則書之一厄也。漢興，改秦之弊，敦尚儒術，建藏書之策，置校書之官，屋壁山巖，往往間出。外有太常、太史之藏，[11]內有延閣、秘書之府。[12]至孝成之世，[13]亡逸尚多，遣謁者陳農求遺書於天下，[14]詔劉向父子讎校篇籍。[15]漢之典文，於斯爲盛。及王莽之末，[16]長安兵起，[17]宮室圖書，並從焚燼。此則書之二厄也。光武嗣興，[18]尤重經誥，未及下車，[19]先求文雅。於是鴻生鉅儒，繼踵而集，懷經負帙，不遠斯至。肅宗親臨講肆，[20]和帝數幸書林，[21]其蘭臺、石室，[22]鴻都、東觀，[23]秘牒填委，更倍於前。及孝獻移都，[24]吏民擾亂，圖書縑帛，皆取爲帷囊。所收而西，裁七十餘乘，屬西京大亂，[25]一時燔蕩。此則書之三厄也。魏文代漢，[26]更集經典，皆藏在秘書、內外三閣，[27]遣秘書郎鄭默刪定舊文。[28]時之論者，美其朱紫有別。[29]晉氏承之，文籍尤廣。晉秘書監荀勗定魏《內經》，[30]更著《新簿》。[31]雖古文舊簡，猶云有缺，新章後錄，鳩集已多，足得恢弘正道，訓範當世。屬劉、石憑陵，[32]京華覆滅，[33]朝章國典，[34]從而失墜。此則書之四厄也。永嘉之後，[35]寇竊競興，因河據洛，[36]跨秦帶趙。[37]論其建國立家，雖傳名號，憲章禮樂，[38]寂滅無聞。劉裕平姚，[39]收其圖籍，五經子史，[40]纔四千卷，皆赤軸青紙，文字古拙。僭偽之盛，[41]莫過二秦，[42]以此而論，足可明矣。故知衣冠軌物，[43]圖畫記注，播遷之餘，[44]皆歸江左。[45]晉、宋之際，[46]學藝爲多，齊、梁之間，[47]經史彌盛。宋秘書丞王儉，[48]依劉氏《七略》，[49]撰爲《七志》。[50]梁人阮孝緒，[51]亦爲《七錄》。[52]總其書數，三萬餘卷。及侯景渡江，[53]破滅梁室，秘省經籍，[54]雖從兵火，其文德殿內書史，[55]宛然猶存。蕭繹據有江陵，[56]遣將破平侯景，收文德之書，及公私典籍，重本七萬餘卷，悉送荆州。[57]故江表圖書，[58]因斯盡萃於繹矣。及周師入郢，[59]繹悉焚之於外城，所收十纔一二。此則書之五厄也。後魏爰自幽方，[60]遷宅伊、洛，[61]日不暇給，經籍闕如。周氏創基關右，[62]戎車未息。[63]保定之始，[64]書止八千，後加收集，方盈萬卷。高氏據有山東，[65]初亦採訪，驗其本目，殘缺猶多。及東夏初平，[66]獲其經史，四部重雜，[67]三萬餘卷。所益舊書，五千而已。

　　[1]周德：指周代的德治。亦指周代的五行命符火德。

　　[2]素王：指具有帝王之德而未居帝王之位者。後亦專用爲孔子之號。

　　[3]憲章祖述：意謂效法和闡發前人的德行及其學説。

　　[4]《禮》：即《儀禮》的簡稱，亦稱《禮經》或《士禮》。相傳爲孔子所制訂的上古禮制彙編，爲儒家經典之一。後亦泛指《周禮》《儀禮》《禮記》三部言禮之書，合稱"三禮"，均爲儒家經典著作。

　　[5]五始：《春秋》紀事，始以元年、春、王、正月、公即位等五事，謂之"五始"。《漢書》卷六四下《王褒傳》："共惟《春秋》法五始之要，在乎審己正統而已。"顏師古注："元者，氣之始；春者，四時之始；王者，受命之始；正月者，正教之始；公即位者，一國之始，是爲五始。"　《春秋》：相傳是孔子據魯史修訂而成的一部編年體史書，敍事極簡，用字意寓褒貶，爲儒家經典之一。

　　[6]十翼：指《易》的《上彖》《下彖》《上象》《下象》《上繫》《下繫》《文言》《説卦》《序卦》《雜卦》十篇傳文，相傳爲孔子所作，總稱"十翼"。翼，即輔助之意。　《易》：即《周易》的簡稱，亦稱《易經》。相傳伏羲畫其卦，文王作其辭，孔子作其傳，爲儒家經典之一。

　　[7]秦皇：指秦始皇嬴政。紀見《史記》卷六。

　　[8]偶語之刑：秦始皇頒行的一種嚴刑酷法，規定凡民相聚議論或竊竊私語者皆罪之，處以斬首棄市。

　　[9]圖讖：古代方士儒生編造的關於帝王受命徵驗一類的圖書，多爲神秘的隱語或預言。此處借指天意符命。

　　[10]徵數：即天命徵驗之數。

　　[11]太常：官署名。西漢時爲九寺之一，掌宗廟禮儀，兼掌太學，選試博士。　太史：官署名。西漢時屬太常，掌天文曆法，兼掌國家典籍和史書修撰。

[12]延閣：西漢宮內藏書之所。　秘書：即秘書閣，亦稱秘室。西漢宮內藏書之所。

[13]孝成：西漢第九代皇帝劉驁的諡號。紀見《漢書》卷一〇。

[14]謁者：官名。西漢時爲光祿勳的屬官，掌賓贊受事，傳宣詔令。秩比六百石。　陳農：人名。西漢成帝時官任謁者，奉命出使搜求天下遺書。事見《漢書》卷一〇《成帝紀》、卷三〇《藝文志》。

[15]劉向：人名。西漢成帝時官任光祿大夫，奉詔校閱群書，撰成《別錄》，爲中國目錄學之祖。後其子劉歆又繼承父業，總校群書，撰成《七略》。傳見《漢書》卷三六。

[16]王莽：人名。西漢末年以外戚專掌朝政，公元8年篡漢稱帝，改國號爲新，公元23年綠林軍攻入長安時被殺。傳見《漢書》卷九九。

[17]長安：西漢都城名。故址在今陝西西安市西北郊。

[18]光武：東漢開國皇帝劉秀的諡號。紀見《後漢書》卷一。

[19]下車：典出《禮記·樂記》：“武王克殷，反商，未及下車，而封黃帝之後於薊。”後遂稱皇帝初即位或官吏到任爲“下車”。

[20]肅宗：東漢章帝劉炟的廟號。紀見《後漢書》卷三。講肄：指講學的館舍。

[21]和帝：即東漢和帝劉肇。東漢第四代皇帝。紀見《後漢書》卷四。

[22]蘭臺：東漢殿中藏書之所，由御史中丞掌管。　石室：東漢國家收藏圖書檔案之所，由太史令掌管。

[23]鴻都：東漢朝廷藏書之所。因在皇城鴻都門內，故名。東觀：東漢洛陽南宮內觀名。漢明帝時詔令班固等史臣在此修撰國史《漢記》，章、和二帝時將此設爲皇宮藏書之府。

[24]孝獻：東漢末代皇帝劉協的諡號。紀見《後漢書》卷九。

移都：此指漢獻帝初平元年（190），受董卓挾持，從洛陽遷都長安。

［25］西京：即長安。漢獻帝西遷時的都城。在今陝西西安市西北郊。

［26］魏文：即魏文帝曹丕。三國時曹魏的開國皇帝。紀見《三國志》卷二。

［27］秘書：官署名。指秘書監。曹魏時掌管國家圖書檔案。內：此指內閣。曹魏改漢秘書閣稱作內閣，爲宮內藏書之所，由宦官掌管。　外：此指外臺。曹魏改漢蘭臺稱作外臺，爲殿廷藏書之所，由御史掌管。

［28］秘書郎：官名。曹魏時爲秘書監的屬官，職掌圖書整理與收藏之事務。第六品。　鄭默：人名。曹魏時官任秘書郎，奉命校定皇家圖書，撰成《魏中經簿》。《晉書》卷四四有附傳。

［29］朱紫有別：語出《晉書·鄭默傳》："（默）考核舊文，刪省浮穢，中書令虞松謂曰：'而今而後，朱紫別矣。'"意謂經過鄭默整理之後，圖書的正邪好壞遂有所區別。朱，指正、善；紫，指邪、惡。

［30］秘書監：官名。晉時爲秘書監的長官，掌圖書經籍之事。第三品。　荀勖：人名。西晉時官任秘書監，奉詔整理皇家圖書，在鄭默《魏中經簿》的基礎之上，又撰成《中經新簿》。傳見《晉書》卷三九。　《內經》：本作《中經》，亦稱《魏中經簿》，牛弘因避隋文帝父楊忠之諱而改"中"爲"內"。該書是曹魏秘書郎鄭默奉校皇家圖書時所編寫的一部目錄學著作。

［31］《新簿》：全稱是《中經新簿》，亦稱《晉中經簿》。該書是晉秘書監荀勖依據鄭默《魏中經簿》而編寫的一部目錄學著作，首創甲、乙、丙、丁四部分類法。

［32］劉：指劉淵。匈奴人，十六國時漢國的開國君主。載記見《晉書》卷一〇一，《魏書》卷九五有附傳。　石：指石勒。羯人，十六國時後趙的開國君主。載記見《晉書》卷一〇四、一〇五，傳

見《魏書》卷九五。　　憑陵：意謂侵犯肆虐，橫行猖獗。

[33]京華：京城的美稱。此指西晋都城洛陽（今河南洛陽市）。

[34]國：底本、宋刻遞修本、庫本、中華本皆同，殿本作"闕"。

[35]永嘉：西晋懷帝馬司熾年號（307—313）。

[36]河：指黃河。　　洛：指洛水，即今河南洛河。按，此處以河、洛二水泛指中原一帶。

[37]秦：春秋戰國時國名。此指古秦國之地，即今陝西及甘肅東南部一帶。　　趙：戰國時國名。此指古趙國之地，即今山西中部、河北西南部一帶。

[38]憲章：即典章制度。

[39]劉裕：人名。東晋末期的執政大臣，南朝劉宋的開國皇帝。紀見《宋書》卷一至三、《南史》卷一。　　姚：指姚泓。羌人，十六國時後秦的末代君主，公元417年被東晋劉裕攻滅。載記見《晋書》卷一一九，《魏書》卷九五有附傳。按，"姚"字各本皆同，《北史》卷七二《牛弘傳》亦同，《册府元龜》卷六〇三《學校部‧奏議》引牛弘奏表"姚"下有"泓"字。

[40]五經：即《詩》《書》《易》《禮》《春秋》五部儒家經典的合稱。此處泛指四部圖書分類中的經部。　　子史：指四部圖書分類中的子部和史部。

[41]僭僞：越禮不軌。亦指割據一方的非正統的王朝政權。

[42]二秦：指十六國時期的前秦和後秦兩個王朝政權。按，"二秦"底本、宋刻遞修本、中華本同，《册府元龜》卷六〇三《學校部‧奏議》引牛弘奏表亦同，但殿本、庫本作"三秦"。

[43]衣冠軌物：指古代的文明禮教制度。

[44]播遷：流離遷徙。

[45]江左：地區名。亦稱江東。指長江下游以東地區。此處代指東晋南朝政權。

[46]宋：即南朝宋（420—479），都於建康（今江蘇南京市）。

[47]齊：即南朝齊（479—502），都於建康（今江蘇南京市）。

梁：即南朝梁（502—557），都於建康（今江蘇南京市）。

[48]秘書丞：官名。南朝宋時爲秘書監的次官，置一員，協助長官秘書監掌圖書經籍之事，總判本府日常事務。第六品。　王儉：人名。南朝宋時官任秘書丞，素好讀書，校勘古籍，依據劉歆《七略》的體例撰成《七志》。傳見《南齊書》卷二三,《南史》卷二二有附傳。

[49]劉氏：此指劉歆。參見前注“劉向”。　《七略》：西漢劉歆編撰的一部圖書分類目錄著作。包括輯略、六藝略、諸子略、詩賦略、兵書略、術數略、方技略七略，故名。

[50]《七志》：南朝宋秘書丞王儉依據《七略》體例而編撰的一部圖書分類目錄著作。包括經典志、諸子志、文翰志、軍書志、陰陽志、術藝志、圖譜志七志，後附佛經錄、道經錄，實爲九類。

[51]阮孝緒：人名。南朝梁武帝時人，隱居不仕，遍覽群書，博采宋、齊以來公私圖書記錄，撰成《七錄》。傳見《梁書》卷五一、《南史》卷七六。

[52]《七錄》：南朝梁處士阮孝緒參考《梁文德殿五部目錄》而編成的一部圖書分類目錄著作。包括經典錄、紀傳錄、子兵錄、文集錄、術技錄、佛法錄、仙道錄七錄，故名。

[53]侯景：人名。本爲東魏鎮守河南的大將，公元547年以地降梁，次年發動叛亂，渡江攻破建康城，梁武帝被幽而死，後遂興兵橫行三吳，四處攻戰，並於公元551年在建康自立稱帝，翌年被梁將陳霸先、王僧辯率軍攻破，逃亡時被部下殺死。史稱其發動的這場叛亂爲“侯景之亂”。傳見《梁書》卷五六、《南史》卷八〇。

[54]秘省：官署名。全稱是秘書省。南朝梁武帝時改前朝秘書監置爲秘書省，掌管國家圖書檔案之事。

[55]文德殿：南朝梁時皇宮內的殿名。梁武帝時爲宮內藏書之府。

[56]蕭繹：人名。南朝梁武帝之子。侯景之亂時據守江陵，公元552年派大將陳霸先、王僧辯率軍東下攻滅侯景，旋即在江陵自立稱帝，是爲梁元帝。紀見《梁書》卷五、《南史》卷八。　江陵：縣名。南朝梁時治所在今湖北荆州市。因梁元帝在此即位稱帝，後遂建爲梁都城。

[57]荆州：南朝梁時治所在今湖北荆州市。

[58]江表：地區名。亦稱“江南”“江外”。泛指長江以南地區。

[59]郢：古邑名。春秋戰國時爲楚國的都城，故址在今湖北荆州市。此處借指南朝梁元帝時的都城江陵。

[60]幽方：即北方。此指北魏初期的統治中心代北地區，即今山西大同市一帶。

[61]遷宅：此指遷都。　伊、洛：古水名。即今河南境内的伊河和洛河。此處代指位於伊、洛河流域的洛陽，北魏孝文帝時遷都於此。

[62]周氏：此指北周。　關右：地區名。亦稱“關中”“關内”。秦至唐時指函谷關或潼關以西、隴阪以東、終南山以北地區。

[63]戎車：即兵車。亦代指戰事、戰爭。

[64]保定：北周武帝宇文邕年號（561—565）。

[65]高氏：北齊皇室的姓氏。此處借用爲朝代名，指北齊（550—577），都於鄴（今河北臨漳縣西南鄴鎮東）。　山東：地區名。戰國秦漢時期稱崤山或華山以東地區爲山東，魏晉南北朝隋唐時期亦稱太行山以東地區爲山東。

[66]東夏：地區名。泛指中國東部。此處代指北齊。

[67]四部：中國古代圖書分類名稱，即甲、乙、丙、丁或經、史、子、集四部。

　　今御書單本，合一萬五千餘卷，部帙之間，仍有殘缺。比梁之舊目，止有其半。至於陰陽河洛之篇，[1]醫方圖譜之説，彌復爲少。臣以經書，自仲尼已後，迄于當今，年逾千載，數遭五厄，興集之期，屬膺聖世。伏惟陛下受天明命，君臨區宇，功無與二，德冠往初。自華夏分離，彝倫攸斁，[2]其間雖霸王遞起，[3]而世難未夷，欲崇儒業，時或未可。今土宇邁於三王，[4]民黎盛於兩漢，有人有時，正在今日。方當大弘文教，納俗升平，而天下圖書尚有遺逸，非所以仰協聖情，流訓無窮者也。臣史籍是司，寢興懷懼。昔陸賈奏漢祖云“天下不可馬上治之”，[5]故知經邦立政，在於典謨矣。[6]爲國之本，莫此攸先。今秘藏見書，亦足披覽，但一時載籍，須令大備。不可王府所無，私家乃有。然士民殷雜，求訪難知，縱有知者，多懷吝惜，必須勒之以天威，[7]引之以微利。若猥發明詔，[8]兼開購賞，則異典必臻，觀閣斯積，[9]重道之風，超於前世，不亦善乎！伏願天監，[10]少垂照察。

[1]河洛：即“河圖洛書”的簡稱。古代儒家關於《周易》卦形來源及《尚書·洪範》“九疇”創作過程的傳説。《易·繫辭上》：“河出圖，洛出書，聖人則之。”據漢儒孔安國、劉歆等解説，伏羲時有龍馬出於黃河，馬背有旋毛如星點，稱作龍圖，伏羲取法以畫八卦生蓍法。夏禹治水時有神龜出於洛水，龜背上有裂紋，紋如文字，夏禹取法而作《尚書·洪範》“九疇”。古代認爲“河圖洛書”是帝王聖者受命之祥瑞。此處用以泛指五行八卦之類的書籍。

[2]彝倫：即常理、倫理。　斁（dù）：敗壞。

[3]霸王：古稱有天下者爲王，諸侯之長爲霸。後用以泛指成就霸業或王業之人。

[4]三王：指夏、商、周三代開國之君。具體所指説法不一：或説是夏禹、商湯、周武王；或説是夏禹、商湯、周文王。

[5]陸賈：人名。漢初名臣，官至太中大夫，曾向漢高祖提出不可單靠武力治天下，主張以文治天下，著有《新語》一書。傳見《史記》卷九七、《漢書》卷四三。　漢祖：即漢高祖劉邦。紀見《史記》卷八、《漢書》卷一。

[6]典謨：《尚書》中《堯典》《舜典》和《大禹謨》《皋陶謨》等篇的並稱，爲《尚書》的兩種體例。後用以泛指儒家經典法言。

[7]天威：指帝王的威嚴或朝廷的聲威。

[8]猥發：廣泛發布。

[9]斯：底本、宋刻遞修本、中華本同，《北史》卷七二《牛弘傳》及《册府元龜》卷六〇三《學校部·奏議》引牛弘奏表亦同，但殿本、庫本作“所”，疑訛。

[10]監：底本、宋刻遞修本、中華本同，殿本、庫本作“鑒”，義同。

上納之，於是下詔，獻書一卷，資縑一匹。一二年間，篇籍稍備。進爵奇章郡公，[1]邑千五百户。[2]

[1]奇章郡公：爵名。爲隋九等爵的第四等，從一品。

[2]邑：也稱食邑、封邑。是古代君王封賜給有爵位之人的一種食禄制度，受封者可徵收封地内的民户租税充作食禄。魏晋以後，食邑分爲虛封和實封兩類：虛封一般僅冠以“邑”或“食邑”之名，這祇是一種榮譽性加銜，受封者並不能獲得實際的食禄收入；而實封一般須冠以“真食”“食實封”等名，受封者可真正獲

得食禄收入。

三年，拜禮部尚書，[1]奉敕修撰五禮，[2]勒成百卷，行於當世。弘請依古制修立明堂，[3]上議曰：

[1]禮部尚書：官名。是尚書省所轄六部之一禮部的長官，掌禮儀、祭祀、外交、宴享等政令，統禮部、祠部、主客、膳部四曹。置一員，正三品。

[2]五禮：古代的五種禮制，即吉禮、凶禮、軍禮、賓禮、嘉禮。按，中華本於"五禮"一詞標有書名號，但據本書《經籍志二》，隋初牛弘奉敕修撰的百卷禮制書名爲《隋朝儀禮》，可知此處"五禮"是指該書的內容構成，而非其書名，故不當加書名號。

[3]明堂：古代帝王宣明政教的地方。凡朝會、祭祀、慶賞、選士、養老、教學等大典，都在此舉行。

竊謂明堂者，所以通神靈，感天地，出教化，崇有德。《孝經》曰：[1]"宗祀文王於明堂，[2]以配上帝。"《祭義》云：[3]"祀于明堂，教諸侯孝也。"黃帝曰合宮，[4]堯曰五府，[5]舜曰總章，[6]布政興治，由來尚矣。《周官·考工記》曰："夏后氏世室，[7]堂修二七，[8]廣四修一。"鄭玄注云：[9]"修十四步，[10]其廣益以四分修之一，則堂廣十七步半也。""殷人重屋，[11]堂修七尋，[12]四阿重屋。"[13]鄭云："其修七尋，廣九尋也。""周人明堂，度九尺之筵，[14]南北七筵，[15]五室，凡室二筵。"鄭云："此三者，或舉宗廟，[16]或舉王寢，[17]或舉明堂，互言之，明其同制也。"馬融、王肅、干寶所注，[18]與鄭亦異，今不具出。漢司徒馬宮議云：[19]“夏后氏世室，室顯於堂，故命以室。殷人重屋，屋顯於堂，故命以屋。周人明堂，堂大於夏室，故命以堂。夏后氏益其堂之廣百四十四尺，周人明堂，以爲兩序間大夏后氏七十二尺。”[20]若據鄭玄之説，則夏室大於周堂，如依馬宮之言，則周堂大於夏室。後王轉文，周大爲是。但宮之所言，未詳其義。此皆去聖久遠，禮文殘缺，先儒解説，家異人殊。鄭注《玉藻》亦云：[21]“宗廟路寢，與明堂同制。”《王制》曰：[22]“寢不逾廟。”明大小是同。今依鄭玄注，每室及堂，止有一丈八尺，四壁之外，四尺有餘。若以宗廟論之，袷享之時，[23]周人旅酬六尸，[24]并后稷爲七，[25]先公昭穆二尸，[26]先王昭穆二尸，[27]合十一尸，三十六王，[28]及君北面行事於二丈之堂，[29]愚不及此。若以正寢論之，便須朝宴。據《燕禮》：[30]“諸侯宴，則賓及卿大夫脱屨升坐。”[31]是知天子宴，則三公九卿並須升堂。[32]《燕義》又云：[33]“席，小卿次上卿。”[34]言皆侍席。止於二筵之間，豈得行禮？若以明堂論之，[35]總享之時，[36]五帝各於其室。[37]設青帝之位，須於木室之内，[38]少北西面。太昊從食，[39]坐於其西，近南北面。祖宗配享者，[40]又於青帝之南，稍退西面。丈八之室，神位有三，加以簠簋籩豆，[41]牛羊之俎，[42]四海九州美物咸設，[43]復須席上升歌，[44]出樽反坫，[45]揖讓升降，亦以隘矣。據兹而説，近是不然。

[1]《孝經》：孔子的後學門徒所作的一部儒家經典。漢代列爲"七經"之一。

[2]宗祀：專指對祖宗的祭祀。亦泛指各種祭祀。 文王：即周文王姬昌。詳見《史記》卷四《周本紀》。

[3]《祭義》：《禮記》的篇名。

[4]合宮：相傳爲黄帝的明堂之名。

[5]五府：相傳爲堯的明堂之名。後亦用指其他朝代的明堂或明堂中的五室。

[6]總章：相傳爲舜的明堂之名。後亦用作明堂的西向室之名，取"西方總成萬物而章明之"之意。

[7]夏后氏：亦稱"夏氏""夏后"。指禹受舜禪而建立的夏王朝。 世室：夏朝的宗廟之名。或説是夏朝的明堂之名。按，"世室"各本皆同，《北史》卷七二《牛弘傳》作"代室"，乃唐人避唐太宗李世民之諱而改。

[8]修：即長、長度。 二七：即十四。

[9]鄭玄：人名。東漢經學家，嘗遍注群經。傳見《後漢書》卷三五。

[10]十四：底本、宋刻遞修本、中華本同，《北史·牛弘傳》、《册府元龜》卷五八四《掌禮部·奏議》引牛弘奏議亦同，但殿本、庫本作"四十"，誤倒。 步：古代長度單位。歷代定制不一，周制以八尺爲步，秦制以六尺爲步，漢制以營造尺五尺爲步。

[11]殷：本爲古都邑名。在今河南安陽市小屯村。後世因商王盤庚遷都於殷，遂以"殷"代稱商朝。 重屋：即兩重檐之屋。亦爲商代天子用以宣明政教的大廳堂之名，或説是商代的王宫正堂。

[12]尋：古代長度單位。多以八尺爲尋，亦有以七尺或六尺爲尋者。

[13]四阿：指屋宇四邊的檐霤，可使水從四面流下。

[14]筵：即席位。古代常以筵度堂，每筵多爲一丈，亦有每筵爲九尺者。

[15]南北：底本、宋刻遞修本、庫本、中華本皆同，《北史·牛弘傳》、《册府元龜》卷五八四《掌禮部·奏議》引牛弘奏議亦同，但殿本作"南面"，當誤。

[16]宗廟：古代帝王、諸侯祭祀祖宗的廟宇。

[17]王寢：亦稱"正寢""路寢"。古代帝王、諸侯治事宴享的正廳堂。

[18]馬融：人名。東漢經學家。傳見《後漢書》卷六〇上。　王肅：人名。三國時曹魏經學家。傳見《三國志》卷一三。　干寶：人名。晋代經學家。傳見《晋書》卷八二。

[19]司徒：官名。西漢時全稱是大司徒。漢哀帝元壽二年（前1）改丞相爲大司徒，與大司馬、大司空並列爲三公，掌國家土地和民政教化，佐天子理萬機，是宰相之職。秩萬石。　馬宮：人名。西漢經學家，漢平帝時官至大司徒。傳見《漢書》卷八一。

[20]兩序：此指明堂東、西兩端的墙壁。

[21]《玉藻》：《禮記》的篇名。

[22]《王制》：《禮記》的篇名。

[23]祫享：亦稱"祫祭""祫祀"。古代天子諸侯集合遠近祖先神主於太祖廟所舉行的大合祭。

[24]旅酬：即祭禮完畢後衆親賓一起宴飲，相互敬酒。此處泛指祭祀。　六尸：指上溯六代祖先之神主。尸，即神主。或指祭祀時代死者受祭之人，或指神主牌位。

[25]后稷：周人的始祖，名棄。相傳虞舜命之爲農官，教民耕稼，故稱"后稷"。事見《史記》卷四《周本紀》。

[26]先公：此指后稷之後、太王之前的不窋至太公諸盤十一代周人先祖。　昭穆：古代宗廟中神主的排列次序。始祖居中，以下父、子遞爲昭穆，分居左右，左爲昭，右爲穆。

[27]先王：此指周文王之祖太王、父王季兩代周人先祖。

[28]三十六王：此指周文王以下兩周歷代君王天子。按，"王"字底本、殿本、庫本皆同，但宋刻遞修本、中華本、《北

史·牛弘傳》、《册府元龜》卷五八四《掌禮部·奏議》引牛弘奏議均作"主"。

[29]行事：此指舉行祭祀。

[30]《燕禮》：《儀禮》的篇名。

[31]卿大夫：官名。指卿和大夫兩等高級官員。周制天子及諸侯之官皆有卿、大夫、士三等，各等又分上、中、下三級。

[32]三公：官名。周制以太師、太傅、太保爲三公，掌論道經邦，燮理陰陽。一説是以司馬、司徒、司空爲三公。　九卿：官名。周制以三孤（少師、少傅、少保）和六卿（冢宰、司徒、宗伯、司馬、司寇、司空）爲九卿，三孤佐三公論道，六卿掌治六官之屬。

[33]《燕義》：《禮記》的篇名。

[34]小卿：官名。周制天子及諸侯皆有卿，分上、中、下三級，最尊貴者稱爲"上卿"或"大卿"，第三級卿則稱爲"下卿"或"小卿"。

[35]若：底本、宋刻遞修本、中華本同，《北史·牛弘傳》、《册府元龜》卷五八四《掌禮部·奏議》引牛弘奏議亦同，但殿本、庫本作"者"，疑訛，或將"者"字斷屬上句亦可通。

[36]總享：古代天子諸侯集合五方天帝、遠古聖賢五帝以及祖先神主於明堂所舉行的大合祭。

[37]五帝：此指東、西、南、北、中五方之天帝。古代以五方天帝與五色、五行相配合，五帝各有其名，各尚一色，各居一方，各主一行。青帝（亦稱蒼帝）名曰靈威仰，居東方，主木行；赤帝名曰赤熛怒，居南方，主火行；黃帝名曰含樞紐，居中央，主土行；白帝名曰白招拒，居西方，主金行；黑帝名曰汁光紀（亦作叶光紀），居北方，主水行。古代天子諸侯於明堂祭祀五方天帝時，則青帝居東向室，室名"青陽"，以太昊（伏羲）陪從受祭；赤帝居南向室，室名"明堂"，以炎帝（神農）陪從受祭；黃帝居中央之室，室名"太室"，以黃帝（軒轅）陪從受祭；白帝居西向室，

室名"總章"，以少昊（摯）陪從受祭；黑帝居北向室，室名"玄堂"，以顓頊（高陽）陪從受祭。

[38]木：底本原作"太"，宋刻遞修本、殿本、庫本與底本同，中華本據《册府元龜》卷五八四《掌禮部・奏議》引牛弘奏議改作"木"，《北史・牛弘傳》亦作"木"，當是，今從改。

[39]從食：即陪從受祭。古代天子諸侯祭祀五方天帝時，則以遠古聖賢五帝陪從受祭，稱爲"從食"。

[40]配享：亦作"配饗"。即祔祀、合祭。古代天子諸侯祭祀五方天帝時，亦以祖先神主配祔合祭，稱爲"配享"。

[41]簠簋籩豆：古代祭祀和宴享時用以盛放五穀、饌肴的四種禮器。按，"籩"底本原作"邊"，中華本與底本同，今據宋刻遞修本、殿本、庫本、《北史・牛弘傳》、《册府元龜》卷五八四《掌禮部・奏議》引牛弘奏議改。又，"籩豆"《北史・牛弘傳》作"豆籩"。

[42]俎：古代祭祀和宴享時用以陳置牛、羊、豕三牲體或其他食物的禮器。

[43]四海：古代以爲中國四境有四海環繞，各按方位爲東海、南海、西海和北海。但亦因時而異，説法不一。後遂以"四海"代指全中國。　九州：古代分中國爲九州。後以"九州"泛指天下或全中國。

[44]上：底本原作"工"，宋刻遞修本、殿本、庫本與底本同，中華本據《北史・牛弘傳》及《册府元龜》卷五八四《掌禮部・奏議》引牛弘奏議改作"上"，當是，今從改。

[45]出樽反坫：古代祭祀和宴享時，酒樽放置在兩楹間，凡獻酬敬酒皆自樽南位置而出，稱作"出樽"；獻酬敬酒完畢後，把空酒樽放還於兩楹間的土臺之上，稱作"反坫"。坫，即位於兩楹間樽南之處的土築平臺。出樽和反坫，皆爲古代天子諸侯祭祀神主或宴享貴賓時的隆重禮儀。按，"坫"底本原作"玷"，據宋刻遞修本、殿本、庫本、中華本、《北史・牛弘傳》、《册府元龜》卷五八

四《掌禮部·奏議》引牛弘奏議改。

　　案劉向《別録》及馬宮、蔡邕等所見，[1]當時有《古文明堂禮》《王居明堂禮》《明堂圖》《明堂大圖》《明堂陰陽》《太山通義》《魏文侯孝經傳》等，並説古明堂之事。其書皆亡，莫得而正。今《明堂月令》者，鄭玄云："是吕不韋著，[2]《春秋十二紀》之首章，[3]禮家鈔合爲記。"蔡邕、王肅云："周公所作。"[4]《周書》內有《月令》第五十三，[5]即此也。各有證明，文多不載。束晳以爲夏時之書。[6]劉瓛云：[7]"不韋鳩集儒者，尋于聖王月令之事而記之。不韋安能獨爲此記？"今案不得全稱周書，[8]亦未可即爲秦典，其內雜有虞、夏、殷、周之法，皆聖王仁恕之政也。蔡邕具爲章句，[9]又論之曰："明堂者，所以宗祀其祖以配上帝也。夏后氏曰世室，殷人曰重屋，周人曰明堂。東曰青陽，南曰明堂，西曰總章，北曰玄堂，內曰太室。[10]聖人南面而聽，向明而治，人君之位莫不正焉。故雖有五名，而主以明堂也。制度之數，各有所依。堂方一百四十四尺，坤之策也，[11]屋圓楣徑二百一十六尺，乾之策也。[12]太廟明堂方六丈，[13]通天屋徑九丈，[14]陰陽九六之變，[15]且圓蓋方覆，九六之道也。八闥以象卦，[16]九室以象州，十二宮以應日辰。三十六户，七十二牖，以四户八牖乘九宮之數也。[17]户皆外設而不閉，示天下以不藏也。通天屋高八十一尺，黃鍾九九之實也。[18]二十八柱布四方，四方七宿之象也。堂高三尺，以應三統，[19]四

向五色，各象其行。水闊二十四丈，象二十四氣，於
外，以象四海。王者之大禮也。"觀其模範天地，[20]則
象陰陽，[21]必據古文，義不虛出。今若直取《考工》，
不參《月令》，青陽總章之號不得而稱，九月享帝之禮
不得而用。漢代二京所建，[22]與此説悉同。

[1]《別録》：西漢成帝時劉向校理皇家圖書而編撰的一部目
録學著作。　蔡邕：人名。東漢經學家。傳見《後漢書》卷六
〇下。

[2]吕不韋：人名。戰國末年官任秦國相國，嘗招集門客編著
《吕氏春秋》。傳見《史記》卷八五。

[3]《春秋十二紀》：即《吕氏春秋》（亦稱《吕覽》）中的
"十二紀"。《吕氏春秋》是戰國末年秦相吕不韋集合門客共同編寫
的一部雜家著作。全書分爲十二紀、八覽、六論，共一百六十篇。
内容以儒、道思想爲主，兼及名、法、墨、農、陰陽等家之言。該
書十二紀分記十二月令事，後禮家抄合十二紀之首章而成爲《禮
記·月令篇》，鄭玄以爲《明堂月令》即出自於此。

[4]周公：即周公旦。西周初期著名政治家。後世儒家多遵奉
爲聖賢。詳見《史記》卷三三《魯周公世家》。

[5]《周書》：此是《逸周書》的原名或簡稱。全書共有《克
殷》《度邑》《月令》《作洛》等七十一篇，多數出於戰國時儒者搜
集或摹擬周代誥誓訓命之作，爲儒家重要典籍之一。蔡邕、王肅以
爲《明堂月令》即出自《逸周書·月令篇》。

[6]束晢：人名。西晋經學家。傳見《晋書》卷五一。

[7]劉瓛：人名。南朝宋、齊時經學家。傳見《南齊書》卷三
九、《南史》卷五〇。

[8]不得全稱周書：中華本於"周書"一詞標有書名號，但據
上下文意，此處"周書"當作"周代之書"講，與上文"夏時之

書”、下文“秦典”對稱，而非書名，故不當加書名號。

[9]章句：即剖章析句。古代經學家解說經義的一種方式。亦泛指書籍注釋。按，此句乃言蔡邕爲《明堂月令》作注，撰成《明堂月令章句》一書。

[10]内：本作“中”，牛弘因避隋文帝父楊忠之諱而改作“内”。

[11]坤：《易》卦名。爲八卦和六十四卦之一。於天地中象徵地，於陰陽中象徵陰，於男女中象徵女，於方圓中象徵方，含義甚廣。按，“坤”底本原作“☰”，宋刻遞修本、殿本、庫本與底本同，二者乃古今字之別，據中華本及《册府元龜》卷五八四《掌禮部·奏議》引牛弘奏議改。

[12]乾：《易》卦名。爲八卦和六十四卦之一。於天地中象徵天，於陰陽中象徵陽，於男女中象徵男，於方圓中象徵圓，含義甚廣。

[13]太廟：古代帝王的祖廟。此處指明堂中央之室，即太室。
明堂：此處指明堂的南向室。

[14]通天屋：即明堂上面一層的圓形九室之屋。

[15]九六：《易·乾卦》“初九”孔穎達疏：“七爲少陽，八爲少陰，質而不變，爲爻之本體；九爲老陽，六爲老陰，文而從變，故爲爻之別名。”後因以“九六”泛指陰陽、柔剛、方圓等屬性。

[16]八闥：此指明堂外面向八方的八牖（窗），象徵八卦。

[17]九宮：古代術數家所指的九個方位。《易》緯家有“九宮八卦”之説，即離、艮、兑、乾、坤、坎、震、巽八卦之宮，加上中央宮，共爲九宮。醫家又有“九宮八風”之説，即《靈樞經》卷一一《九宮八風》所云：“立秋二，玄委，西南方；秋分七，倉果，西方；立冬六，新洛，西北方；夏至九，上天，南方；招搖，中央；冬至一，叶蟄，北方；立夏四，陰洛，東南方；春分三，倉門，東方；立春八，天留，東北方。”

[18]黄鍾：古樂律名。爲十二律中的第一律。律長九寸，九九

相乘，可變生八十一宮聲之數。黃鍾是音之本，即今所謂的標準音。自黃鍾而始，愈上音愈高，愈下音愈低，故又稱爲"清濁之衷"。

[19]三統：指夏、商、周三代的正朔，亦稱"三正"。夏正建寅（正月）爲人統，象徵人始成立之端；商正建丑（十二月）爲地統，象徵地始化之端；周正建子（十一月）爲天統，象徵天始施之端。

[20]模範：即效法，以某事物爲法度。

[21]則象：即效法，以某事物爲象徵。

[22]二京：此指西漢首都長安（今陝西西安市西北郊）和東漢首都洛陽（今河南洛陽市）。

建安之後，[1]海内大亂，京邑焚燒，憲章泯絕。魏氏三方未平，無聞興造。晋則侍中裴頠議曰：[2]"尊祖配天，其義明著，而廟宇之制，理據未分。宜可直爲一殿，以崇嚴父之祀，[3]其餘雜碎，一皆除之。"宋、齊已還，咸率兹禮。此乃世乏通儒，時無思術，[4]前王盛事，於是不行。後魏代都所造，[5]出自李冲，[6]三三相重，合爲九室。檐不覆基，房間通街，[7]穿鑿處多，[8]迄無可取。及遷宅洛陽，更加營構，五九紛競，[9]遂至不成，宗配之事，於焉靡托。

[1]建安：東漢獻帝劉協年號（196—220）。

[2]侍中：官名。晋時爲門下省的長官，置四員，掌侍從贊相，獻納諫正，糾駁制敕，參決軍國大政，是宰相之職。第三品。　裴頠：人名。西晋時人，官至侍中、尚書左僕射，博學多聞，於當時明堂制度多有議定。《晋書》卷三五有附傳。

[3]嚴父：意謂尊敬父親。亦多用作父親的稱謂。

[4]思術：即思想和學術。

[5]代都：指北魏前期的首都平城（今山西大同市東北）。因其地屬代郡，故稱代都。

[6]李沖：人名。北魏孝文帝時人，官至尚書僕射，機敏巧思，於當時明物制度多有創制，又主持營建洛陽新都。傳見《魏書》卷五三，《北史》卷一〇〇有附傳。

[7]通衢：即四通八達。

[8]穿鑿：即牽強附會。

[9]五九紛競：此指北魏遷都洛陽後，明堂建五室或九室之爭。按，“九”字底本原作“鬼”，宋刻遞修本與底本同，殿本、庫本作“九”，中華本據《北史》卷七二《牛弘傳》、《册府元龜》卷五八四《掌禮部・奏議》引牛弘奏議改作“九”，當是，今從改。

今皇猷遐闡，[1]化覃海外，[2]方建大禮，垂之無窮。弘等不以庸虛，[3]謬當議限。今檢明堂必須五室者何？《尚書帝命驗》曰：[4]“帝者承天立五府，赤曰文祖，[5]黃曰神斗，[6]白曰顯紀，[7]黑曰玄矩，[8]蒼曰靈府。”[9]鄭玄注曰：“五府與周之明堂同矣。”且三代相沿，多有損益，至於五室，確然不變。夫室以祭天，天實有五，若立九室，四無所用。布政視朔，[10]自依其辰。鄭司農云：[11]“十二月分在青陽等左右之位。”不云居室。鄭玄亦言：“每月於其時之堂而聽政焉。”《禮圖》畫个，[12]皆在堂偏，是以須爲五室。明堂必須上圓下方者何？《孝經援神契》曰：[13]“明堂者，上圓下方，八窗四達，布政之宮。”《禮記・盛德篇》曰：“明堂四户八牖，上圓下方。”《五經異義》稱講學大夫淳于登亦云：[14]"上圓下方。"鄭玄同之。是以須爲圓方。明堂必須重屋者何？案《考工記》，夏言"九階，[15]四旁兩夾窗，門堂三之二，[16]室三之一"。殷、周不言者，明一同夏制。殷言"四阿重屋"，周承其後不言屋，制亦盡同可知也。其"殷人重屋"之下，本無五室之文。鄭注云："五室者，亦據夏以知之。"明周不云重屋，因殷則有，灼然可見。《禮記·明堂位》曰："太廟，天子明堂。"言魯爲周公之故，[17]得用天子禮樂，魯之太廟與周之明堂同。又曰："複廟重檐，[18]刮楹達嚮，[19]天子之廟飾。"鄭注："複廟，重屋也。"據廟既重屋，明堂亦不疑矣。《春秋》文公十三年："太室屋壞。"《五行志》曰：[20]"前堂曰太廟，中央曰太室，屋其上重者也。"服虔亦云：[21]"太室，太廟太室之上屋也。"《周書·作洛篇》曰："乃立太廟宗宮路寢明堂，[22]咸有四阿反坫，[23]重亢重廊。"[24]孔晁注曰：[25]"重亢，累棟；重廊，累屋也。"依《黃圖》所載，[26]漢之宗廟皆爲重屋。此去古猶近，遺法尚在，是以須爲重屋。明堂必須爲辟雍者何？[27]《禮記·盛德篇》云："明堂者，明諸侯尊卑也。外水曰辟雍。"《明堂陰陽錄》曰：[28]"明堂之制，周圜行水，左旋以象天，內有太室以象紫宮。"[29]此明堂有水之明文也。然馬宮、王肅以爲明堂、辟雍、太學同處，[30]蔡邕、盧植亦以爲明堂、靈臺、辟雍、太學同實異名。[31]邕云："明堂者，取其宗祀之清貌，則謂之清廟，[32]取其正室，則曰太室，取其堂，則曰明堂，取其四門之學，則曰太學，取其周水圜如璧，則曰璧雍。其實一也。"[33]其言別者,《五經通義》曰:[34]"靈臺以望氣,明堂以布政,辟雍以養老教學。"三者不同。袁準、鄭玄亦以爲別。[35]歷代所疑,豈能輒定?今據《郊祀志》云:[36]"欲治明堂,未曉其制。濟南人公玉帶上黃帝時《明堂圖》,[37]一殿無壁,蓋之以茅,水圜宮垣,天子從之。"以此而言,其來則久。漢中元二年,[38]起明堂、辟雍、靈臺於洛陽,並別處。然明堂亦有璧水,[39]李尤《明堂銘》云"流水洋洋"是也。[40]以此須有辟雍。

[1]皇猷:指帝王的謀略或教化。　遐闡:即遠揚。

[2]化覃:德化廣布。

[3]庸虛:意謂才能低下,學識淺薄。多用作自謙之詞。

[4]《尚書帝命驗》:漢代經師所造的一部《尚書》緯書,有鄭玄、宋均注。

[5]文祖:相傳爲唐堯所立五府中的南向室名,是赤帝赤熛怒所居之廟,取"火精乃光明文章之祖"之意,故稱"文祖"。周時稱作"明堂"。

[6]神斗:相傳爲唐堯所立五府中的中央室名,是黃帝含樞紐所居之廟,取"土精乃澄静四行之主"之意,故稱"神斗"(斗即主)。周時稱作"太室"。按,"斗"底本原作"升",宋刻遞修本、殿本、庫本與底本同,《北史》卷七二《牛弘傳》、《册府元龜》卷五八四《掌禮部·奏議》引牛弘奏議作"斗",中華本據本書卷六八《宇文愷傳》及《太平御覽》卷五三三《禮儀部·明堂》引《尚書帝命驗》改作"斗",當是,今從改。

[7]白:底本、宋刻遞修本、庫本、中華本皆同,《北史·牛弘傳》、《册府元龜》卷五八四《掌禮部·奏議》引牛弘奏議亦同,

但殿本作"曰",當訛。　顯紀：相傳爲唐堯所立五府中的西向室名，是白帝白招拒所居之廟，取"金精斷割萬物成"之意，故稱"顯紀"（即斷成之法）。周時稱作"總章"。

[8]玄矩：相傳爲唐堯所立五府中的北向室名，是黑帝汁光紀所居之廟，取"水精玄昧能權輕重"之意，故稱"玄矩"。周時稱作"玄堂"。

[9]靈府：相傳爲唐堯所立五府中的東向室名，是蒼帝（亦稱青帝）靈威仰所居之廟，故稱"靈府"。周時稱作"青陽"。

[10]視朔：古代天子諸侯於每月朔日（初一）祭告祖廟後，即在太廟或明堂聽視當月之政事，稱爲"視朔"。

[11]鄭司農：即鄭衆。東漢經學家。曾在漢章帝時官任大司農，故後世多以其官代稱其名，以別於同名的東漢宦官鄭衆。《後漢書》卷三六有附傳。

[12]《禮圖》：即《三禮圖》的簡稱。東漢鄭玄、阮諶等人所撰的一部圖解"三禮"的著作。　个：此指位於明堂四面正堂左右兩旁的偏室。

[13]《孝經援神契》：漢代經師所造的一部《孝經》緯書，有宋均注。

[14]《五經異義》：東漢經學家許慎所撰寫的一部辨析五經的著作，專主古文經學。　講學大夫：職官名。東漢時掌侍從皇帝左右講論經義，皆以通儒任之。屬臨時委命之職，無固定品秩。　淳于登：人名。東漢儒者，嘗任講學大夫，其事不詳。

[15]九階：指明堂有九個臺階，分布於四旁門堂及太室中，用以通往上層圓屋。

[16]門堂：指明堂四門門塾之堂。明堂有四門，每門內外左右共四塾。古時太學即有設在各門堂中者。

[17]魯：周代諸侯國名。都於曲阜（今山東曲阜市）。始封之君爲周公旦。

[18]複廟：古稱具有雙重椽、棟、軒版、垂檐等建築結構的廟

堂爲複廟。　重檐：即兩層屋檐。古明堂皆在外檐下壁復安板檐，以避風雨灑壁。

[19]刮楹：指以刀石刮削摩擦過的光滑房柱。　達鄉：亦作"達鄉"。指相對而通達的窗户。古明堂每室有四户八窗，窗户皆相對而通達，故稱達鄉。

[20]《五行志》：《漢書》的篇名。見《漢書》卷二七。

[21]服虔：人名。東漢經學家，嘗注《春秋左氏傳》。傳見《後漢書》卷七九下。

[22]宗宫：周初營建東都洛邑時所立的祭祀文王之廟。

[23]反坫：一説是指廟堂的外向之室；一説是四阿翻起於四隅之坫上，即廟堂四邊的屋翼。

[24]重亢：即重叠的房屋正梁。此指重屋的上下兩棟。　重廊：亦作"重郎"。即重屋。

[25]孔晁：人名。晋代經學家，嘗注《逸周書》。事見本書《經籍志一》、《晋書》卷四七《傅玄傳》。

[26]《黄圖》：亦稱《三輔黄圖》。西漢時修撰的一部專記三輔宫觀、陵廟、明堂、辟雍、郊時等事的圖書。

[27]辟雍：亦作"辟廱""璧廱"。辟，通"璧"；雍，通"廱"。本爲西周天子所設的大學，校址呈圓形，圍以水池，前門外有便橋。後世多沿周制建辟雍，均爲教學以及行鄉飲、大射或祭祀之禮的地方。此處指仿周制在明堂外圍所建的水池，形如璧圓，以象徵天，水左旋流動，以象徵教化流行。

[28]《明堂陰陽録》：漢代禮家所編撰的一部專記古明堂遺事之書。

[29]紫宫：星官名。即紫微垣。古代神話傳説中爲天帝的居室，亦借指帝王的禁宫。

[30]太學：古代朝廷設置的最高學府。西周始置，後歷代沿襲，或與明堂同處，或與明堂别處，制度亦有變化，但均爲傳授儒家經典的最高學府。

[31]盧植：人名。東漢經學家。傳見《後漢書》卷六四。
靈臺：古代帝王用以觀察天文星象、妖祥灾異的建築物。或説與明
堂同處，或説與明堂有別。

[32]清廟：即太廟、宗廟的別稱。

[33]實：底本、宋刻遞修本、庫本、中華本皆同，《北史·牛
弘傳》、《册府元龜》卷五八四《掌禮部·奏議》引牛弘奏議亦同，
但殿本作"室"，當訛。

[34]《五經通義》：西漢經學家劉向所撰寫的一部解析五經的
著作。

[35]袁準：人名。晋代經學家。《晋書》卷八三有附傳。

[36]《郊祀志》：《漢書》的篇名。見《漢書》卷二五。

[37]濟南：郡國名。西漢時治所在今山東章丘市西。　公玉
帶：人名。西漢濟南人，漢武帝東封泰山時，曾向武帝進獻黄帝時
《明堂圖》，以助建明堂。事見《漢書·郊祀志下》。

[38]中元：東漢光武帝劉秀年號（56—57）。

[39]璧：底本原作"壁"，中華本與底本同，當訛，今據宋刻
遞修本、殿本、庫本及《北史·牛弘傳》、《册府元龜》卷五八四
《掌禮部·奏議》引牛弘奏議改（參見唐華全《中華書局點校本
〈隋書〉質疑二十九則》，《河北師範大學學報》2012 年第 1 期）。

[40]李尤：人名。東漢文學家。傳見《後漢書》卷八〇上。

　　夫帝王作事，必師古昔，今造明堂，須以禮經爲
本。形制依於周法，度數取於《月令》，遺闕之處，參
以餘書，庶使該詳沿革之理。其五室九階，上圓下方，
四阿重屋，四旁兩門，依《考工記》《孝經》説。堂方
一百四十四尺，屋圓楣徑二百一十六尺，太室方六丈，
通天屋徑九丈，八闥二十八柱，堂高三尺，四向五色，
依《周書·月令》論。殿垣方在内，水周如外，水内徑

三百步，依《太山盛德記》《覲禮經》。[1]仰觀俯察，皆有則象，足以盡誠上帝，祇配祖宗，弘風布教，作範於後矣。弘等學不稽古，輒申所見，可否之宜，伏聽裁擇。

[1]《太山盛德記》：即《禮記·盛德篇》的別稱。該篇專記泰山封禪禮事，故後世禮家多別稱爲《太山盛德記》。　《覲禮經》：指《儀禮·覲禮篇》。

上以時事草創，未遑制作，竟寢不行。

六年，除太常卿。[1]九年，詔改定雅樂，[2]又作樂府歌詞，[3]撰定圓丘五帝凱樂，[4]并議樂事。弘上議云：

[1]除：官制用語。即拜官、授職。　太常卿：官名。爲太常寺的長官，置一員，掌國家禮樂、郊廟社稷祭祀等事務。正三品。

[2]雅樂：古代帝王祭祀天地、祖先及朝賀、宴享時所用的舞樂。周代用爲宗廟之樂的六舞，儒家認爲其音樂“中正和平”，歌詞“典雅純正”，奉之爲雅樂的典範。後歷代帝王都循例制作雅樂，以歌頌本朝功德。

[3]樂府：本爲漢代主管音樂、兼采民歌配樂的官署，後泛指歷代音樂機構。亦用作詩體名，初指樂府官署所采製的詩歌，後將魏晉以來文士所作可以入樂的詩歌以及仿樂府古題的詩歌統稱爲樂府。

[4]圓丘：古代祭天的圓形高壇，一般設在京城南郊。亦借指郊祀天帝的典禮。　凱樂：即慶祝軍隊作戰勝利的樂曲。古時王師大捷，必向天帝祭告獻功，故凱樂亦爲祭天典禮上所演奏的樂曲。

謹案《禮》，五聲、六律、十二管還相爲宮。[1]《周禮》奏黃鍾，歌大呂，奏太簇，歌應鍾，皆是旋相爲宮之義。蔡邕《明堂月令章句》曰："孟春月則太簇爲宮，[2]姑洗爲商，蕤賓爲角，南呂爲徵，應鍾爲羽，大呂爲變宮，夷則爲變徵。他月仿此。"故先王之作律呂也，[3]所以辯天地四方陰陽之聲。揚子雲曰：[4]"聲生於律，律生於辰。"[5]故律呂配五行，[6]通八風，[7]歷十二辰，[8]行十二月，[9]循環轉運，義無停止。譬如立春木王火相，[10]立夏火王土相，季夏餘分，土王金相，立秋金王水相，立冬水王木相。還相爲宮者，謂當其王月，名之爲宮。

[1]五聲：亦稱"五音"。古代五聲音階中的五個音級，即宮、商、角、徵、羽。五聲加上變宮（比宮低半音）、變徵（比徵低半音），又構成七聲音階，稱爲"七音"。七音則相當於今音樂簡譜中的1、2、3、4、5、6、7。 六律：古代稱樂音標準十二律中的六個陽律爲"六律"，即黃鍾、太簇（亦作大蔟）、姑洗、蕤賓、夷則、無射（亦作亡射）。 十二管：古代校正樂律的器具，用竹管或金屬管製成，共十二管。十二管管徑相等，各以管的長短來確定聲音的高低清濁，樂器的音調皆以此爲準。從低音管算起，成奇數的六個管叫做"律"，所確定的樂音標準爲陽律，稱作"六律"，即黃鍾、太簇、姑洗、蕤賓、夷則、無射；成偶數的六個管叫做"呂"，所確定的樂音標準爲陰律，稱作"六呂"，即大呂、夾鍾、中呂、林鍾、南呂、應鍾。六律和六呂合爲十二律，故十二管亦指十二律。 還相爲宮：亦稱"旋相爲宮"。古代音樂術語。指用七聲配十二律循環構成以宮聲爲主的調式。古代稱宮、商、角、變徵、徵、羽、變宮爲七聲，其中任何一聲爲主均可構成一種調式。

凡以宮聲爲主的調式稱宮，以其他各聲爲主的調式則稱調，統稱"宮調"。以七聲配十二律，理論上可得十二宮、七十二調，合稱八十四宮調。但實際音樂中並不全用，而最常用者不過五宮四調，通稱九宮。

[2]孟春月：即正月。古時將春、夏、秋、冬四季各分爲孟、仲、季，分指每季中的三個月份。

[3]律吕：即六律和六吕的合稱，指十二律。亦泛指樂律或音律。

[4]揚子雲：人名。即揚雄，字子雲。西漢文學家，兼通音律、哲學，著有《法言》《太玄》《方言》等書。傳見《漢書》卷八七。

[5]辰：此指萬物隨時令震動而產生的聲音。

[6]配五行：五行即金、木、水、火、土。古人將五聲與君臣事物、五行、五方、四季等相配合，形成一套關於五聲的附會象徵説，稱：宮爲君，屬土行，位居中央，時在年中季夏六月末；商爲臣，屬金行，位居西方，時在秋季；角爲民，屬木行，位居東方，時在春季；徵爲事，屬火行，位居南方，時在夏季；羽爲物，屬水行，位居北方，時在冬季。

[7]通八風：八風即八方之風。八風之名歷來説法不一，但均指四方四隅八個方位，並多與八卦以及二十四節氣中的四立、二分、二至八個節氣相對應。古人又將金、石、絲、竹、匏、土、革、木八種不同質材所製的樂器之音與八卦、八風、八節相配，稱之爲"八卦之音"或"八風之音"，即：乾之音石，位西北方，節應立冬；坎之音革，位北方，節應冬至；艮之音匏，位東北方，節應立春；震之音竹，位東方，節應春分；巽之音木，位東南方，節應立夏；離之音絲，位南方，節應夏至；坤之音土，位西南方，節應立秋；兑之音金，位西方，節應秋分。

[8]歷十二辰：十二辰即子、丑、寅、卯、辰、巳、午、未、申、酉、戌、亥十二地支所紀的十二個時辰。古人將十二律與十二辰相配，形成一一對應的關係，即：黃鍾應戌，太簇應子，姑洗應

寅，蕤賓應辰，夷則應午，無射應申，大呂應亥，夾鍾應丑，中呂應卯，林鍾應巳，南呂應未，應鍾應酉。

[9]行十二月：古人將十二律與十二月相配，形成“十二月律”說，即：黃鍾當十一月，太簇當正月，姑洗當三月，蕤賓當五月，夷則當七月，無射當九月，大呂當十二月，夾鍾當二月，中呂當四月，林鍾當六月，南呂當八月，應鍾當十月。每月各以其所對應之律爲宮聲調式，十二月循環運行。

[10]王：底本、宋刻遞修本、殿本、中華本皆同，《北史》卷七二《牛弘傳》、《册府元龜》卷五六八《掌禮部·作樂》引牛弘奏議亦同，但庫本作“旺”，下句“王”字庫本亦作“旺”，均當訛。

今若十一月不以黃鍾爲宮，十三月不以太簇爲宮，[1]便是春木不王，夏土不相，[2]豈不陰陽失度，天地不通哉？劉歆《鍾律書》云：“春宮秋律，百卉必彫；秋宮春律，萬物必榮；夏宮冬律，雨雹必降；冬宮夏律，雷必發聲。”以斯而論，誠爲不易。且律十二，今直爲黃鍾一均，[3]唯用七律，以外五律，竟復何施？恐失聖人制作本意。故須依《禮》作還相爲宮之法。

[1]三：底本原作“二”，殿本、庫本及《册府元龜》卷五六八《掌禮部·作樂》引牛弘奏議與底本同，但宋刻遞修本、中華本及《北史》卷七二《牛弘傳》作“三”。按，古稱正月爲十三月，且上文有“孟春月（正月）則太簇爲宮”之語，故當以“十三月”爲是，今據宋刻遞修本、中華本及《北史》改。

[2]土：底本、宋刻遞修本、殿本、庫本皆同，《北史·牛弘傳》、《册府元龜》卷五六八《掌禮部·作樂》引牛弘奏議亦同，

但中華本作"王"。考上文有"立夏火王土相"之語，故可知中華本當訛（參見唐華全《中華書局點校本〈隋書〉質疑二十九則》）。

[3]均（yùn）：指音律的調式。

上曰："不須作旋相爲宮，且作黃鍾一均也。"弘又論六十律不可行：[1]

[1]六十律：漢代音律家焦延壽、京房等人仿據《周易》八卦兩兩相重而變生六十四卦之理，在十二律的基礎上創變而成的一套較爲複雜的樂律。漢以後六十律漸失其傳。

謹案《續漢書·律曆志》，[1]元帝遣韋玄成問京房於樂府，[2]房對："受學故小黃令焦延壽。[3]六十律相生之法，以上生下，皆三生二，以下生上，皆三生四。陽下生陰，陰上生陽，終於中呂，而十二律畢矣。中呂上生執始，[4]執始下生去滅，[5]上下相生，終於南事，[6]六十律畢矣。十二律之變至於六十，猶八卦之變至於六十四也。冬至之聲，以黃鍾爲宮，太簇爲商，姑洗爲角，林鍾爲徵，南呂爲羽，應鍾爲變宮，蕤賓爲變徵。此聲氣之元，五音之正也。故各統一日。其餘以次運行，當日者各自爲宮，[7]而商徵以類從焉。"房又曰："竹聲不可以度調，故作準以定數。[8]準之狀如瑟，長一丈而十三弦，隱間九尺，[9]以應黃鍾之律九寸。中央一弦，下畫分寸，以爲六十律清濁之節。"執始之類，皆房自造。房云受法於焦延壽，未知延壽所承也。

[1]《續漢書》：晋代史家司馬彪所編撰的一部記述東漢歷史的紀傳體史書。至南朝蕭梁時，劉昭爲彌補范曄所撰《後漢書》無志之缺，乃取《續漢書》的八志三十卷補入范書，合爲今本《後漢書》。此後《續漢書》漸亡佚，但人們仍習慣以其舊書名稱指今本《後漢書》中的八志。

[2]元帝：即漢元帝劉奭。紀見《漢書》卷九。　韋玄成：人名。漢元帝時官至丞相、太子太傅。傳見《漢書》卷七三。　京房：人名。西漢《易》學家、音律家，受學於焦延壽，漢元帝時察孝廉爲郎中，官至魏郡太守。傳見《漢書》卷七五。

[3]小黃：縣名。亦稱“下黃”。西漢時治所在今河南開封縣東北。　焦延壽：人名。西漢《易》學家、音律家，官至小黃縣令，傳其學於京房。事見《漢書·京房傳》及卷八八《儒林傳》等。

[4]執始：六十律中的一個樂律名。律長八寸八分又小分七大强。

[5]去滅：六十律中的一個樂律名。律長五寸九分又小分二弱。

[6]南事：六十律中的一個樂律名。律長六寸三分又小分一弱。

[7]當：底本原作“宫”，宋刻遞修本、殿本、庫本及《册府元龜》卷五六八《掌禮部·作樂》引牛弘奏議與底本同，而中華本據《續漢書·律曆志上》改作“當”，《北史》卷七二《牛弘傳》亦據李慈銘説改作“當”，應是，今從改。

[8]準：漢元帝時京房等人所製作的用以校定六十律音準的樂器，其狀如瑟。

[9]隱間：此指準中間的凹槽部分。

　　至元和年，[1]待詔候鍾律殷彤上言：[2]“官無曉六十律以準調音者。故待詔嚴崇具以準法教其子宣，[3]願召宣補學官，主調樂器。”大史丞弘試宣十二律，[4]其二中，其四不中，其六不知何律，宣遂罷。自此律家莫能爲準施弦。熹平年，[5]東觀召典律者太子舍人張光問準意。[6]光等不知，歸閲舊藏，乃得其器，形制如房書，猶不能定其弦緩急，故史官能辨清濁者遂絶。其可以相傳者，唯大權常數及候氣而已。[7]

[1]元和：東漢章帝劉炟年號（84—87）。

[2]待詔候鍾律：即漢時天子徵聘精通音律之士供奉於朝廷，使其參掌音樂事務，應對顧問，屬臨時委命之職。漢代徵士未有正官者均稱"待詔"，意謂等待天子詔命以備顧問。按，"候"字各本皆同，《北史》卷七二《牛弘傳》亦據李慈銘説改作"候"，但《册府元龜》卷五六八《掌禮部·作樂》引牛弘奏議作"侯"，當訛。又，"律"字底本原脱，宋刻遞修本、殿本、庫本及《册府元龜》卷五六八《掌禮部·作樂》引牛弘奏議與底本同，但中華本據《續漢書·律曆志上》補"律"字，《北史·牛弘傳》亦據李慈銘説補"律"字，應是，今從補。　殷肜：人名。東漢章帝時曾任待詔候鍾律之職。事見《續漢書·律曆志上》。按，"肜"底本、宋刻遞修本、殿本及《北史·牛弘傳》皆同，但庫本、中華本及《册府元龜》卷五六八《掌禮部·作樂》引牛弘奏議却作"肜"，而《續漢書·律曆志上》亦因版本不同或作"肜"或作"肜"，今難斷孰是孰非，暫從底本。

[3]嚴崇：人名。東漢音律家。事見《續漢書·律曆志上》。按，"崇"底本原作"嵩"，宋刻遞修本、殿本、庫本及《北史·牛弘傳》、《册府元龜》卷五六八《掌禮部·作樂》引牛弘奏議與底本同，而中華本據《續漢書·律曆志上》改作"崇"，當是，今從改。　宣：人名。即嚴宣。嚴崇之子，從其父學習六十律以準調音法，但經考驗多不準確，已失去真傳。事見《續漢書·律曆志上》。

[4]大史丞：官名。正作“太史丞”。漢時爲太常寺所轄太史局的次官，置一員，協助長官太史令掌天文曆律及灾祥等事，總判本局日常事務。秩二百石。　弘：人名。姓氏不詳。東漢章帝時官任太史丞。事見《續漢書·律曆志上》。

[5]熹平：東漢靈帝劉宏年號（172—178）。按，“熹”底本原作“嘉”，宋刻遞修本、殿本、庫本及《册府元龜》卷五六八《掌禮部·作樂》引牛弘奏議與底本同，但中華本據《續漢書·律曆志上》改作“熹”，《北史·牛弘傳》亦據李慈銘説改作“熹”，應是，今從改。

[6]太子舍人：官名。東漢時爲太子東宮的屬官，無定員，掌更直宿衛，制比朝廷三署郎中。秩二百石。　張光：人名。東漢靈帝時官任太子舍人，兼掌音律。事見《續漢書·律曆志上》。

[7]大榷：即大概、大略。　候氣：即用音律來占驗節氣的變化。古人將葦葭膜燒成灰，放在律管内，每到某一節氣，其相應律管内的灰就會自行飛出，據此則可預測節氣的變化。

　　據此而論，京房之法，漢世已不能行。沈約《宋志》曰：[1]“詳案古典及今音家，六十律無施於樂。”《禮》云“十二管還相爲宮”，不言六十。《封禪書》云：[2]“大帝使素女鼓五十弦瑟而悲，[3]破爲二十五弦。”假令六十律爲樂，得成亦所不用。取“大樂必易，大禮必簡”之意也。

[1]沈約：人名。南朝梁時文學家、史學家，著有《宋書》。傳見《梁書》卷一三、《南史》卷五七。　《宋志》：此是《宋書·律曆志》的簡稱。

[2]《封禪書》：《史記》的篇名。見《史記》卷二八。

[3]大帝：亦稱“太帝”或“泰帝”。指太昊伏羲氏。　素女：

古代傳說中的神女。與黃帝同時。或言其善於弦歌，或言其善於房中術和養生術。

又議曰：

案《周官》云：“大司樂掌成均之法。”[1]鄭衆注云：“均，調也。樂師主調其音。”《三禮義宗》稱：[2]“《周官》奏黃鍾者，用黃鍾爲調，歌大呂者，用大呂爲調。奏者謂堂下四懸，[3]歌者謂堂上所歌。但一祭之間，皆用二調。”是知據宮稱調，其義一也。明六律六呂迭相爲宮，各自爲調。

[1]大司樂：官名。亦稱大樂正。周代爲樂官之長，掌音律之法，以樂舞教國子。

[2]《三禮義宗》：南朝梁時經學家崔靈恩所撰的一部解析“三禮”經義的著作。

[3]四懸：指堂下四面用以懸掛鍾磬等樂器的架子。亦泛指各種樂器所演奏的樂曲。

今見行之樂，用黃鍾之宮，乃以林鍾爲調，與古典有違。晋内書監荀勗依典記，[1]以五聲十二律還相爲宮之法，制十二笛。黃鍾之笛，正聲應黃鍾，下徵應林鍾，以姑洗爲清角。[2]大呂之笛，正聲應大呂，下徵應夷則。以外諸均，例皆如是。然今所用林鍾，是勗下徵之調。不取其正，先用其下，[3]於理未通，故須改之。

[1]内書監：官名。正作“中書監”，牛弘因避隋文帝父楊忠

之諱而改“中”爲“内”。晋時中書監與中書令並爲中書省的長官，各置一員，掌制詔命，内參機密，議決朝政，是宰相之職。第三品。

［2］清角：古人以爲五聲中的角聲屬清音，故稱角聲爲“清角”。

［3］下：底本、宋刻遞修本、中華本同，《北史》卷七二《牛弘傳》及《册府元龜》卷五六八《掌禮部·作樂》引牛弘奏議亦同，但殿本、庫本作“上”，當訛。

　　上甚善其議，詔弘與姚察、許善心、何妥、虞世基等正定新樂，[1]事在《音律志》。是後議置明堂，詔弘條上故事，[2]議其得失，事在《禮志》。上甚敬重之。

［1］姚察：人名。南朝陳時官至吏部尚書，入隋歷官秘書丞、太子内舍人，博學多聞，於當時禮樂制度多有議定。傳見《陳書》卷二七、《南史》卷六九。　　許善心：人名。傳見本書卷五八、《北史》卷八三。　　何妥：人名。傳見本書卷七五、《北史》卷八二。　　虞世基：人名。傳見本書卷六七、《北史》卷八三。

［2］故事：指以往的典章制度或舊有的慣例。

　　時楊素恃才矜貴，[1]輕侮朝臣，唯見弘未嘗不改容自肅。素將擊突厥，[2]詣太常與弘言别。[3]弘送素至中門而止，素謂弘曰：“大將出征，故來叙别，何相送之近也？”弘遂揖而退。素笑曰：“奇章公可謂其智可及，[4]其愚不可及也。”亦不以屑懷。[5]

［1］楊素：人名。傳見本書卷四八，《北史》卷四一有附傳。

　　[2]突厥：古族名、國名。公元六世紀初興起於今阿爾泰山西南麓，552 年在今鄂爾渾河流域建立突厥汗國，此後其勢力擴展至大漠南北，橫跨蒙古高原，隋開皇二年分裂爲東、西兩部。傳見本書卷八四、《周書》卷五〇、《北史》卷九九、《舊唐書》卷一九四、《新唐書》卷二一五。

　　[3]太常：官署名。即太常寺。爲九寺之一，掌國家禮樂、郊廟社稷祭祀等事務，統轄郊社、太廟、諸陵、太祝、衣冠、太樂、清商、鼓吹、太醫、太卜、廩犧等署，長官爲太常卿。

　　[4]奇章公：牛弘的封爵名。此處代指其人。

　　[5]屑懷：介意、在意。

　　尋授大將軍，[1]拜吏部尚書。[2]時高祖又令弘與楊素、蘇威、薛道衡、許善心、虞世基、崔子發等并召諸儒，[3]論新禮降殺輕重。[4]弘所立議，衆咸推服之。仁壽二年，[5]獻皇后崩，[6]王公已下不能定其儀注。[7]楊素謂弘曰：“公舊學，時賢所仰，今日之事，決在於公。”弘了不辭讓，斯須之間，儀注悉備，皆有故實。素歎曰：“衣冠禮樂盡在此矣，[8]非吾所及也！”弘以三年之喪，祥禫具有降殺，[9]期服十一月而練者，[10]無所象法，以聞於高祖，高祖納焉。下詔除期練之禮，自弘始也。弘在吏部，其選舉先德行而後文才，務在審慎。雖致停緩，所有進用，並多稱職。吏部侍郎高孝基，[11]鑒賞機晤，[12]清慎絕倫，然爽俊有餘，迹似輕薄，時宰多以此疑之。唯弘深識其真，推心委任。隋之選舉，於斯爲最。時論彌服弘識度之遠。

　　[1]大將軍：官名。隋文帝因改北周十一等勳官之制形成十一

等散實官，用以酬勤勞，無實際職掌。大將軍爲十一等散實官的第四等，可開府置僚佐。正三品。

[2]吏部尚書：官名。爲尚書省所轄六部之一吏部的長官，掌全國文職官員的銓選、考課等政令，統吏部、主爵、司勳、考功四曹。置一員，正三品。

[3]高祖：隋文帝的廟號。紀見本書卷一、二，《北史》卷一一。　蘇威：人名。傳見本書卷四一，《北史》卷六三有附傳。薛道衡：人名。傳見本書卷五七，《北史》卷三六有附傳。　崔子發：人名。北齊末年官至秘書郎，入隋歷官秦王府文學、國子博士，博學通經，有文才，於隋朝禮樂制度多有論議。事亦見本書《經籍志二》及《經籍志四》、《北齊書》卷四四《儒林傳序》、《北史》卷三二《崔鑒傳》。

[4]降殺：指古代禮制中各種等級規定的遞減或削減。

[5]仁壽：隋文帝楊堅年號（601—604）。　二年："二"字底本、宋刻遞修本、庫本、中華本皆同，但殿本作"三"，而據本書《高祖紀下》及《北史·隋文帝紀》均載獻皇后崩於仁壽二年八月，可知殿本當訛。

[6]獻皇后：即隋文帝的皇后獨孤氏。傳見本書卷三六、《北史》卷一四。

[7]王公：底本、宋刻遞修本、殿本、庫本皆同，《北史》卷七二《牛弘傳》亦同，但中華本作"三公"，疑訛。　儀注：即禮儀制度及其相關闡釋。

[8]衣冠：此指文明禮教。

[9]祥禫：喪祭名。古代喪服禮制規定，凡居父母三年之喪者，滿一周年而行祭謂之"小祥"，滿兩周年而行祭謂之"大祥"，滿二十七個月而行祭謂之"禫祭"。小祥、大祥之祭後，可解除喪服的某些部分，減少某些生活禁忌；禫祭之後，可解除全部喪服而改穿禫服，生活禁忌則更少。

[10]期（jī）服：指齊衰爲期一年的喪服。古代喪服禮制規

定，凡服喪爲長輩如祖父母、伯叔父母、未嫁之姑等，平輩如兄弟、姐妹、妻，小輩如侄、嫡孫等，均服期服；又如子之喪而其父反服，已嫁女子爲祖父母、父母服喪，也服期服。　練：此指"期練"。古代喪禮服制。即在期喪的第十一個月祭於家廟之後，解除喪服而改穿練帛之衣。

[11]吏部侍郎：官名。隋文帝時於尚書省吏部下轄四曹之一吏部曹置吏部侍郎二員，爲該曹長官，掌文職官吏銓選之政務。正四品上。隋煬帝大業三年改諸曹侍郎爲"郎"，而又於尚書省所轄六部各置"侍郎"一人，爲六部之副長官。正四品。此後，吏部侍郎就成爲吏部的副長官，而原吏部侍郎則改稱選部郎。　高孝基：人名。即高構，字孝基。傳見本書卷六六、《北史》卷七七。

[12]機晤：即機敏穎悟。按，"晤"底本、宋刻遞修本、殿本、中華本皆同，庫本作"悟"，義同。

　　煬帝之在東宮也，[1]數有詩書遺弘，弘亦有答。及嗣位之後，嘗賜弘詩曰："晋家山吏部，[2]魏世盧尚書，[3]莫言先哲異，奇才並佐余。學行敦時俗，道素乃沖虛，[4]納言雲閣上，[5]禮儀皇運初。彝倫欣有叙，垂拱事端居。"[6]其同被賜詩者，至於文詞贊揚，無如弘美。大業二年，[7]進位上大將軍。[8]三年，改爲右光禄大夫。[9]從拜恒岳，[10]壇埸珪幣，[11]埋時牲牢，[12]並弘所定。還下太行，[13]煬帝嘗引入内帳，對皇后賜以同席飲食。其禮遇親重如此。弘謂其諸子曰："吾受非常之遇，荷恩深重。汝等子孫，宜以誠敬自立，以答恩遇之隆也。"六年，從幸江都。[14]其年十一月，卒於江都郡，[15]時年六十六。帝傷惜之，賵贈甚厚。[16]歸葬安定，贈開府儀同三司、光禄大夫、文安侯，[17]謚曰憲。[18]

[1]煬帝：即隋煬帝楊廣。紀見本書卷三、四，《北史》卷一二。　東宮：太子所居之宮。亦代指太子。

[2]山吏部：指山濤。因山濤在晉武帝時官居吏部尚書，故此處乃以其官銜代稱其人。傳見《晉書》卷四三。

[3]盧尚書：指盧辯。因盧辯在西魏官居尚書令，故此處乃以其官銜代稱其人。傳見《周書》卷二四，《北史》卷三〇有附傳。

[4]道素：指純樸的德行。　冲虛：即冲天、升天。形容影響之大。

[5]雲閣：即雲臺。東漢宮中高臺名。漢光武帝時用作召集群臣議事之所，故後世常用以借指朝廷。

[6]垂拱：即兩手重合而下垂，表示恭敬，爲古代臣下侍奉君王之禮。　端居：指居於權位頂端之人，即天子君王。

[7]大業：隋煬帝楊廣年號（605—618）。

[8]上大將軍：官名。爲隋十一等散實官的第三等，可開府置僚佐。從二品。

[9]右光禄大夫：官名。屬散實官。隋初爲正二品，隋煬帝大業三年廢十一等散實官而改置九大夫散實官時，降爲從二品。

[10]恒岳：山名。即五岳中的北岳恒山。在今河北曲陽縣西北與山西省接壤處。

[11]壇場：古代帝王舉行封禪等大典時所築設的祭壇。　珪幣：古代祭祀神靈所用的玉帛。

[12]墠畤：古代帝王舉行封禪等大典時所築設的平整場地。牲牢：古代祭祀神靈所用的牛羊豕等牲畜供物。

[13]太行：山名。即今山西、河北兩省之間的太行山。

[14]江都：此指江都宮。隋行宮名。隋煬帝大業元年始建於揚州，後三游其地，並卒於此。故址在今江蘇揚州市。

[15]江都郡：隋大業初改揚州置。治所在今江蘇揚州市。

[16]賵贈：指皇帝爲助辦亡故大臣的喪事而賜贈財物。

[17]贈開府儀同三司：贈官。隋初爲正四品上，隋煬帝大業三年改爲從一品。　光禄大夫：此是贈官。隋煬帝大業初始置。從一品。　文安侯：此是贈爵名。隋煬帝大業三年改九等爵制爲王、公、侯三等爵制。文安侯是三等爵的第三等，正二品。

[18]謚：古代帝王、貴族、大臣、士大夫或其他有地位的人死後，據其生前業迹評定的一種帶有褒貶意義的稱號。

　　弘榮寵當世，而車服卑儉，事上盡禮，待下以仁，訥於言而敏於行。上嘗令其宣敕，弘至階下，不能言，退還拜謝，云：“並忘之。”上曰：“傳語小辯，故非宰臣任也。”愈稱其質直。大業之世，委遇彌隆。性寬厚，篤志於學，雖職務繁雜，書不釋手。隋室舊臣，始終信任，悔吝不及，[1]唯弘一人而已。有弟曰弼，[2]好酒而酗，嘗因醉，射殺弘駕車牛。弘來還宅，其妻迎謂之曰：“叔射殺牛矣。”弘聞之，亦無所怪問，[3]直答云：“作脯。”坐定，其妻又曰：“叔忽射殺牛，大是異事！”弘曰：“已知之矣。”顏色自若，讀書不輟。其寬和如此。有文集十三卷行於世。[4]

　　[1]悔吝：即灾禍、灾難。《易·繫辭上》云：“悔吝者，憂虞之象也。”

　　[2]弼：人名。即牛弼。牛弘之弟，好酗酒，行事放誕。事亦見《北史》卷七二《牛弘傳》。

　　[3]亦：底本原作“以”，宋刻遞修本、中華本及《北史·牛弘傳》無此字，今據殿本、庫本改。

　　[4]十三卷：底本、殿本、庫本、中華本皆同，但宋刻遞修本

作"十二卷"。另，檢本書《經籍志四》《北史·牛弘傳》《舊唐書·經籍志下》《新唐書·藝文志四》，均載牛弘文集爲"十二卷"，故疑此處"三"當是"二"之訛。

長子方大，[1]亦有學業，官至内史舍人。[2]次子方裕，[3]性凶險，無人心，從幸江都，與裴虔通等同謀弑逆，[4]事見《司馬德戡傳》。[5]

[1]方大：人名。即牛方大。牛弘的長子，隋時官至内史舍人。事亦見《北史》卷七二《牛弘傳》、《新唐書·宰相世系表五上》。按，"方大"底本、殿本、庫本、中華本皆同，《北史·牛弘傳》《新唐書·宰相世系表五上》亦同，但宋刻遞修本作"方太"，疑訛。

[2]内史舍人：官名。爲内史省的屬官，掌參議表章，草擬詔敕。隋初置八人，正六品上，開皇三年升爲從五品。隋煬帝大業三年減置四人，大業末改内史省爲内書省，内史舍人遂改稱内書舍人。

[3]方裕：人名。即牛方裕。牛弘的次子，隋末官至符璽郎，參與謀弑隋煬帝的江都兵變，唐初歷官金部郎中、左庶子、萊州刺史，後以弑逆之罪被流放禁錮。事亦見本書卷四《煬帝紀下》、卷八五《宇文化及傳》，《北史》卷一二《隋煬帝紀》、卷七九《宇文化及傳》，《舊唐書》卷二《太宗紀上》、卷三《太宗紀下》，《新唐書》卷二《太宗紀》、卷七五上《宰相世系表五上》等。

[4]裴虔通：人名。傳見本書卷八五，《北史》卷七九有附傳。

[5]事見《司馬德戡傳》：牛方裕事不見本書卷八五《司馬德戡傳》，而見本書《宇文化及傳》。

史臣曰：牛弘篤好墳籍，學優而仕，有淡雅之風，懷曠遠之度，採百王之損益，成一代之典章，漢之叔孫，[1]不能尚也。綢繆省闥三十餘年，[2]夷險不渝，[3]始終無際。[4]雖開物成務非其所長，[5]然澄之不清，混之不濁，可謂大雅君子矣。子實不才，崇基不構，[6]干紀犯義，以墜家風，惜哉！

[1]叔孫：指叔孫通。漢初名臣，與儒生共立漢代朝儀典章。傳見《史記》卷九九、《漢書》卷四三。

[2]綢繆：喻指爲朝廷出謀獻策，做好各種準備工作。　省闥：亦稱“禁闥”。即禁宮。古代中央諸省官署均設於禁中，故亦因以代稱中央政府。

[3]夷險不渝：意謂身處平順與艱險都不改變自己的節操。

[4]無際：意謂沒有間隙或間歇。

[5]開物成務：意謂開通萬物之志，成就天下之務。

[6]崇基：此指顯耀的家族基業。

隋書　卷五〇

列傳第十五

宇文慶

　　宇文慶字神慶，河南洛陽人也。[1]祖金殿，[2]魏征南大將軍，[3]仕歷五州刺史、安吉侯。[4]父顯和，[5]夏州刺史。[6]慶沉深，有器局，少以聰敏見知。周初，[7]受業東觀，[8]頗涉經史。既而謂人曰："書足記姓名而已，安能久事筆硯，爲腐儒之業！"于時文州民夷相聚爲亂，[9]慶應募從征。賊據保巖谷，徑路懸絕，慶束馬而進，襲破之，以功授都督。[10]衛王直之鎮山南也，[11]引爲左右。慶善射，有膽氣，好格猛獸，直甚壯之。稍遷車騎大將軍、儀同三司，[12]柱國府掾。[13]及誅宇文護，[14]慶有謀焉，進授驃騎大將軍，[15]加開府。[16]後從武帝攻河陰，[17]先登攀堞，[18]與賊短兵接戰，良久，中石乃墜，絕而後蘇。帝勞之曰："卿之餘勇，可以賈人也。"[19]復從武帝拔晉州。[20]其後齊師大至，[21]慶與宇文憲輕騎而覘，[22]卒與賊相遇，爲賊所窘。憲挺身而遁，慶退據汾橋，[23]眾賊爭進，慶引弓射之，所中人馬必倒，賊乃稍却。及破高緯，[24]拔高壁，[25]克并州，[26]下信都，[27]禽高湝，[28]功並居最。周武帝詔曰："慶勳庸早著，英望華遠，出內之績，[29]簡在朕心。戎車自西，[30]俱總行陣，東夏蕩定，[31]實有茂功。高位縟禮，宜崇榮冊。"於是進位大將軍，[32]封汝南郡公，[33]邑千六百户。[34]尋以行軍總管擊延安反胡，[35]平之，拜延州總管。[36]俄轉寧州總管。[37]高祖爲丞相，[38]復以行軍總管南征江表。[39]師次白帝，[40]徵還，以勞進位上大將軍。[41]高祖與慶有舊，甚見親待，令督丞相軍事，[42]委以心腹。尋加柱國。[43]開皇初，[44]拜左武衛將軍，[45]進位上柱國。[46]數年，出除涼州總管。[47]歲餘，徵還，不任以職。

[1]河南：郡名。治所在今河南洛陽市東北。　洛陽：縣名。治所在今河南洛陽市東北白馬寺東。

[2]金殿：人名。即宇文金殿，宇文慶之祖，北魏時人。官至征南大將軍、兗州刺史，爵封安吉縣侯。事亦見《周書》卷四〇《宇文神舉傳》、《北史》卷五七《東平公神舉傳》。

[3]魏：即北魏（386—557），亦稱後魏。初都平城（今山西大同市東北），公元494年遷都洛陽（今河南洛陽市東北白馬寺東）。公元534年分裂爲東魏和西魏兩個政權。東魏（534—550）都於鄴（今河北臨漳縣西南鄴鎮東），西魏（535—557）都於長安（今陝西西安市西北郊）。　征南大將軍：官名。北魏時屬軍號官，可開府置僚佐，多用作加官。正二品。

[4]安吉侯：爵名。全稱是安吉縣侯。北魏時爲十一等爵的第五等。正二品。按，"安吉"各本皆同，《周書·宇文神舉傳》亦同，但《北史·東平公神舉傳》作"安喜"。

[5]顯和：人名。即宇文顯和，宇文慶之父，北魏末至西魏時人。官至車騎大將軍、儀同三司，加散騎常侍。事亦見《周書·宇文神舉傳》《北史·東平公神舉傳》。

[6]夏州：西魏時治所在今內蒙古烏審旗南白城子。按，"夏州"各本皆同，但《周書·宇文神舉傳》作"東夏州"。

[7]周：即北周（557—581），都於長安（今陝西西安市西北郊）。

[8]東觀：本爲東漢洛陽南宮內觀名，漢明帝時詔令班固等史臣在此修撰國史《漢記》，章、和二帝時又將此設爲皇宮藏書之府。後世遂因以代稱宮中藏書之所或國史修撰之所。

[9]文州：北周時治所在今甘肅文縣西南。

[10]都督：官名。北周時屬勳官。北周府兵制中每隊的長官均加此勳官名。七命。

[11]衛王直：即北周宗室親王宇文直。北周武帝保定年間位居柱國，出爲襄州總管，坐鎮山南道。傳見《周書》卷一三、《北史》卷五八。　山南：此指山南道。北周至隋初根據形勢需要，在華山和終南山以南之地設置的軍政特區，統轄範圍包括若干州，治所在今湖北襄樊市。

[12]車騎大將軍：官名。北周時屬軍號官。北周府兵制中儀同府的長官均帶此軍號官。九命。　儀同三司：官名。亦簡稱儀同，北周武帝建德四年（575）改稱儀同大將軍。北周時屬勳官。北周府兵制中儀同府的長官均加此勳官名，可開府置官屬。九命。

[13]柱國府掾：官名。北周時爲柱國所開之府的屬官，掌領府內諸曹事務。正五命。

[14]宇文護：人名。北周初期的宗室權臣，官居大冢宰，都督中外諸軍事，至北周武帝建德元年被誅殺。傳見《周書》卷一一，《北史》卷五七有附傳。

[15]驃騎大將軍：官名。北周時屬軍號官。北周府兵制中二十四軍的每軍長官均帶此軍號官。九命。

[16]開府：官名。全稱是開府儀同三司，北周武帝建德四年改稱開府儀同大將軍。屬勳官。北周府兵制中二十四軍的每軍長官均加此勳官名，可開府置官屬。九命。

[17]武帝：即北周武帝宇文邕。紀見《周書》卷五、六，《北史》卷一〇。　河陰：縣名。北齊時治所在今河南孟津縣東北。

[18]堞：古時城牆上呈齒形的矮牆，也稱"女牆"。

[19]卿之餘勇，可以賈（gǔ）人也：語本《左傳》成公二年："齊高固入晉師，桀石以投人，禽之而乘其車，繫桑本焉。以徇齊壘，曰：'欲勇者賈余餘勇。'"杜預注："賈，賣也。言已勇有餘，欲賣之。"後因以"餘勇可賈"稱謂尚有未用盡的勇力可以使出來。此處乃周武帝借用"餘勇可賈"的典故以稱譽宇文慶具有使之不盡的勇力。

[20]晉州：北齊時治所在今山西臨汾市。北周武帝建德五年被周軍攻克而歸屬北周。

[21]齊：即北齊（550—577），都於鄴（今河北臨漳縣西南鄴鎮東）。

[22]宇文憲：人名。北周宗室親王，周武帝之弟，爵封齊王。北周武帝建德五年奉詔領軍爲前鋒，扈從武帝大舉攻伐北齊。傳見《周書》卷一二、《北史》卷五八。

[23]汾橋：古橋名。故址在今山西臨汾市西北汾河之上。

[24]高緯：人名。北齊末代皇帝，史稱北齊後主。紀見《北齊書》卷八、《北史》卷八。

[25]高壁：山名。在今山西靈石縣南。東魏、西魏及北齊、北周對峙之際，因其地處軍事要衝，故東魏、北齊在此屯駐重兵據守。

[26]并州：北齊時治所在今山西太原市西南古城營。

[27]信都：縣名。北齊時治所在今河北冀州市。此地乃北齊神武帝高歡起兵創業之處，故後建爲北齊軍政重地。

[28]禽：通"擒"。　高湝：人名。北齊宗室親王，神武帝高

歡之子，爵封任城王，北齊後主時官至大丞相。北周攻滅北齊之際募兵據守冀州，結果戰敗被擒，尋卒於長安。傳見《北齊書》卷一〇、《北史》卷五一。

　　［29］出內：亦作“出納”。即承宣皇命，參謀機密。此處當指宇文慶參謀誅殺宇文護之事。

　　［30］戎車：即兵車。引申指戰事。

　　［31］東夏：地區名。泛指中國東部。此處代指北齊。

　　［32］大將軍：官名。北周時爲十一等勳官的第四等，可開府置官屬。正九命。

　　［33］汝南郡公：爵名。北周時爲十一等爵的第五等。正九命。

　　［34］邑：也稱食邑、封邑。是古代君王封賜給有爵位之人的一種食祿制度，受封者可徵收封地內的民户租税充作食祿。魏晉以後，食邑分爲虚封和實封兩類：虚封一般僅冠以“邑”或“食邑”之名，這衹是一種榮譽性加銜，受封者並不能獲得實際的食祿收入；而實封一般須冠以“真食”“食實封”等名，受封者可真正獲得食祿收入。

　　［35］行軍總管：北周至隋時所置的統領某部或某路出征軍隊的軍事長官。根據需要其上還可置行軍元帥以統轄全局。屬臨時差遣任命之職，事罷則廢。　延安：縣名。北周時治所在今陝西延長縣。　胡：古族名。此指稽胡，亦稱步落稽。或説是匈奴別種，乃十六國時劉淵所統五部匈奴之苗裔；或説是山戎赤狄之後。北朝至隋時主要分布在今山西西部、陝西北部及甘肅東部一帶山區。傳見《周書》卷四九、《北史》卷九六。

　　［36］延州：西魏改東夏州置爲延州總管府，北周沿之。治所在今陝西延安市東北。　總管：官名。東魏孝靜帝武定六年（548）始置總管，西魏亦置。北周明帝武成元年（559）正式改都督諸州軍事爲總管，加使持節諸軍事，總管之設乃成定制。北周總管或單任，然多兼帶刺史，故總管的職權雖以軍事爲主，實際是一軍政轄區若干州、鎮、防的最高長官。北周總管的命品史無明載，但應不

低於五等州刺史的命品。隋初承繼北周之制亦置諸州總管，分上、中、下三等，品秩分別爲流內視從二品、視正三品、視從三品，可作參考。（參見王仲犖《北周六典》卷一〇《總管府第二十五》，中華書局 1979 年版，第 623 頁）

[37]寧州：西魏改豳州置，北周置總管府。治所在今甘肅寧縣。

[38]高祖：隋文帝楊堅的廟號。紀見本書卷一、二，《北史》卷一一。　丞相：官名。此是"左大丞相"或"大丞相"的簡稱。北周靜帝大象二年（580）置左、右大丞相，以宗室親王宇文贊爲右大丞相，僅有虛名；而以外戚楊堅爲左大丞相，總攬朝政。旋又去左右之號，獨以楊堅爲大丞相。楊堅由此成爲控制北周朝廷的權臣。

[39]江表：地區名。亦稱"江南""江外"。指長江以南地區。此指南朝陳的轄地。

[40]白帝：古城名。又名永安城。故址在今重慶奉節縣東瞿塘峽口。

[41]上大將軍：官名。北周武帝建德四年始置，爲北周十一等勳官的第三等，可開府置官屬。正九命。

[42]督丞相軍事：北周末年丞相楊堅設置的督管其相府軍事事務的官員，以親信兼任之。屬臨時委命之職，無固定命品。

[43]柱國：官名。全稱是柱國大將軍。北魏太武帝始置柱國，以爲開國元勳長孫嵩的加官。北魏末孝莊帝以尒朱榮有擁立之功，又特置此官以授之，位在丞相之上。西魏文帝以宇文泰有中興之功，亦置此官授之。後凡屬功參佐命、望實俱重的大臣，也得居之。至西魏大統十六年（550）以前，任此官者名義上有八人，但宗室元欣有其名而無實權，宇文泰爲最高統帥，其他六個柱國則分掌禁旅，各轄二大將軍，爲府兵系統的最高長官。大統十六年以後，功臣位至柱國者愈多，遂成爲散秩，無所統御。至北周武帝時，又增置上柱國等官，形成十一等勳官之制。柱國大將軍是十一

等勳官的第二等，可開府置官屬。正九命。

　　[44]開皇：隋文帝楊堅年號（581—600）。

　　[45]左武衛將軍：官名。爲左武衛府的次官，置二員，協助長官左武衛大將軍掌領外軍宿衛事務，統管本府所轄府兵衛士。從三品。

　　[46]上柱國：官名。隋文帝因改北周十一等勳官之制形成十一等散實官，用以酬勤勞，無實際職掌。上柱國是十一等散實官的第一等，可開府置僚屬。從一品。

　　[47]除：官制用語。即拜官、授職。　涼州：北周置總管府，隋初沿之。治所在今甘肅武威市。　總管：官名。全稱是總管刺史加使持節。北周始置諸州總管，隋初承繼，又有增置。總管的統轄範圍可達數州至十餘州，實爲一軍政轄區的最高長官。隋文帝在并、益、荆、揚四州置大總管，其餘州置總管。總管分上、中、下三等，品秩分別爲流内視從二品、視正三品、視從三品。

　　初，上潛龍時，[1]嘗從容與慶言及天下事，上謂慶曰：“天元實無積德，[2]視其相貌，壽亦不長。加以法令繁苛，耽恣聲色，以吾觀之，殆將不久。又復諸侯微弱，各令就國，曾無深根固本之計，羽翮既剪，[3]何能及遠哉！尉迥貴戚，[4]早著聲望，國家有釁，必爲亂階。然智量庸淺，子弟輕佻，貪而少惠，終致亡滅。司馬消難反覆之虜，[5]亦非池内之物，[6]變成俄頃，但輕薄無謀，[7]未能爲害，不過自竄江南耳。庸、蜀嶮隘，[8]易生艱阻，王謙愚蠢，[9]素無籌略，但恐爲人所誤，不足爲虞。”未幾，上言皆驗。及此，慶恐上遺忘，不復收用，欲見舊蒙恩顧，具録前言爲表而奏之曰：“臣聞智侔造化，[10]二儀無以隱其靈，[11]明同日月，萬象不能藏其狀。

先天弗違，實聖人之體道，未萌見兆，諒達節之神機。[12]伏惟陛下特挺生知，徇齊誕御，[13]懷五岳其猶輕，[14]吞八荒而不梗，[15]蘊妙見於胸襟，運奇謨於掌握。[16]臣以微賤，早逢天眷，不以庸下，親蒙推赤。[17]所奉成規，纖毫弗舛，尋惟聖慮，妙出蓍龜，[18]驗一人之慶有徵，[19]實天子之言無戲。臣親聞親見，實榮實喜。"[20]上省表大悦，下詔曰："朕之與公，本來親密，懷抱委曲，無所不盡。話言歲久，尚能記憶，今覽表奏，方悟昔談。何謂此言，遂成實録。古人之先知禍福，明可信也，朕言之驗，自是偶然。公乃不忘，彌表誠節，深感至意，嘉尚無已。"自是上每加優禮。卒于家。

[1]潛龍：亦作"龍潛"。語出《易·乾》："潛龍勿用，陽氣潛藏。"後用以喻指帝王尚處在下位，隱而未顯。

[2]天元：北周宣帝宇文贇的尊號。紀見《周書》卷七、《北史》卷一〇。

[3]羽翮：即鳥之羽翅。喻指輔佐之人。

[4]尉迥：人名。即尉遲迥。北周末年官任相州總管，起兵反對楊堅篡周，旋被討滅。傳見《周書》卷二一、《北史》卷六二。

[5]司馬消難：人名。北周末年官任鄖州總管，起兵反對楊堅篡周，旋被討滅，逃奔南朝陳。傳見《周書》卷二一，《北史》卷五四有附傳。

[6]池内之物：比喻蟄居無爲的人。

[7]輕薄無謀："薄"底本、宋刻遞修本、殿本、中華本皆同，庫本作"簿"，二字相通。

[8]庸、蜀：古國名。此指庸、蜀二國之地，即今重慶和四川

一帶。

[9]王謙：人名。北周末年官任益州總管，起兵反對楊堅篡周，旋被討滅。傳見《周書》卷二一，《北史》卷六〇有附傳。

[10]造化：指自然界的創造者。亦指自然。

[11]二儀：指天與地。

[12]達節：意謂明達世情，善識時務。

[13]徇齊誕御：意謂敏慧而有大智。

[14]五岳：即東岳泰山、南岳衡山、西岳華山、北岳恒山、中岳嵩山五大名山的總稱。

[15]八荒：指八方荒遠之地。

[16]奇謨：奇謀、奇計。

[17]推赤：意謂推心置腹，以誠相待。

[18]蓍龜：古人以蓍草和龜甲占卜凶吉，後因以指占卜。

[19]一人之慶：指天子的符命祥瑞。

[20]實榮實喜：“喜”底本、宋刻遞修本、庫本、中華本皆同，殿本作“善”，疑訛。

　　子靜禮，[1]初爲太子千牛備身，[2]尋尚高祖女廣平公主，[3]授儀同，[4]安德縣公，[5]邑千五百戶。後爲熊州刺史。[6]先慶卒。

[1]靜禮：人名。宇文慶之子。起家爲隋太子千牛備身，尚隋文帝女廣平公主，爵封安德縣公，終官熊州刺史，早卒。事亦見《北史》卷五七《宇文慶傳》。按，“禮”字各本皆同，但《北史·宇文慶傳》作“亂”，疑訛。

[2]太子千牛備身：官名。爲太子左右内率府的屬官，置八人，掌執千牛刀宿衛侍從太子。正七品下。隋煬帝大業三年（607）改稱司仗左右。

[3]尚：即尚主，專指娶公主爲妻。古時因尊帝王之女，不敢言娶，故稱"尚"，有承奉、仰攀之意。　廣平公主：隋公主封號名。隋文帝之女，嫁宇文靜禮爲妻。事亦見《北史·宇文慶傳》。

[4]儀同：官名。全稱是儀同三司。爲隋十一等散實官的第八等，可開府置僚佐。正五品上。

[5]安德縣公：爵名。爲隋九等爵的第五等。從一品。

[6]熊州：治所在今河南宜陽縣西。

子協，[1]歷武賁郎將、右翊衛將軍，[2]宇文化及之亂遇害。[3]

[1]協：人名。即宇文協。宇文慶之孫，宇文靜禮之子。隋煬帝時官至右翊衛將軍，大業十四年宇文化及在江都發動兵變時被殺。事亦見本書卷五《恭帝紀》，《北史》卷一二《隋恭帝紀》、卷五七《宇文慶傳》。

[2]武賁郎將：官名。隋煬帝大業三年改革官制，於十二衛每衛置護軍四人，爲各衛將軍之副貳，尋又改稱護軍爲武賁郎將。正四品。　右翊衛將軍：官名。隋初設左右衛，各置將軍二人爲其次官，協助長官左右衛大將軍掌宮掖禁禦，督攝仗衛，統領本府兵。從三品。隋煬帝大業三年改左右衛爲左右翊衛，左右衛將軍則改稱爲左右翊衛將軍，其職掌、員額、品階未變。右翊衛將軍即由隋初右衛將軍所改之名。按，"右翊衛將軍"各本皆同，《北史·宇文慶傳》亦同，但本書卷五《恭帝紀》及《北史·隋恭帝紀》載作"右翊衛大將軍"。

[3]宇文化及：人名。傳見本書卷八五，《北史》卷七九有附傳。

協弟皛，[1]字婆羅門，大業之世，[2]少養宮中。後爲千牛左右，[3] 煬帝甚親昵之。[4] 每有游宴，晶必侍從，至於出入臥內，伺察六宮，[5] 往來不限門禁，其恩倖如此。時人號曰宇文三郎。晶與宮人淫亂，至於妃嬪公主，亦有醜聲。蕭后言於帝，[6] 晶聞而懼，數日不敢見。其兄協因奏曰："晶今已壯，不可在宮掖。"帝曰："晶安在？"協曰："在朝堂。"帝不之罪，因召入，待之如初。宇文化及弒逆之際，[7] 晶時在玄覽門，[8] 覺變，將入奏，爲門司所遏，[9] 不得時進。會日暝，宮門閉，退還所守。俄而難作，晶與五十人赴之，爲亂兵所害。

[1] 晶（xiǎo）：人名。即宇文晶，宇文慶之孫，宇文静禮之子，宇文協之弟。隋煬帝時官任千牛左右，深得煬帝寵信，行事放誕，大業十四年宇文化及在江都發動兵變時被亂兵所殺。事亦見本書卷五九《燕王倓傳》、卷七九《蕭琮傳》，《北史》卷五七《宇文慶傳》等。

[2] 大業：隋煬帝楊廣年號（605—618）。

[3] 千牛左右：官名。隋初於左右領左右府置千牛備身十二人爲本府屬官，掌執千牛御刀宿衛侍從皇帝。正六品下。隋煬帝大業三年改左右領左右府爲左右備身府，千牛備身則改名爲千牛左右，其職掌未變，員額增至十六人。正六品。

[4] 煬帝：即隋煬帝楊廣。紀見本書卷三、四，《北史》卷一二。

[5] 六宮：古代皇后的寢宮。因有正寢一、燕寢五，合稱六宮。後泛指后妃所居之地，亦代指后妃。

[6] 蕭后：即隋煬帝的皇后蕭氏。傳見本書卷三六、《北史》卷一四。

[7] 弒逆：指弒君殺父。此指宇文化及在江都行宮（今江蘇揚

州市）發動兵變，弑殺隋煬帝。

〔8〕玄覽門：隋江都行宮的宮門。

〔9〕門司：指守門的吏役。

李禮成

李禮成字孝諧，隴西狄道人也。[1]涼王暠之六世孫。[2]祖延實，[3]魏司徒。[4]父彧，[5]侍中。[6]禮成年七歲，與姑之子蘭陵太守滎陽鄭顥隨魏武帝入關。[7]顥母每謂所親曰："此兒平生未嘗迴顧，當爲重器耳。"[8]及長，沉深有行檢，[9]不妄通賓客。魏大統中，[10]釋褐著作郎，[11]遷太子洗馬、員外散騎常侍。[12]周受禪，[13]拜平東將軍、散騎常侍。[14]于時貴公子皆競習弓馬，被服多爲軍容。禮成雖善騎射，而從容儒服，不失素望。後以軍功，拜車騎大將軍、儀同三司，賜爵修陽縣侯，[15]拜遷州刺史。[16]時朝廷有所徵發，[17]禮成度以蠻夷不可擾，[18]擾必爲亂，上表固諫。周武帝從之。伐齊之役，從帝圍晉陽，[19]禮成以兵擊南門，齊將席毗羅率精甲數千拒帝，[20]禮成力戰，擊退之。加開府，進封冠軍縣公，[21]拜北徐州刺史。[22]未幾，徵爲民部中大夫。[23]

〔1〕隴西：郡名。治所在今甘肅隴西縣南。　狄道：縣名。治所在今甘肅臨洮縣。

〔2〕涼王暠：即十六國時期西涼國的開國君主李暠。傳見《晉書》卷八七、《魏書》卷九九、《北史》卷一〇〇。

〔3〕延實：人名。即李延實。亦作"延寔"。李禮成之祖，北

魏時人，官至司徒、青州刺史。傳見《魏書》卷八三下，《北史》卷一〇〇有附傳。

[4]司徒：官名。北魏時爲三公之一，可開府置僚屬，參議國家大事，實則無具體職掌，多爲大臣加官。正一品。

[5]彧：人名。即李彧。李禮成之父，北魏末官至侍中、廣州刺史。《北史》卷一〇〇有附傳。

[6]侍中：官名。北魏初爲門下省的長官，是宰相之職，但北魏末至西魏時多用作大臣加官，無實際職掌，遂成散職。正三品。

[7]蘭陵：郡名。北魏時治所在今山東棗莊市東南。　榮陽：郡名。北魏時治所在今河南榮陽市。　鄭顥：人名。李禮成的表兄，榮陽郡人。北魏末年官任蘭陵太守，偕同李禮成隨從孝武帝入關。事亦見《北史》卷一〇〇《李禮成傳》。　魏武帝：即北魏孝武帝元脩。北魏末代皇帝。紀見《魏書》卷一一、《北史》卷五。關：此指潼關。在今陝西潼關縣東南。地處今陝西、山西、河南三省之要衝，素稱險要，爲關中之門户。

[8]重器：即大器。比喻能任大事的人。

[9]行檢：即操行、品行。

[10]大統：西魏文帝元寶炬年號（535—551）。

[11]釋褐：官制用語。亦稱“解褐”。即脱去平民衣服而換上官服，喻指始任官職。　著作郎：官名。西魏時爲秘書監所轄著作省的長官，掌國史修撰之事。從五品上。

[12]太子洗（xiǎn）馬：官名。西魏時爲太子東宮的屬官，職掌東宮圖籍文翰。從五品上。　員外散騎常侍：官名。北魏時爲門下省的屬官，掌陪從朝值，獻納得失，但北魏末至西魏時多用作加官，無實際職掌，遂成散職。正五品上。

[13]受禪：中國古代王朝更迭時，新皇帝承受舊皇帝讓給的帝位，即稱受禪。此指北周孝閔帝宇文覺於公元557年廢西魏恭帝，自稱皇帝，正式建立北周王朝。

[14]平東將軍：官名。北周時屬軍號官，可開府置僚屬。正七

命。　散騎常侍：官名。北周時屬散官。其命品未詳，但西魏、北齊、隋時均爲從三品，可作參考。

[15]修陽縣侯：爵名。北周時爲十一等爵的第七等。正八命。

[16]遷州：北周時治所在今湖北房縣。

[17]徵發：指朝廷向州縣民衆徵調賦稅徭役。

[18]蠻夷：古代對四方邊遠地區少數民族的泛稱。亦專指南方少數民族。

[19]晋陽：北齊都邑名。在今山西太原市西南古城營。

[20]席毗羅：人名。亦省作“席毗”。本爲北齊大將，率軍據守晋陽城，北周武帝伐齊時城破降周，被任爲大將軍、徐州總管司録，至北周末年又隨從相州總管尉遲迥舉兵反叛，旋被討滅。事亦見本書卷一《高祖紀上》、卷三九《源雄傳》、卷六〇《于仲文傳》、卷七一《劉弘傳》，《北史》卷一一《隋文帝紀》、卷二三《于仲文傳》、卷二八《源雄傳》、卷六二《尉遲迥傳》、卷一〇〇《李禮成傳》。

[21]冠軍縣公：爵名。北周時爲十一等爵的第六等，“命數未詳，非正九命則當是九命”（參見王仲犖《北周六典》卷八《封爵第十九》，第548頁）。

[22]北徐州：北齊時治所在今山東臨沂市。北周平定北齊後改稱沂州。

[23]民部中大夫：官名。北周時爲地官府民部曹的長官，置二員，掌戶口籍帳之政令。正五命。按，“民部”各本皆同，《北史·李禮成傳》作“戶部”，乃唐人避唐太宗李世民之諱而改。

禮成妻竇氏早没，知高祖有非常之表，遂聘高祖妹爲繼室，情契甚歡。及高祖爲丞相，進位上大將軍，遷司武上大夫，[1]委以心膂。及受禪，拜陝州刺史，[2]進封絳郡公，[3]賞賜優洽。尋徵爲左衛將軍，[4]遷右武衛大將軍。[5]歲餘，出拜襄州總管，[6]稱有惠政。後數載，復爲左衛大將軍。[7]時突厥屢爲寇患，[8]緣邊要害，多委重臣，由是拜寧州刺史。[9]歲餘，以疾徵還京師，終於家。其子世師，[10]官至度支侍郎。[11]

[1]司武上大夫：官名。北周時司武的設置和職掌史無明載，王仲犖疑是北周武帝建德初年改夏官武伯而置爲司武，掌領宿衛軍事，長官爲司武中大夫。至北周武帝宣政元年（578），又增設司武上大夫爲其長官，左右各置一員，正六命。（參見王仲犖《北周六典》卷七《六官餘録第十三》，第505—506頁）

[2]陝州：治所在今河南陝縣。

[3]絳郡公：爵名。爲隋九等爵的第四等。從一品。

[4]左衛將軍：官名。爲左衛的次官，置二員，協助長官左衛大將軍掌宮掖禁禦，督攝仗衛。從三品。按，"左衛將軍"各本皆同，但本書卷一《高祖紀上》載作"左衛大將軍"，岑仲勉認爲"左衛下應補'大'字，否則傳下文亦不當云'復爲'也"（參見岑仲勉《隋書求是》，中華書局2004年版，第94頁）。

[5]右武衛大將軍：官名。爲右武衛的長官，置一員，掌領外軍宿衛宮禁。正三品。

[6]襄州：西魏、北周置總管府，隋初沿之。治所在今湖北襄樊市。

[7]左衛大將軍：官名。爲左衛的長官，置一員，掌宮掖禁禦，督攝仗衛。正三品。

[8]突厥：古族名、國名。公元六世紀初興起於今阿爾泰山西南麓，552年在今鄂爾渾河流域建立突厥汗國，此後其勢力擴展至大漠南北，横跨蒙古高原，隋開皇二年分裂爲東、西兩部。傳見本書卷八四、《周書》卷五〇、《北史》卷九九、《舊唐書》卷一九四、《新唐書》卷二一五。

[9]寧州：治所在今甘肅寧縣。

[10]世師：人名。李禮成之子。隋文帝時官至度支侍郎。事亦見《北史》卷一〇〇《李禮成傳》。

[11]度支侍郎：官名。爲尚書省民部所轄四曹之一度支曹的長官，置二員，掌判全國租賦多寡、物産豐約及收支出納之政務。隋初爲正六品上，開皇三年升爲從五品。隋煬帝大業三年改諸曹侍郎爲郎，度支侍郎遂改稱度支郎。

元孝矩　弟褒

元孝矩，河南洛陽人也。祖脩義，[1]父子均，[2]並爲魏尚書僕射。[3]孝矩西魏時襲爵始平縣公，[4]拜南豐州刺史。[5]時見周太祖專政，[6]將危元氏，[7]孝矩每慨然有興復社稷之志，陰謂昆季曰：[8]“昔漢氏有諸吕之變，[9]朱虚、東牟，[10]卒安劉氏。[11]今宇文之心，路人所見，顛而不扶，焉用宗子？盍將圖之。”爲兄則所遏，[12]孝矩乃止。其後周太祖爲兄子晋公護娶孝矩妹爲妻，[13]情好甚密。及閔帝受禪，[14]護總百揆，[15]孝矩之寵益隆。及護誅，坐徙蜀。[16]數載，徵還京師，拜益州總管司馬，[17]轉司憲大夫。[18]

[1]脩義：人名。即元脩義。元孝矩之祖，出身北魏宗室，北魏孝明帝時官至尚書右僕射、西道行臺、雍州刺史。傳見《魏書》卷一九上、《北史》卷一七。

[2]子均：人名。即元子均。元孝矩之父，北魏末官至給事黄門侍郎，西魏時位居開府儀同三司，爵封安昌王。事見《魏書》卷一九上、《北史》卷一七《元脩義傳》。按，“子均”各本皆同，但

《魏書·元脩義傳》及《北史·元脩義傳》皆作"均"，無"子"字，故疑此處"子"字當衍。

[3]尚書僕射：官名。北魏、西魏時爲尚書省的次官，左右各置一員，輔助長官尚書令執行政務，參決國家大政。但因尚書令不常置，尚書省政務常由左右僕射主持，僕射則成爲尚書省的實際長官，位列宰相。從二品。

[4]始平縣公：爵名。西魏時爲十一等爵的第三等。從一品。

[5]南豐州：西魏時治所在今湖北鄖縣東南。

[6]周太祖：即宇文泰。西魏執政大臣，北周的奠基者。紀見《周書》卷一、二，《北史》卷九。

[7]元氏：西魏皇室的姓氏。此處代指西魏政權。

[8]昆季：即兄弟。古稱長爲昆、幼爲季。

[9]諸呂：指漢初呂后當政時的親信呂產、呂祿等呂氏外戚勢力。

[10]朱虛、東牟：指西漢宗室朱虛侯劉章、東牟侯劉興居兄弟二人。漢初呂后死，劉章兄弟與周勃、陳平等人發兵共誅諸呂，以功封王。事見《史記》卷五二《齊悼惠王世家》、《漢書》卷三八《齊悼惠王劉肥傳》。

[11]劉氏：西漢皇室的姓氏。此處代指西漢政權。

[12]則：人名。即元則。元孝矩之兄，字孝規。西魏時官至義州刺史，北周時官至小冢宰、江陵總管。事亦見本書卷七一《元文都傳》、《周書》卷三八《李昶傳》及同卷《元偉傳》、《北史·元脩義傳》。

[13]太祖：底本、宋刻遞修本、庫本、中華本皆同，但殿本作"太子"，顯誤。 晋公：爵名。全稱是晋國公。北周時爲十一等爵的第四等。正九命。 護：人名。即宇文護。參見前注"宇文護"。

[14]閔帝：即北周孝閔帝宇文覺。北周開國皇帝。紀見《周書》卷三、《北史》卷九。

[15]總百揆：即總攝百官，統轄朝政。

〔16〕蜀：郡名。北周時治所在今四川成都市。

〔17〕益州：北周時置總管府。治所在今四川成都市。　總管司馬：官名。北周時爲諸州總管府的上佐官，協助總管統領府中軍務。其命品史無明載，但北周諸州府的司馬按州等級分爲六命至四命五個等級，故諸州總管府司馬的命品亦應與五等州司馬的命品略同。

〔18〕司憲大夫：官名。全稱是司憲中大夫。北周時爲秋官府司憲曹的長官，置二員，掌五禁、五戒之法，以左右刑罰，糾察百官。正五命。

　　高祖重其門地，娶其女爲房陵王妃。[1]及高祖爲丞相，拜少冢宰，[2]進位柱國，賜爵洵陽郡公。[3]時房陵王鎮洛陽，及上受禪，立爲皇太子，令孝矩代鎮。既而立其女爲皇太子妃，親禮彌厚。俄拜壽州總管，[4]賜孝矩璽書曰：[5]“楊越氛祲，[6]侵軼邊鄙，[7]爭桑興役，不識大猷。[8]以公志存遠略，今故鎮邊服，[9]懷柔以禮，[10]稱朕意焉。”時陳將任蠻奴等屢寇江北，[11]復以孝矩領行軍總管，屯兵於江上。後數載，自以年老，筋力漸衰，不堪軍旅，上表乞骸骨，[12]轉涇州刺史，[13]高祖下書曰：“知執謙撝，[14]請歸初服。[15]恭膺寶命，[16]實賴元功，方欲委裘，[17]寄以分陝，[18]何容便請高蹈，[19]獨爲君子者乎！若以邊境務煩，即宜徙節涇郡，養德卧治也。”[20]在州歲餘，卒官，年五十九。諡曰簡。[21]子無竭嗣。[22]

〔1〕房陵王：隋文帝長子楊勇死後所追封的爵名。傳見本書卷四五、《北史》卷七一。

〔2〕少冢宰：官名。即小冢宰的別稱，全稱是小冢宰上大夫。

北周時爲天官冢宰府的次官，置二員，協助長官大冢宰卿掌邦治，統領本府政務。正六命。

[3]洵陽郡公：爵名。北周時爲十一等爵的第五等。正九命。

[4]壽州：隋時有兩個壽州：一是隋文帝開皇初所置的壽州，治所在今湖南辰溪縣，開皇十八年（598）改爲充州；二是開皇九年改揚州所置的壽州，治所在今安徽壽縣，隋煬帝大業初改置淮南郡。文中所指當是第一個壽州。

[5]璽書：古代以泥封加印的文書。秦以後專指皇帝的詔書。

[6]楊越：古族名。亦稱“揚越”或“揚粵”。爲百越的一支，戰國至魏晋時期亦用作對越人的泛稱。其居地説法不一：一説因其曾散布於古揚州而得名，一説居嶺南，一説居江漢一帶。此處是以楊越借指南朝陳。按，“楊越”底本、殿本、庫本皆同，宋刻遞修本作“揚越”，但中華本作“揚、越”，分作兩個州名講，其標點當誤。（參見唐華全《中華書局點校本〈隋書〉質疑二十九則》，《河北師範大學學報》2012 年第 1 期）　氛祲：指預示灾禍的雲霧氣。比喻戰亂、叛亂。

[7]侵軼：侵犯襲擊。　邊鄙：指邊疆、邊地。

[8]大猷：指治國之大道。

[9]邊服：指距離統治中心極遠的地方。此處指隋與南朝陳的邊境地區。

[10]懷柔：古稱對外國或國内少數民族的籠絡安撫爲“懷柔”。

[11]陳：即南朝陳（557—589），都於建康（今江蘇南京市）。

　任蠻奴：人名。即任忠，隋人因避隋文帝父楊忠之諱而改稱其小字。南朝陳將，隋初多次領軍侵擾隋朝江北之地。傳見《陳書》卷三一、《南史》卷六七。　江北：地區名。指長江以北地區。

[12]乞骸骨：古代官吏自請退職的一種表達方式。意謂使骸骨得以歸葬故鄉。

[13]涇州：治所在今甘肅涇川縣西北。

［14］謙撝：亦作"撝謙"。即謙遜、謙抑。

［15］初服：指未入仕時所穿的服裝，與"朝服"對稱。

［16］恭膺寶命：意謂敬受天命而登上皇位。

［17］委裘：典出《呂氏春秋·察賢》："天下之賢主，豈必苦形愁慮哉？執其要而已矣……故曰'堯之容若委衣裘'，以言少事也。"陳奇猷校釋："謂堯之時，天下無事，堯之儀表，乃委曲其衣裘，消閑自得。古者長衣，有事則振衣而起，無事則委曲衣裘而坐也。"後遂以"委裘"喻指君主任賢舉能。

［18］分陝：相傳周初周公旦、召公奭分陝（今河南陝縣）而治，周公治陝以東，召公治陝以西。後遂稱朝廷重臣出任地方官爲"分陝"。

［19］高蹈：意謂舉足遠行。喻指隱退、隱居。

［20］臥治：典出《史記》卷一二〇《汲鄭列傳》："臥而治之。"後用以稱謂政事清簡，無爲而治。

［21］謚：古代帝王、貴族、大臣、士大夫或其他有地位的人死後，據其生前業迹評定的一種帶有褒貶意義的稱號。

［22］無竭：人名。即元無竭，元孝矩之子。事亦見《北史》卷一七《元矩傳》。　嗣：此指繼承父輩的爵位和家業，以延續香火。

孝矩兄子文都，[1]見《誠節傳》。孝矩次弟雅，[2]字孝方，有文武幹用。開皇中，歷左領左右將軍、集沁二州刺史，[3]封順陽郡公。[4]季弟襃，最知名。

［1］文都：人名。即元文都。元孝矩之侄，元則之子。傳見本書卷七一，《北史》卷一七有附傳。按，"文都"底本、宋刻遞修本、中華本同，但殿本、庫本作"文郁"，當訛。

［2］雅：人名。即元雅。元孝矩的次弟，字孝方。隋文帝時歷

官左領左右將軍、集沁二州刺史，爵封順陽郡公。事亦見《北史》卷一七《元矩傳》。

[3]左領左右將軍：官名。隋初置左右領左右府，掌侍衛左右，供御兵仗。左領左右將軍是左領左右府的次官，置二員。從三品。

集：州名。治所在今四川南江縣。　沁：州名。隋開皇十六年置。治所在今山西沁源縣。

[4]順陽郡公：爵名。爲隋九等爵的第四等。從一品。

褒字孝整，便弓馬，少有成人之量。年十歲而孤，爲諸兄所鞠養。性友悌，善事諸兄。諸兄議欲別居，[1]褒泣諫不得，家素富，多金寶，褒無所受，脫身而出，爲州里所稱。及長，寬仁大度，涉獵書史。仕周，官至開府、北平縣公、趙州刺史。[2]

[1]別居：指分家而各立門户。

[2]北平縣公：爵名。北周時爲十一等爵的第六等。正九命或九命。　趙州：北周時治所在今河北隆堯縣東。

及高祖爲丞相，從韋孝寬擊尉迴，[1]以功超拜柱國，進封河間郡公，[2]邑二千户。開皇二年，拜安州總管。[3]歲餘，徙原州總管。[4]有商人爲賊所劫，其人疑同宿者而執之，褒察其色冤而辭正，遂捨之。商人詣闕訟褒受金縱賊，上遣使窮治之。使者簿責褒曰：[5]“何故利金而捨盜也？”褒便即引咎，初無異詞。使者與褒俱詣京師，遂坐免官。其盜尋發於佗所，[6]上謂褒曰：“公朝廷舊人，位望隆重，受金捨盜非善事，何至自誣也？”對曰："臣受委一州，不能息盜賊，臣之罪一也。州民爲人所謗，不付法司，懸即放免，臣之罪二也。牽率愚誠，[7]無顧形迹，不恃文書約束，至令爲物所疑，臣之罪三也。臣有三罪，何所逃責？臣又不言受賂，使者復將有所窮究，然則縲絏橫及良善，[8]重臣之罪，是以自誣。"上歎異之，稱爲長者。十四年，以行軍總管屯兵備邊。遼東之役，[9]復以行軍總管從漢王至柳城而還。[10]仁壽初，[11]嘉州夷獠爲寇，[12]襃率步騎二萬擊平之。

[1]韋孝寬：人名。北周末年位居上柱國，官任行軍元帥，奉詔統軍略定淮南，又討滅相州總管尉遲迥之叛。傳見《周書》卷三一、《北史》卷六四。

[2]河間郡公：爵名。北周時爲十一等爵的第五等。正九命。

[3]安州：西魏始置總管府，北周、隋初沿之。治所在今湖北安陸市。

[4]原州：北周置總管府，隋初沿之。治所在今寧夏固原市。

[5]簿責：依據文書所列罪狀逐一責問。

[6]佗：底本、宋刻遞修本同，殿本、庫本、中華本作"他"，義同。

[7]牽率：草率、輕率。

[8]縲絏：捆綁犯人的繩索。引申爲牢獄、囚禁。

[9]遼東：地區名。泛指今遼河以東地區。因高麗國位於遼東，故文中"遼東之役"即指隋征伐高麗之事。

[10]漢王：隋文帝第五子楊諒的封爵名。此代指楊諒其人。傳見本書卷四五、《北史》卷七一。　柳城：縣名。治所在今遼寧朝陽市。

[11]仁壽：隋文帝楊堅年號（601—604）。

[12]嘉州：治所在今四川樂山市。　夷獠（lǎo）：古代對西南各少數民族的泛稱。

煬帝即位，拜齊州刺史，[1]尋改爲齊郡太守，[2]吏民安之。及興遼東之役，郡官督事者前後相屬，有西曹掾當行，[3]詐疾，褒詰之，掾理屈，褒杖之，掾遂大言曰："我將詣行在所，[4]欲有所告。"褒大怒，因杖百餘，數日而死，坐是免官。卒於家，時年七十三。

[1]齊州：治所在今山東濟南市。

[2]齊郡：隋煬帝大業初改齊州置。治所在今山東濟南市。

[3]西曹掾：官名。隋煬帝大業三年罷州置郡，於各郡置東、西二曹掾，位居郡次官郡丞之下，分管郡府所轄六司事務。京兆、河南二郡的東西曹掾爲從五品，其餘上、中、下三等郡的東西曹掾分別爲正六品、從六品、正七品。

[4]行在所：指天子巡行所在之地。此指隋煬帝親征高麗時的行宮所在地。

郭榮

郭榮字長榮，自云太原人也。[1]父徽，[2]魏大統末，爲同州司馬。[3]時武元皇帝爲刺史，[4]由是與高祖有舊。徽後官至洮州刺史、安城縣公。[5]及高祖受禪，拜太僕卿，[6]數年，卒官。榮容貌魁岸，外疏內密，與其交者多愛之。周大冢宰宇文護引爲親信。[7]護察榮謹厚，擢爲中外府水曹參軍。[8]時齊寇屢侵，護令榮於汾州觀賊形勢。[9]時汾州與姚襄鎮相去懸遠，[10]榮以爲二城孤迥，勢不相救，請於州鎮之間更築一城，以相控攝，護從之。俄而齊將段孝先攻陷姚襄、汾州二城，[11]唯榮所立者獨能自守。護作浮橋，出兵渡河，[12]與孝先戰。孝先於上流縱大筏以擊浮橋，護令榮督便水者引取其筏。以功授大都督。[13]護又以稽胡數爲寇亂，使榮綏集之。[14]榮於上郡、延安築周昌、弘信、廣安、招遠、咸寧等五城，[15]以遏其要路，稽胡由是不能爲寇。武帝親總萬機，拜宣納中士。[16]後從帝平齊，以戰功，賜馬二十匹，綿絹六百段，封平陽縣男，[17]遷司水大夫。[18]

[1]太原：郡名。治所在今山西太原市西南古城營。

[2]徽：人名。即郭徽。郭榮之父，西魏大統末年官任同州司馬，北周時官任洵州刺史，爵封安城縣公，隋初官至太僕卿。事亦見《北史》卷七五《郭榮傳》、《新唐書·宰相世系表四上》。

[3]同：州名。西魏時治所在今陝西大荔縣。　州司馬：官名。西魏時爲各州府的上佐官，協助長官州刺史統領本州軍務。其品階按州等級分爲從四品至從五品不等。

[4]武元皇帝：隋文帝爲其父楊忠所追封的尊號，此處代指楊忠其人。西魏大統末年楊忠官任同州刺史。傳見《周書》卷一九。

[5]洵州：北周時治所在今陝西安康市。　安城縣公：爵名。北周時爲十一等爵的第六等。正九命或九命。

[6]太僕卿：官名。爲太僕寺的長官，置一員，掌國家廄牧、車輿等事務。隋初爲正三品，隋煬帝大業三年降爲從三品。

[7]大冢宰：官名。全稱是大冢宰卿。西魏恭帝三年（556）仿《周禮》建六官，置大冢宰卿一人爲天官冢宰府的長官，職掌邦

治，以建邦之六典輔佐皇帝治邦國。北周沿置，然其權力因人而異，若有"五府總於天官"之命，即稱"冢宰"，能總攝百官，實爲大權在握的宰輔；若無此命，即稱"太宰"，與五卿並列，僅統本府官。正七命。

[8]中外府水曹參軍：官名。北周武帝保定元年（561），以大冢宰宇文護爲都督中外諸軍事，開府置官屬，府名簡稱"中外府"，此爲宇文護控制北周朝政的權力機構。至建德元年，周武帝誅殺宇文護，親總朝政，中外府則廢。中外府水曹參軍，即爲宇文護中外府所屬列曹參軍之一，掌判府内所轄水利橋梁及城防營造等事務。正四命。

[9]汾州：北周時治所在今山西吉縣。　觀賊形勢："勢"底本原作"埶"，同"勢"，而殿本訛作"執"，今據宋刻遞修本、庫本、中華本改。

[10]姚襄鎮：古城名。相傳爲十六國時期姚襄敗奔平陽時所築之城，後人因以爲名。故址在今山西吉縣之西黄河東岸，控帶龍門、壺口等險隘。

[11]段孝先：人名。即段韶，字孝先。北齊大將，齊、周對峙之際，屢率齊軍與周軍相攻戰。《北齊書》卷一六、《北史》卷五四有附傳。

[12]出兵渡河："渡"底本原作"度"，宋刻遞修本、殿本、庫本與底本同，據中華本改。河，此指黄河。

[13]大都督：官名。北周時屬勳官。北周府兵制中每團的長官均加此勳官名。八命。

[14]綏集：安撫招集。

[15]上郡：北周時治所在今陝西富縣。　周昌、弘信、廣安、招遠、咸寧：此皆是郭榮在北周初期爲控制稽胡所修築的城名，其故址在今陝西富縣和延長縣境内。

[16]宣納中士：官名。北周時其隸屬、職掌未詳，"或天官之屬"。正二命。（參見王仲犖《北周六典》卷七《六官餘録第十

三》，第 495 頁）

[17]平陽縣男：爵名。北周時爲十一等爵的第十等。正五命。

[18]司水大夫：官名。北周時於冬官府司水曹置司水中大夫、小司水下大夫爲該曹正、副長官，掌管水利工程及河津橋梁、舟船漁捕等政令。命品分別爲正五命、正四命。此處“司水大夫”，王仲犖列爲司水中大夫（參見王仲犖《北周六典》卷七《冬官府第十二》，第 483 頁），而岑仲勉則據《考古通訊》1957 年第 1 期所載《郭榮墓碑》斷爲司水下大夫（參見岑仲勉《隋書求是》，第 95 頁）。

榮少與高祖親狎，情契極歡，嘗與高祖夜坐月下，因從容謂榮曰：“吾仰觀玄象，[1]俯察人事，周歷已盡，我其代之。”榮深自結納。宣帝崩，[2]高祖總百揆，召榮，撫其背而笑曰：“吾言驗未？”即拜相府樂曹參軍。[3]俄以本官復領蕃部大夫。[4]高祖受禪，引爲内史舍人，[5]以龍潛之舊，進爵蒲城郡公，[6]加位上儀同。[7]累遷通州刺史。[8]仁壽初，西南夷獠多叛，詔榮領八州諸軍事行軍總管，率兵討之。歲餘悉平，賜奴婢三百餘口。

[1]玄象：即天象。指日月星辰在天所成之象，古人以爲能預示人間吉凶禍福。

[2]宣帝：即北周宣帝宇文贇。紀見《周書》卷七、《北史》卷一〇。

[3]相府樂曹參軍：官名。爲北周末楊堅丞相府所屬列曹參軍之一，掌判府内樂舞事務。正四命。

[4]蕃部大夫：官名。北周時於秋官府蕃部曹置蕃部中大夫、

小蕃部下大夫爲該曹正、副長官，掌諸侯屬國朝覲之禮制。命品分別爲正五命、正四命。此處"蕃部大夫"，王仲犖列爲蕃部中大夫，並作按語云："《隋故右候衛大將軍蒲城侯郭恭公諱榮之碑》作賓部大夫，與《隋書》《北史》本傳異，未知孰是。"（參見王仲犖《北周六典》卷六《秋官府第十一》，第 420 頁）

　　[5]内史舍人：官名。爲内史省的屬官，掌參議表章，草擬詔敕。隋初置八人，正六品上，開皇三年升爲從五品。隋煬帝大業三年減置四人，大業末改内史省爲内書省，内史舍人遂改稱内書舍人。

　　[6]蒲城郡公：爵名。爲隋九等爵的第四等。從一品。按，岑仲勉據《郭榮墓碑》考證認爲郭榮"入隋後當初封開國子，後來晋封開國侯，其位並未至郡公也"（參見岑仲勉《隋書求是》，第 96 頁）。

　　[7]上儀同：官名。全稱是上儀同三司。爲隋十一等散實官的第七等，可開府置僚佐。從四品上。

　　[8]通州：此當是"遂州"之訛，理由有二：考本書《地理志》，隋時無通州而有遂州；岑仲勉於下句"詔榮領八州諸軍事行軍總管"引《郭榮墓碑》考曰："碑云：'（前缺）諸軍事遂州道行軍總管。'榮蓋爲遂州總管也。"（參見岑仲勉《隋書求是》，第 96 頁）可知此處"通州"當是"遂州"之訛。遂州，北周始置，隋文帝仁壽二年（602）置總管府。治所在今四川遂寧市。

　　煬帝即位，入爲武候驃騎將軍，[1]以嚴正聞。後數歲，黔安首領田羅駒阻清江作亂，[2]夷陵諸郡民夷多應者，[3]詔榮擊平之。遷左候衛將軍。[4]從帝西征吐谷渾，[5]拜銀青光禄大夫。[6]遼東之役，以功進位左光禄大夫。[7]明年，帝復事遼東，榮以爲中國疲敝，萬乘不宜屢動，[8]乃言於帝曰："戎狄失禮，[9]臣下之事。臣聞千鈞之弩不爲鼷鼠發機，[10]豈有親辱大駕以臨小寇？"帝不納。復從軍攻遼東城，[11]榮親蒙矢石，晝夜不釋甲胄百餘日。帝每令人窺諸將所爲，知榮如是，帝大悅，每勞勉之。九年，帝至東都，[12]謂榮曰："公年德漸高，不宜久涉行陣，當與公一郡，任所選也。"榮不願違離，頓首陳讓，辭情哀苦，有感帝心，於是拜爲右候衛大將軍。[13]後數日，帝謂百僚曰："誠心純至如郭榮者，固無比矣。"其見信如此。楊玄感之亂，[14]帝令馳守太原。明年，復從帝至柳城，遇疾，帝令存問動靜，中使相望。[15]卒於懷遠鎮，[16]時年六十八。帝爲之廢朝，贈兵部尚書，[17]諡曰恭，贈物千段。有子福善。[18]

[1]武候驃騎將軍：官名。隋初於左右衛、左右武衛、左右武候府等衛府之下均設有若干驃騎府，每個驃騎府置驃騎將軍一人爲其長官，掌領本府兵。正四品上。武候驃騎將軍，即是左右武候府所轄驃騎府的長官。至隋煬帝大業三年，驃騎府改爲鷹揚府，驃騎將軍亦改稱鷹揚郎將。正五品。按，"驃騎將軍"各本皆同，但《北史》卷七五《郭榮傳》作"驃騎大將軍"，而考本書《百官志下》，隋代未置驃騎大將軍，故《北史》當衍"大"字。

[2]黔安：郡名。隋大業初改黔州置。治所在今重慶彭水苗族土家族自治縣東。　田羅駒：人名。隋煬帝時黔安郡一帶的少數民族首領。事亦見《北史·郭榮傳》。　清江：古水名。亦稱夷水。在今湖北省西南部，源出今湖北利川市齊岳山，東流至湖北宜都市東北注入長江。

[3]夷陵：郡名。隋大業初改硤州置。治所在今湖北宜昌市西北。

[4]左候衛將軍：官名。隋初置左右武候府，掌皇帝出宮巡狩時的先驅後殿、晝夜警備等軍務，各置將軍二人爲本府次官，從三

品。隋煬帝大業三年改左右武候府爲左右候衛，左右武候將軍則改名爲左右候衛將軍，其職掌、員額、品階未變。左候衛將軍即由隋初左武候將軍所改之名。

〔5〕吐谷（yù）渾：古族名。本遼東鮮卑之種，姓慕容氏，西晉時西遷至群羌故地，北朝至隋唐時期游牧於今青海北部和新疆東南部地區。傳見本書卷八三、《晋書》卷九七、《魏書》卷一〇一、《周書》卷五〇、《北史》卷九六、《舊唐書》卷一九八、《新唐書》卷二二一上。

〔6〕銀青光禄大夫：官名。屬散實官。隋初爲正三品，隋煬帝大業三年降爲從三品。

〔7〕左光禄大夫：官名。屬散實官。正二品。

〔8〕萬乘：即萬輛兵車。周制天子地方千里，能出兵車萬乘，後因以“萬乘”喻指天子。

〔9〕戎狄：古代對北方少數民族或外國的泛稱。此處指高麗。

〔10〕鼩鼠：鼠類中體形最小的一種鼠。古人以爲鼩鼠有毒，嚙人畜至死不覺痛，故又稱甘口鼠。

〔11〕遼東城：城名。在今遼寧遼陽市。

〔12〕東都：即洛陽（今河南洛陽市東北）。隋煬帝即位初營建洛陽爲東京，大業五年又改稱東京爲東都。

〔13〕右候衛大將軍：官名。隋初於左右武候府各置大將軍一人爲本府長官，掌皇帝出宮巡狩時的先驅後殿、晝夜警備等軍務。正三品。隋煬帝大業三年改左右武候府爲左右候衛，左右武候大將軍則改名爲左右候衛大將軍，其職掌、員額、品階未變。右候衛大將軍即由隋初右武候大將軍所改。

〔14〕楊玄感：人名。傳見本書卷七〇，《北史》卷四一有附傳。

〔15〕中使：即皇帝從宮中所派出的使者。多指宦官。

〔16〕懷遠鎮：城鎮名。在今遼寧遼陽縣西北。隋煬帝三征高麗時常駐蹕於此。

[17]兵部尚書：官名。贈官。正三品。

[18]福善：人名。即郭福善。郭榮之子，唐初官至兵部侍郎。事亦見《北史・郭榮傳》《新唐書・宰相世系表四上》。另《郭榮墓碑》載稱福善是郭榮第二子，唐高祖武德初年官至蕃部郎中（參見岑仲勉《隋書求是》，第96頁）。

龐晃

龐晃字元顯，榆林人也。[1]父虬，[2]周驃騎大將軍。晃少以良家子，[3]刺史杜達召補州都督。[4]周太祖既有關中，[5]署晃大都督，領親信兵，常置左右。晃因徙居關中。後遷驃騎將軍，[6]襲爵比陽侯。[7]衛王直出鎮襄州，[8]晃以本官從。尋與長湖公元定擊江南，[9]孤軍深入，遂沒於陣。數年，衛王直遣晃弟車騎將軍元儁賫絹八百匹贖焉，[10]乃得歸朝。拜上儀同，[11]賜彩二百段，復事衛王。

[1]榆林：郡名。治所在今内蒙古托克托縣西南。

[2]虬：人名。即龐虬。西魏、北周時人，官至驃騎大將軍。事亦見《北史》卷七五《龐晃傳》。

[3]良家子：指出身清白世家的子嗣。

[4]杜達：人名。西魏時官任州刺史，嘗辟召龐晃入仕。其事除見於本書本傳外，不見其他記載。　州都督：官名。西魏時爲州府的屬官，掌領州府兵衛儀仗。品階未詳。

[5]關中：地區名。亦稱“關内”“關右”。秦至唐時指函谷關或潼關以西、隴阪以東、終南山以北地區。

[6]驃騎將軍：官名。北周時屬軍號官，可開府置官屬。正

八命。

[7]比陽侯：爵名。全稱是比陽縣侯。北周時爲十一等爵的第七等。正八命。

[8]襄州：西魏置總管府，北周沿之。治所在今湖北襄樊市。

[9]長湖公：爵名。全稱是長湖郡公。北周時爲十一等爵的第五等。正九命。　元定：人名。北周武帝時官任大將軍，爵封長湖郡公，天和二年（567）奉襄州總管宇文直之命，率軍渡江伐陳，結果戰敗被俘，尋卒於江南。傳見《周書》卷三四、《北史》卷六九。

[10]車騎將軍：官名。北周時屬軍號官，可開府置官屬。正八命。　元儁：人名。即龐元儁。龐晃之弟，北周武帝時官任車騎將軍，爲襄州總管宇文直的部下屬將，奉命出使南朝陳，贖回其兄龐晃。事亦見《北史·龐晃傳》。

[11]上儀同：官名。全稱是上儀同大將軍。北周武帝建德四年始置，爲十一等勳官的第七等，可開府置官屬。九命。

　　時高祖出爲隨州刺史，[1]路經襄陽，[2]衛王令晃詣高祖。晃知高祖非常人，深自結納。及高祖去官歸京師，晃迎見高祖於襄邑。[3]高祖甚歡，晃因白高祖曰：“公相貌非常，名在圖錄。[4]九五之日，[5]幸願不忘。”高祖笑曰：“何妄言也！”頃之，有一雄雉鳴於庭，高祖命晃射之，曰：“中則有賞。然富貴之日，持以爲驗。”晃既射而中，高祖撫掌大笑曰：“此是天意，公能感之而中也。”因以二婢賜之，情契甚密。武帝時，晃爲常山太守，[6]高祖爲定州總管，[7]屢相往來。俄而高祖轉亳州總管，[8]將行，意甚不悅。晃因白高祖曰：“燕、代精兵之處，[9]今若動衆，天下不足圖也。”高祖握晃手曰：“時未可也。"晃亦轉爲車騎將軍。及高祖爲揚州總管,^[10]奏晃同行。既而高祖爲丞相,進晃位開府,命督左右,甚見親待。及踐阼,^[11]謂晃曰:"射雉之符,今日驗不?"晃再拜曰:"陛下應天順民,君臨宇内,猶憶曩時之言,不勝慶躍。"上笑曰:"公之此言,何得忘也!"尋加上開府,^[12]拜右衛將軍,^[13]進爵爲公,^[14]邑千五百户。河間王弘之擊突厥也,^[15]晃以行軍總管從至馬邑。^[16]別路出賀蘭山,^[17]擊賊破之,斬首千餘級。

[1]隨州:西魏廢帝三年改并州置,北周沿之。治所在今湖北隨州市。

[2]襄陽:郡、縣名。北周時治所在今湖北襄樊市。

[3]襄邑:郡名。北周時治所在今河南方城縣。

[4]圖籙:即圖讖符命之書。

[5]九五:《易》卦爻位名。《易·乾》:"九五,飛龍在天,利見大人。"孔穎達疏:"言九五,陽氣盛至於天,故云'飛龍在天'。此自然之象,猶若聖人有龍德,飛騰而居天位。"後因以"九五"喻指皇帝之位。

[6]常山:郡名。北周時治所在今河北正定縣南。

[7]定州:北周時置總管府。治所在今河北定州市。

[8]亳州:北周時置總管府。治所在今安徽亳州市。

[9]燕、代:戰國時國名。此處指燕、代二國所在之地,即今河北西北部和山西東北部地區。

[10]揚州:北周時置總管府。治所在今安徽壽縣。

[11]踐阼:亦作"踐祚""踐胙"。本指走上廟寢堂前的阼階主位以行祭祀,後喻指皇帝即位登基。此指楊堅於公元581年廢北周靜帝,即位稱帝。

　　[12]上開府：官名。全稱是上開府儀同三司。爲隋十一等散實官的第五等，可開府置僚佐。從三品。

　　[13]右衛將軍：官名。爲右衛的次官，置二員，協助長官右衛大將軍掌宫掖禁禦，督攝仗衛。從三品。

　　[14]公：爵名。此當是比陽縣公的省稱。爲隋九等爵的第五等。從一品。

　　[15]河間王：爵名。全稱是河間郡王。爲隋九等爵的第二等。從一品。　弘：人名。即楊弘。傳見本書卷四三、《北史》卷七一。

　　[16]馬邑：郡名。治所在今山西朔州市。

　　[17]別路：底本、宋刻遞修本、中華本同，殿本、庫本作“迁路”。　賀蘭山：亦稱阿拉善山。位於今寧夏西北邊境與内蒙古接界處。

　　晃性剛悍，時廣平王雄當塗用事，[1]勢傾朝廷，晃每陵侮之。嘗於軍中卧，見雄不起，雄甚銜之。復與高熲有隙，[2]二人屢譖晃。由是宿衛十餘年，官不得進。出爲懷州刺史，[3]數歲，遷原州總管。仁壽中卒官，年七十二。高祖爲之廢朝，賜物三百段，米三百石，謚曰敬。子長壽，[4]頗知名，官至驃騎將軍。[5]

　　[1]廣平王：爵名。全稱是廣平郡王。爲隋九等爵的第二等。從一品。　雄：人名。即楊雄。傳見本書卷四三，《北史》卷六八有附傳。　當塗用事：意謂位居要職，執政當權。

　　[2]高熲：人名。傳見本書卷四一、《北史》卷七二。

　　[3]懷州：治所在今河南沁陽市。

　　[4]長壽：人名。即龐長壽。龐晃之子，隋時官至驃騎將軍。事亦見《北史》卷七五《龐晃傳》。

　　[5]驃騎將軍：官名。隋初爲府兵制中統領驃騎府兵的軍事長

官。正四品上。隋煬帝大業三年改驃騎府爲鷹揚府，驃騎將軍亦改稱鷹揚郎將。正五品。

李安

　　李安字玄德，隴西狄道人也。父蔚，[1]仕周爲朔燕恒三州刺史、襄武縣公。[2]安美姿儀，善騎射。周天和中，[3]釋褐右侍上士，[4]襲爵襄武公。俄授儀同、小司右上士。[5]高祖作相，引之左右，遷職方中大夫。[6]復拜安弟悊爲儀同。[7]安叔父梁州刺史璋，[8]時在京師，與周趙王謀害高祖，[9]誘悊爲内應。悊謂安曰：“寢之則不忠，言之則不義，失忠與義，何以立身？”安曰：“丞相父也，其可背乎？”遂陰白之。及趙王等伏誅，將加官賞，安頓首而言曰：“兄弟無汗馬之勞，過蒙獎擢，合門竭節，無以酬謝。不意叔父無狀，爲凶黨之所蠱惑，覆宗絶嗣，其甘若薺。[10]蒙全首領，爲幸實多，豈可將叔父之命以求官賞？”於是俯伏流涕，悲不自勝。高祖爲之改容曰：“我爲汝特存璋子。”乃命有司罪止璋身，高祖亦爲安隱其事而不言。尋授安開府，進封趙郡公，[11]悊上儀同、黃臺縣男。[12]

　　[1]蔚：人名。即李蔚，李安之父，西魏、北周時人。官至朔、燕、恒三州刺史，爵封襄武縣公。事亦見《北史》卷七五《李安傳》、《舊唐書》卷六〇《襄武王琛傳》、《新唐書·宗室世系表上》及卷七八《宗室傳》。
　　[2]朔：州名。北周時治所在今山西朔州市。按，“朔”各本

皆同，但《北史·李安傳》作"相"。　　燕：州名。北周時治所在今河北涿鹿縣西南。　　恒：州名。北周時治所在今河北正定縣南。

襄武縣公：爵名。北周時爲十一等爵的第六等。正九命或九命。

[3]天和：北周武帝宇文邕年號（566—572）。

[4]右侍上士：官名。北周時爲天官府左右宮伯曹的屬官，與左侍上士對置，位居該曹左右中侍上士之下，同掌宮寢内部禁衛之事。正三命。

[5]小司右上士：官名。北周時爲夏官府司右曹的屬官，輔佐本曹長官掌車乘卒伍之政令，並總判本曹日常事務。正三命。按，"小司右上士"底本原作"少師右上士"，殿本、庫本、中華本與底本同，宋刻遞修本作"少司右上士"。中華本校勘記云："《通典》三九，'少'作'小'，'師'作'司'。"而檢《北史·李安傳》正作"小司右上士"。再考《通典》及王仲犖《北周六典》，北周官制中實無少師右上士而有小司右上士，故可斷"少師右上士"當是"小司右上士"之訛誤，而"少司右上士"則是"小司右上士"的別稱，今據改。

[6]職方中大夫：官名。北周時爲夏官府職方曹的長官，掌天下地理形勝之政令，主四方之職貢。正五命。

[7]悊：人名。即李悊。北周末年楊堅執政時被任爲儀同，其叔父李璋招誘他參與謀殺楊堅之事，但他却與其兄李安一同將此事密告於楊堅，結果使謀殺事敗，其兄弟二人由此深得楊堅寵信。入隋後又歷官備身將軍、衛州刺史、工部尚書，位居柱國，爵封順陽郡公。事亦見《北史·李安傳》、《舊唐書》卷六〇《盧江王瑗傳》、《新唐書·宗室世系表上》及《宗室傳》。按，"悊"各本皆同，《北史》及新、舊《唐書》均作"哲"，二字相通。

[8]梁州：北周時治所在今陝西漢中市。　　璋：人名。李安的叔父。北周末年楊堅執政時官任梁州刺史，與北周宗室趙王宇文招合謀鏟除楊堅，結果事泄被誅。事亦見《北史·李安傳》、《舊唐書》卷六〇《永安王孝基傳》、《新唐書·宗室世系表上》及《宗

室傳》。

[9]趙王：北周宗室親王宇文招的封爵名，此代指其人。北周靜帝大象二年謀殺執政大臣楊堅，結果事泄被誅。傳見《周書》卷一三、《北史》卷五八。

[10]其甘若薺：意猶甘心如薺。語出《詩·邶風·谷風》：“誰謂荼苦？其甘如薺。”鄭玄箋：“荼誠苦矣，而君子於己之苦毒又甚於荼，比方之荼，則甘如薺。”後因以“甘心如薺”喻謂事如樂意爲之，雖苦亦甜。

[11]趙郡公：爵名。北周時爲十一等爵的第五等。正九命。

[12]黃臺縣男：爵名。北周時爲十一等爵的第十等。正五命。

高祖即位，授安内史侍郎，[1]轉尚書左丞、黃門侍郎。[2]平陳之役，以爲楊素司馬，[3]仍領行軍總管，率蜀兵順流東下。時陳人屯白沙，[4]安謂諸將曰：“水戰非北人所長。今陳人依險泊船，必輕我而無備。以夜襲之，賊可破也。”諸將以爲然。安率衆先鋒，大破陳師。高祖嘉之，詔書勞曰：“陳賊之意，自言水戰爲長，險隘之間，彌謂官軍所憚。開府親將所部，[5]夜動舟師，摧破賊徒，生擒虜衆，益官軍之氣，破賊人之膽，副朕所委，聞以欣然。”進位上大將軍，[6]除郢州刺史。[7]數日，轉鄧州刺史。[8]安請爲内職，高祖重違其意，除左領左右將軍。俄遷右領軍大將軍，[9]復拜惌開府儀同三司、備身將軍。[10]兄弟俱典禁衛，恩信甚重。八年，[11]突厥犯塞，以安爲行軍總管，從楊素擊之。安別出長川，[12]會虜渡河，[13]與戰破之。仁壽元年，出安爲寧州刺史，惌爲衛州刺史。[14]安子瓊，[15]惌子瑋，[16]始自襁褓，乳養宮中，至是年八九歲，始命歸家。其見親顧如是。

[1]内史侍郎：官名。爲内史省的次官，協助本省長官掌詔令出納宣行。隋初置四員，正四品下；隋煬帝大業三年減置二員，正四品。大業十二年改内史省爲内書省，内史侍郎遂改稱内書侍郎。

[2]尚書左丞：官名。爲尚書省的屬官，與尚書右丞對置，各一人，分掌尚書都省事務，糾駁諸司文案，總判吏、民、禮三部之事。隋初爲從四品上，煬帝大業三年升爲正四品。 黃門侍郎：官名。隋初於門下省置給事黃門侍郎四員，爲門下省的次官，協助長官納言掌封駁制敕，參議政令的制定，正四品上。隋煬帝大業三年去“給事”之名，但稱“黃門侍郎”，並減置二員，正四品。按，隋煬帝大業三年始改給事黃門侍郎爲黃門侍郎，而文中所述事在隋初，此時給事黃門侍郎尚未改稱，故此處稱李安的官職爲“黃門侍郎”欠準確，當作“給事黃門侍郎”。

[3]司馬：此當是行軍元帥府司馬的省稱。爲隋時出征軍統帥屬下的幕府僚佐，協助行軍元帥掌領幕府軍務。屬臨時差遣任命之職，事罷則廢。

[4]白沙：地名。在今湖北宜昌市西北古宜昌縣城東長江沿岸。

[5]開府：官名。全稱是開府儀同三司。爲隋十一等散實官的第六等，可開府置僚佐，正四品上。隋煬帝大業三年廢十一等散實官，唯保留開府儀同三司一官，並改爲從一品，位次王公。此處是以李安時任的散實官名代指其人。

[6]上大將軍：官名。爲隋十一等散實官的第三等，可開府置僚佐。從二品。

[7]郢州：西魏大統十七年置，北周、隋時沿之。治所在今湖北鍾祥市。

[8]鄧州：治所在今河南鄧州市。

[9]右領軍大將軍：官名。按本書《百官志下》載隋文帝朝置

"左右領軍府，各掌十二軍籍帳、差科、辭訟之事。不置將軍。唯有長史、司馬"等員。《通典》卷二八《職官·左右領軍衛》所載略同。但考本書和《北史》紀傳，隋文帝時及煬帝初年，任左、右領軍大將軍者有高熲、宇文忻、李安、楊秀、崔彭、楊爽、賀若弼、劉升等人，任左、右領軍將軍者有楊處綱、長孫晟、史萬歲、李安、盧賁、史祥、獨孤陀等人。由此可知，《百官志下》所云"不置將軍"當是隋初始設左右領軍府時所定之制，而稍後則與其他衛府一樣實際上各置有大將軍和將軍。右領軍大將軍，當是右領軍府的長官，職掌如前《百官志下》所載，員額和品秩則當與其他各衛府大將軍相同，亦爲一員，正三品。

[10]備身將軍：官名。據本書《百官志下》和《通典》卷二八《職官·左右驍衛》載，隋文帝開皇十八年始設左右備身府，各置備身將軍一人爲其長官，掌領府兵宿衛，從三品。隋煬帝大業三年改左右備身府爲左右驍騎衛，各置驍騎衛大將軍和將軍爲正副長官；而又另改左右領左右府爲左右備身府，各置備身郎將一人爲長官。此後，備身將軍之名則廢。

[11]八年：此處"八年"各本皆同，但中華本校勘記云："本書《楊素傳》，擊突厥在十八年，《通鑑·隋紀二》繫此事於十九年。'八'上當脫'十'字。"岑仲勉亦考證認爲應作"十八年"，並稱"此殆後世傳刻所奪者"（參見岑仲勉《隋書求是》，第97頁）。

[12]長川：縣名。隋開皇十八年改安陽縣置。治所在今甘肅秦安縣北。

[13]會虜渡河："渡"底本原作"度"，宋刻遞修本、殿本、庫本與底本同，據中華本改。

[14]衛州：治所在今河南淇縣東。

[15]瓊：人名。即李瓊，李安的嗣子。幼養於隋宮中，隋文帝仁壽元年始命歸家，唐初爵封平原郡王。事亦見《北史》卷七五《李安傳》、《新唐書·宗室世系表上》）。

[16]瑋：人名。即李瑋，李悊的嗣子。幼養於隋宮中，隋文帝

仁壽元年始命歸家，唐初襲父爵爲順陽郡公。事亦見《北史·李安傳》、《新唐書·宗室世系表上》。

　　高祖嘗言及作相時事，因愍安兄弟滅親奉國，乃下詔曰：“先王立教，以義斷恩，割親愛之情，盡事君之道，用能弘獎大節，體此至公。往者周歷既窮，天命將及，朕登庸惟始，[1]王業初基，承此澆季，[2]實繁姦宄。上大將軍、寧州刺史、趙郡公李安，[3]其叔璋潛結藩枝，扇惑猶子，包藏不逞，禍機將發。安與弟開府儀同三司、衛州刺史、黃臺縣男悊，[4]深知逆順，披露丹心，凶謀既彰，罪人斯得。朕每念誠節，嘉之無已，疇庸册賞，[5]宜不逾時。但以事涉其親，猶有疑惑，欲使安等名教之方，[6]自處有地，朕常爲思審，遂致淹年。今更詳按聖典，求諸往事，父子天性，誠孝猶不並立，況復叔侄恩輕，情禮本有差降，忘私奉國，深得正理，宜錄舊勳，重弘賞命。”於是拜安、悊俱爲柱國，[7]賜縑各五千匹，[8]馬百匹，羊千口。復以悊爲備身將軍，進封順陽郡公。[9]安謂親族曰：“雖家門獲全，而叔父遭禍，今奉此詔，悲愧交懷。”因歔欷悲感，不能自勝。先患水病，[10]於是疾甚而卒，時年五十三。謚曰懷。子瓊嗣。少子孝恭，[11]最有名。悊後坐事除名，配防嶺南，[12]道病卒。

　　[1]登庸：意謂登上帝位或王位。此指楊堅於北周末年進封隨王之事。

　　[2]澆季：指道德風俗浮薄的末世。

　　[3]趙郡公：爵名。爲隋九等爵的第四等。從一品。

　　[4]黃臺縣男：爵名。爲隋九等爵的第九等。正五品上。

　　[5]疇庸：酬報功勞。疇，通"酬"。"疇"字底本、宋刻遞修本、中華本同，殿本、庫本作"懋"。

　　[6]名教：指以正名定分爲主的古代儒家禮教。

　　[7]柱國：官名。爲隋十一等散實官的第二等，可開府置僚屬。正二品。

　　[8]千：各本皆同，但《北史》卷七五《李安傳》作"十"，疑訛。

　　[9]順陽郡公：爵名。爲隋九等爵的第四等。從一品。

　　[10]水病：即水腫病。

　　[11]孝恭：人名。即李孝恭，李安少子。隋末唐初屢建平亂之功，唐太宗時官至禮部尚書、觀州刺史，爵封河間郡王。傳見《舊唐書》卷六〇、《新唐書》卷七八。

　　[12]嶺南：地區名。亦稱"嶺表""嶺外"。指南嶺以南地區。

　　史臣曰：宇文慶等，龍潛惟舊，[1]疇昔親姻，[2]或素盡平生之言，或早有腹心之托。霑雲雨之餘潤，照日月之末光，騁步天衢，與時升降。高位厚秩，貽厥後昆，[3]優矣。晶幼養宮中，未聞教義，煬帝愛之不以禮，其能不及於此乎？安、悊之於高祖，未有君臣之分，陷其骨肉，使就誅夷，大義滅親，所聞異於此矣。雖有悲悼，何損於愆。[4]

　　[1]惟舊：指舊屬、老部下。

　　[2]疇昔：往日，從前。

　　[3]後昆：即後嗣、子孫。

　　[4]愆：罪過，過失。

隋書　卷五一

列傳第十六

長孫覽　從子熾　熾弟晟

　　長孫覽字休因，河南洛陽人也。[1]祖稚，[2]魏太師、假黃鉞、上黨文宣王。[3]父紹遠，[4]周小宗伯、上黨郡公。[5]覽性弘雅，有器量，略涉書記，尤曉鍾律。[6]魏大統中，[7]起家東宮親信。[8]周明帝時，[9]爲大都督。[10]武帝在藩，[11]與覽親善，及即位，彌加禮焉，超拜車騎大將軍，[12]每公卿上奏，必令省讀。覽有口辯，聲氣雄壯，凡所宣傳，百僚屬目，[13]帝每嘉歎之。覽初名善，帝謂之曰："朕以萬機委卿先覽。"[14]遂賜名焉。及誅宇文護，[15]以功進封薛國公。[16]其後歷小司空。[17]從平齊，[18]進位柱國，[19]封第二子寬管國公。[20]宣帝時，[21]進位上柱國、大司徒，[22]俄歷同、涇二州刺史。[23]高祖爲丞相，[24]轉宜州刺史。[25]

　　[1]河南：郡名。治所在今河南洛陽市東北。　　洛陽：縣名。

治所在今河南洛陽市東北白馬寺東。按，"洛"字底本原作"雒"，宋刻遞修本、殿本、庫本與底本同，二字相通，今據中華本及本書《地理志中》改。

[2]稚：人名。即長孫稚，北魏至西魏時人，官至太師、録尚書事，爵封上黨郡王，謚號文宣。《魏書》卷二五、《北史》卷二二有附傳。按，"稚"各本皆同，《魏書·長孫稚傳》亦同，但《北史·長孫承業傳》作"幼"，且以其字"承業"稱，此乃唐人避唐高宗李治之諱而改。

[3]魏：即北魏（386—557），亦稱後魏。初都平城（今山西大同市東北），公元494年遷都洛陽（今河南洛陽市東北白馬寺東）。公元534年分裂爲東魏和西魏兩個政權。東魏（534—550）都於鄴（今河北臨漳縣西南鄴鎮東），西魏（535—557）都於長安（今陝西西安市西北郊）。　太師：官名。北魏、西魏時位列三師之首，名爲訓導之官，與天子坐而論道，實則無具體職掌，多用作元老重臣的加官。正一品。　假黃鉞：黃鉞即飾以黃金的斧鉞，本爲皇帝的儀仗之一。三國時特賜予出征重臣，以示威重，令其專主征伐，謂之"假黃鉞"。此後歷代相沿成制，兩晉南北朝時多用作元老重臣的榮譽性加銜。　上黨文宣王：此是長孫稚的爵名"上黨郡王"和謚號"文宣"的合稱。上黨郡王，北魏、西魏時爲十一等爵的第一等。正一品。

[4]紹遠：人名。即長孫紹遠，西魏至北周時人，官至小宗伯，爵封上黨郡公。傳見《周書》卷二六，《北史》卷二二有附傳。

[5]周：即北周（557—581），都於長安（今陝西西安市西北郊）。　小宗伯：官名。全稱是小宗伯上大夫。北周時爲春官宗伯府的次官，置二員，協助長官大宗伯卿掌禮樂、邦交等政務。正六命。　上黨郡公：爵名。北周時爲十一等爵的第五等。正九命。

[6]鍾律：即音律。

[7]大統：西魏文帝元寶炬年號（535—551）。

[8]起家：官制用語。即從家中徵召出來，始授以官職。　東

宫親信：官名。西魏時爲太子東宫的宿衛侍從之官，多以官僚貴族子弟充任。品秩未詳。

[9]周明帝：即北周明帝宇文毓。紀見《周書》卷四、《北史》卷九。

[10]大都督：官名。北周時屬勳官。北周府兵制中每團的長官均加此勳官名。八命。

[11]武帝：即北周武帝宇文邕。紀見《周書》卷五、六，《北史》卷一〇。

[12]車騎大將軍：官名。北周時屬軍號官。北周府兵制中儀同府的長官均帶此軍號官。九命。

[13]屬目：注目、注視。

[14]萬機：亦作“萬幾”。指帝王或執政者日常處理的各種紛繁政務。

[15]宇文護：人名。北周初期的宗室權臣，官居大冢宰，都督中外諸軍事，至北周武帝建德元年（572）被誅殺。傳見《周書》卷一一，《北史》卷五七有附傳。

[16]薛國公：爵名。北周時爲十一等爵的第四等。正九命。

[17]小司空：官名。全稱是小司空上大夫。北周時爲冬官司空府的次官，置二員，協助長官大司空卿掌邦事，以五材九範之徒佐皇帝富邦國，營城郭都邑，立社稷宗廟，造宫宅器械，監督百工。正六命。

[18]齊：即北齊（550—577），都於鄴（今河北臨漳縣西南鄴鎮東）。

[19]柱國：官名。全稱是柱國大將軍。北魏太武帝始置柱國，以爲開國元勳長孫嵩的加官。北魏末孝莊帝以尒朱榮有擁立之功，又特置此官以授之，位在丞相之上。西魏文帝以宇文泰有中興之功，亦置此官授之。後凡屬功參佐命、望實俱重的大臣，也得居之。至西魏大統十六年以前，任此官者名義上有八人，但宗室元欣有其名而無實權，宇文泰爲最高統帥，其他六個柱國則分掌禁旅，

各轄二大將軍，爲府兵系統的最高長官。大統十六年以後，功臣位至柱國者愈多，遂成爲散秩，無所統御。至北周武帝時，又增置上柱國等官，形成十一等勳官之制。柱國大將軍則是十一等勳官的第二等，可開府置官屬。正九命。

[20]寬：人名。長孫覽的次子。北周武帝時以其父功封爵爲管國公。事亦見《新唐書·宰相世系表二上》。　管國公：爵名。北周時爲十一等爵的第四等。正九命。

[21]宣帝：即北周宣帝宇文贇。紀見《周書》卷七、《北史》卷一〇。

[22]上柱國：官名。北周武帝建德四年（575）始置，爲十一等勳官的第一等，可開府置官屬。正九命。　大司徒：官名。全稱是大司徒卿。北周時爲地官司徒府的長官，置一員，掌建邦之土地圖籍、山川物産、人口數目及賦役徵調，以佐皇帝安邦國而立邦教。正七命。

[23]同：州名。西魏廢帝三年（554）改華州置，北周沿之。治所在今陝西大荔縣。　涇：州名。北周時治所在今甘肅涇川縣西北。

[24]高祖：隋文帝楊堅的廟號。紀見本書卷一、二，《北史》卷一一。　丞相：官名。此是“左大丞相”或“大丞相”的簡稱。北周靜帝大象二年（580）置左、右大丞相，以宗室親王宇文贊爲右大丞相，僅有虛名；而以外戚楊堅爲左大丞相，總攬朝政。旋又去左右之號，獨以楊堅爲大丞相。楊堅由此成爲控制北周朝廷的權臣。

[25]宜州：西魏改北雍州置，北周沿之。治所在今陝西銅川市耀州區。

　　開皇二年，[1]將有事於江南，[2]徵爲東南道行軍元帥，[3]統八總管出壽陽，[4]水陸俱進。師臨江，陳人大駭。[5]會陳宣帝卒,[6]覽欲以乘釁遂滅之,[7]監軍高熲以禮不伐喪而還。[8]上常命覽與安德王雄、上柱國元諧、李充、左僕射高熲、右衛大將軍虞慶則、吳州總管賀若弼等同宴,[9]上曰:"朕昔在周朝,備展誠節,但苦猜忌,每致寒心。爲臣若此,竟何情賴?朕之於公,義則君臣,恩猶父子。朕當與公共享終吉,罪非謀逆,一無所問。朕亦知公至誠,特付太子,宜數參見之,庶得漸相親愛。柱臣素望,[10]實屬於公,宜識朕意。"其恩禮如此。又爲蜀王秀納覽女爲妃。[11]其後以母憂去職。[12]歲餘,起令復位。俄轉涇州刺史,所在並有政績。卒官。子洪嗣。[13]仕歷宋順臨三州刺史、司農少卿、北平太守。[14]

[1]開皇:隋文帝楊堅年號(581—600)。

[2]事:此處特指征伐戰事。　江南:地區名。亦稱"江表""江外"。指長江以南地區。此代指南朝陳。

[3]東南道:即在淮河流域設置的軍政特區,治所在今江蘇徐州市。隋初根據形勢需要,於地方設置軍政特區,稱爲"道",每道範圍包括若干州。　行軍元帥:北周至隋時出征軍的統帥名。根據需要臨時差遣任命,事罷則廢。

[4]總管:此指行軍總管。北周至隋時所置的統領某部或某路出征軍隊的軍事長官。根據需要其上還可置行軍元帥以統轄全局。屬臨時差遣任命之職,事罷則廢。　壽陽:城名。在今安徽壽縣淮河南岸。因地處南北交通要衝,故爲南北朝時期駐防淮南地區的軍事重鎮。

[5]陳:即南朝陳(557—589),都於建康(今江蘇南京市)。

[6]陳宣帝:即南朝陳第四代皇帝陳頊。紀見《陳書》卷五、

《南史》卷一〇。

[7]覽欲以乘釁遂滅之：此句底本、殿本、庫本皆同，宋刻遞修本、中華本及《北史》卷二二《長孫覽傳》無"以"字，疑"以"字衍。

[8]監軍：受皇帝特派以監督出征軍隊的官員。根據需要臨時差遣任命，事罷則廢。　高熲：人名。傳見本書卷四一、《北史》卷七二。

[9]安德王：爵名。全稱是安德郡王。爲隋九等爵的第二等。從一品。　雄：人名。即楊雄。傳見本書卷四三，《北史》卷六八有附傳。　上柱國：官名。隋文帝因改北周十一等勳官之制形成十一等散實官，用以酬勤勞，無實際職掌。上柱國是十一等散實官的第一等，可開府置僚屬。從一品。　元諧：人名。傳見本書卷四〇、《北史》卷七三。按，"元諧"底本原作"元楷"，殿本、庫本與底本同，宋刻遞修本、中華本及《北史·長孫覽傳》作"元諧"，岑仲勉考校認爲元楷"亦元諧之訛"（參見岑仲勉《隋書求是》，中華書局2004年版，第97頁），今據改。　李充：人名。本書卷五三、《北史》卷一〇〇有附傳。按，李充之名，《北史》卷一〇〇《李琰之傳》、《舊唐書》卷六二《李大亮傳》、《新唐書·宰相世系表二上》均作"充節"，疑乃隋唐時人習慣省稱兩字名爲單名之故。　左僕射：官名。隋尚書省置左、右僕射各一人爲副貳，地位僅次於長官尚書令。但因隋代尚書令不常置，僕射則成爲尚書省的實際長官，是宰相之職。從二品。　右衛大將軍：官名。隋初設左右衛，各置大將軍一人爲本府長官，掌宮掖禁禦，督攝仗衛。正三品。隋煬帝大業三年（607）改左右衛爲左右翊衛，右衛大將軍遂改稱右翊衛大將軍。　虞慶則：人名。傳見本書卷四〇、《北史》卷七三。　吳州：隋時先後有三個吳州，此當是北周改南兗州所置的吳州，治所在今江蘇揚州市，隋初沿之，開皇九年改稱揚州，隋煬帝大業三年改爲江都郡。　總管：官名。全稱是總管刺史加使持節。北周始置諸州總管，隋初承繼，又有增置。總管的統

轄範圍可達數州至十餘州，實爲一軍政轄區的最高長官。隋文帝在
并、益、荆、揚四州置大總管，其餘州置總管。總管分上、中、下
三等，品秩分別爲流内視從二品、視正三品、視從三品。　賀若
弼：人名。傳見本書卷五二，《北史》卷六八有附傳。

[10]柱臣：指肩負國家重任的大臣。　素望：一向負有聲望。
亦指平素的願望。

[11]蜀王秀：即隋文帝第四子蜀王楊秀。傳見本書卷四五、
《北史》卷七一。

[12]母憂：即遭逢母親喪事。古代喪服禮制規定，父母死後，
子女須守喪，三年内不得做官、不得婚娶、不得赴宴、不得應考、
不得舉樂，等等。

[13]洪：人名。即長孫洪。隋時歷官宋順臨三州刺史、司農少
卿、北平太守，唐初官至普州刺史。事亦見《北史·長孫覽傳》、
《新唐書·宰相世系表二上》。　嗣：此指繼承父輩的爵位和家業，
以延續香火。

[14]宋：州名。隋時有兩個宋州：一是北周改潼州置宋州，治
所在今安徽泗縣，隋初沿之，開皇十八年廢爲夏丘縣，屬泗州；二
是開皇十六年始置的宋州，治所在今河南商丘市南，隋煬帝大業初
改爲梁郡。文中所指因具體時間不明，故難以斷定是哪個宋州。
順：州名。治所在今湖北隨州市西北。　臨：州名。治所在今重慶
忠縣。　司農少卿：官名。爲司農寺的次官，協助長官司農卿掌倉
儲委積之事。隋初置一員，正四品上；隋煬帝大業三年增置二員，
降爲從四品。　北平：郡名。隋煬帝大業初改平州置。治所在今河
北盧龍縣。

熾字仲光，上黨文宣王稚之曾孫也。祖裕，[1]魏太
常卿、冀州刺史。[2]父兕，[3]周開府儀同三司、熊絳二州
刺史、平原侯。[4]熾性敏慧，美姿儀，頗涉群書，兼長

武藝。建德初，[5]武帝尚道法，[6]尤好玄言，[7]求學兼經史、善於談論者，爲通道館學士。[8]熾應其選，與英俊並游，通涉彌博。建德二年，授雍州倉城令，[9]尋轉盩厔令。[10]頻宰二邑，考績連最，[11]遷崤郡守。[12]入爲御正上士。[13]高祖作相，擢爲丞相府功曹參軍，[14]加大都督，封陽平縣子，[15]邑二百户。[16]遷稍伯下大夫。[17]其年王謙反，[18]熾從信州總管王長述溯江而上。[19]以熾爲前軍，破謙一鎮，定楚、合等五州，[20]擒僞總管荆山公元振，[21]以功拜儀同三司。[22]

[1]裕：人名。即長孫裕。西魏時官至太常卿、冀州刺史。事亦見《魏書》卷二五《長孫稚傳》、《北史》卷二二《長孫承業傳》、《舊唐書》卷六五《長孫無忌傳》、《新唐書·宰相世系表二上》。按，"裕"各本皆同，但上列《魏書》《北史》，新、舊《唐書》均載作"子裕"，疑乃隋唐時習慣省稱兩字名爲單名之故。

[2]太常卿：官名。西魏時爲太常寺的長官，置一員，掌禮樂、祭祀等事務。正三品。　冀州：西魏時治所在今湖北隨州市西北。

[3]兕：人名。即長孫兕。北周時位至開府儀同三司，歷官熊、絳二州刺史，爵封平原縣侯。《周書》卷二六、《北史》卷二二有附傳。

[4]開府儀同三司：官名。亦簡稱開府，北周武帝建德四年改稱開府儀同大將軍。北周時屬勳官。北周府兵制中二十四軍的每軍長官均加此勳官名，可開府置官屬。九命。　熊：州名。北周時治所在今河南宜陽縣西。　絳：州名。北周時治所在今山西新絳縣。平原侯：爵名。全稱是平原縣侯。北周時爲十一等爵的第七等。正八命。按，"平原侯"各本皆同，但《北史·長孫兕傳》作"平原縣公"。

［5］建德：北周武帝宇文邕年號（572—578）。

［6］道法：指道家的義理學說。

［7］玄言：指魏晉以來崇尚老莊玄理的言論或言談。

［8］通道館學士：北周武帝建德初於京師長安設立通道觀（亦稱通道館），召選學識優長且善談論的儒道之士一百二十人置爲該館學士，令其講論玄理，辯明儒、釋、道三教之先後，尋即詔令禁斷佛教，毀滅佛寺。通道館學士屬臨時差遣任命之職。

［9］雍州：北周時治所在今陝西西安市西北郊。　倉城：縣名。北周時治所在今陝西周至縣境内。

［10］盩厔：縣名。北周時治所在今陝西周至縣。

［11］連最：指在考核政績或軍功中連續評爲上等。最，即上等。

［12］崤郡：北周時治所在今河南陝縣東。

［13］御正上士：官名。全稱是小御正上士。北周時爲天官府御正曹的屬官，掌判本曹日常事務。正三命。

［14］丞相府功曹參軍：官名。北周末年爲楊堅丞相府所屬列曹參軍之一，掌判府内官吏選舉之事務。正四命。

［15］陽平縣子：爵名。北周時爲十一等爵的第九等。正六命。

［16］邑：也稱食邑、封邑。是古代君王封賜給有爵位之人的一種食禄制度，受封者可徵收封地内的民户租税充作食禄。魏晉以後，食邑分爲虚封和實封兩類：虚封一般僅冠以“邑”或“食邑”之名，這衹是一種榮譽性加銜，受封者並不能獲得實際的食禄收入；而實封一般須冠以“真食”“食實封”等名，受封者可真正獲得食禄收入。

［17］稍伯下大夫：官名。全稱是小稍伯下大夫。北周時爲地官府稍伯曹的次官，協助長官稍伯中大夫掌距王畿三百里地域範圍的公邑丘乘之政令。正四命。

［18］王謙：人名。北周末年官任益州總管，起兵反對楊堅篡周，旋被討滅。傳見《周書》卷二一，《北史》卷六〇有附傳。

[19]信州：北周時置總管府。治所在今重慶奉節縣東。　總
管：官名。東魏孝靜帝武定六年（548）始置總管，西魏亦置。北
周明帝武成元年（559）正式改都督諸州軍事爲總管，加使持節諸
軍事，總管之設乃成定制。北周總管或單任，然多兼帶刺史，故總
管的職權雖以軍事爲主，實際是一軍政轄區若干州、鎮、防的最高
長官。北周總管的命品史無明載，但應不低於五等州刺史的命品。
隋初承繼北周之制亦置諸州總管，分上、中、下三等，品秩分別爲
流内視從二品、視正三品、視從三品，可作參考。（參見王仲犖
《北周六典》卷一〇《總管府第二十五》，中華書局 1979 年版，第
623 頁）　王長述：人名。即王述，字長述。傳見本書卷五四，
《北史》卷六二有附傳。　江：此指長江。

[20]楚：州名。南朝梁始置，北周沿之。治所在今重慶市市
區。　合：州名。西魏始置，北周沿之。治所在今重慶合川市。

[21]荆山公：爵名。此當是“荆山郡公”或“荆山縣公”的
略稱。北周時爲十一等爵的第五等或第六等。正九命或九命。　元
振：人名。北周末年爵封荆山公，爲益州總管王謙的部將，隨從王
謙起兵反叛，任爲行軍總管，結果被長孫熾擊敗擒俘。其事除見於
本書本傳外，不見其他記載。

[22]儀同三司：官名。亦簡稱儀同，北周武帝建德四年改稱儀
同大將軍。北周時屬勳官。北周府兵制中儀同府的長官均加此勳官
名，可開府置官屬。九命。按，文中所述事在北周末年，當時儀同
三司早已改稱儀同大將軍，故此處仍稱“儀同三司”欠準確，當作
“儀同大將軍”。

　　及高祖受禪，[1]熾率官屬先入清宫，[2]即日授内史舍
人、上儀同三司。[3]尋以本官攝判東宫右庶子，[4]出入兩
宫，甚被委遇。加以處事周密，高祖每稱美之。授左領
軍長史，[5]持節，[6]使於東南道三十六州，廢置州郡，巡

省風俗。^[7]還授太子僕,^[7]加諫議大夫,^[8]攝長安令。^[9]與大興令梁毗俱爲稱職。^[10]然毗以嚴正聞,熾以寬平顯,爲政不同,部内各化。尋領右常平監,^[11]遷雍州贊治,^[12]改封饒良縣子。^[13]遷鴻臚少卿。^[14]後數歲,轉太常少卿,^[15]進位開府儀同三司。^[16]復持節爲河南道二十八州巡省大使,^[17]於路授吏部侍郎。^[18]大業元年,^[19]遷大理卿,^[20]復爲西南道大使,^[21]巡省風俗。擢拜户部尚書。^[22]吐谷渾寇張掖,^[23]令熾率精騎五千擊走之,追至青海而還,^[24]以功授銀青光禄大夫。^[25]六年,幸江都宮,^[26]留熾於東都居守,^[27]仍攝左候衛將軍事。^[28]其年卒官,時年六十二。謐曰静。^[29]子安世,^[30]通事謁者。^[31]

[1]受禪:中國古代王朝更迭時,新皇帝承受舊皇帝讓給的帝位,即稱受禪。此指楊堅於公元581年廢北周静帝,即位稱皇帝,正式建立隋王朝。

[2]清宫:即清理宫室。古代帝王行幸所至,必先令人檢查起居宫室,使其清静安全,以防發生意外。

[3]内史舍人:官名。爲内史省的屬官,掌參議表章,草擬詔誥敕令。隋初置八人,正六品上,開皇三年升爲從五品。隋煬帝大業三年減置四人,大業末改内史省爲内書省,内史舍人遂改稱内書舍人。　上儀同三司:官名。亦簡稱上儀同。爲隋十一等散實官的第七等,可開府置僚佐。從四品上。

[4]攝判:官制用語。亦單稱"攝"和"判"。即以本官代理或兼理他官之職事。　東宮右庶子:官名。爲太子東宫所轄典書坊的長官,置二員,掌侍從、獻納、啓奏等事務,制比朝廷中的内史令。正四品下。

[5]左領軍長史：官名。隋文帝時設左右領軍府，各掌十二軍籍帳、差科、辭訟之事。起初不置將軍，唯有長史、司馬執掌府事；稍後又各置大將軍和將軍爲本府正副長官，長史、司馬則退爲本府上佐官，輔佐正副長官統領府事。左領軍長史，即爲左領軍府的上佐官，位居本府衆屬官之首，置一員。從六品上。

[6]持節：魏晋南北朝至隋代，凡重要軍政長官出鎮或出征時，以及皇帝派遣使臣出巡地方或出使藩邦時，均加使持節、持節、假節等頭銜，以表示其權力和尊崇。使持節可誅殺二千石以下官吏，持節可誅殺無官職之人，假節可誅殺犯軍令之人。

[7]太子僕：官名。爲東宮太子僕寺的長官，置一員，掌皇族親疏次序、車輿騎乘之事，統領厩牧署。從四品上。

[8]諫議大夫：官名。爲門下省的屬官，置七員，掌侍從規諫，實則多爲虚職，常用作加官。從四品下。隋煬帝大業三年罷廢。

[9]長安：縣名。屬京縣。治所在今陝西西安市西。

[10]大興：縣名。隋開皇三年置，屬京縣。治所在今陝西西安市東。　梁毗：人名。傳見本書卷六二、《北史》卷七七。

[11]右常平監：官名。隋文帝開皇三年於京師長安設常平監官署，置左右監各一人爲其主管，多由京縣官兼領之，職掌常平倉糧的轉運出納糶糴等事務。

[12]雍州贊治：官名。爲京城所在地雍州的上佐官，輔佐長官雍州牧統領本州軍政事務。從四品下。

[13]饒良縣子：爵名。爲隋九等爵的第八等。正四品下。按，“饒良”各本皆同，但《北史》卷二二《長孫熾傳》作“饒陽”。

[14]鴻臚少卿：官名。爲鴻臚寺的次官，協助長官鴻臚卿掌册封諸藩、接待外使及喪葬禮儀等事務，通判本寺各署事。隋初置一員，正四品上；隋煬帝大業三年增置二員，降爲從四品。

[15]太常少卿：官名。爲太常寺的次官，協助長官太常卿掌國家禮樂、郊廟社稷祭祀等事務，通判本寺各署事。隋初置一員，正四品上；隋煬帝大業三年增置二員，降爲從四品。

[16]開府儀同三司：官名。亦簡稱開府。爲隋十一等散實官的第六等，可開府置僚佐。正四品上。隋煬帝大業三年廢十一等散實官，唯保留開府儀同三司一官，並改爲從一品，位次王公。

[17]河南道：隋時在黄河中下游以南設置的軍政特區。　巡省大使：隋時由皇帝派往某地區巡察民情的使臣。

[18]吏部侍郎：官名。隋初於尚書省吏部下轄四曹之一吏部曹置吏部侍郎二員，爲該曹長官，掌文職官吏銓選之政務。正四品上。隋煬帝大業三年改諸曹侍郎爲"郎"，而又於尚書省所轄六部各置"侍郎"一人，爲六部之副長官。正四品。此後，吏部侍郎就成爲吏部的副長官，而原吏部侍郎則改稱選部郎。

[19]大業：隋煬帝楊廣年號（605—618）。

[20]大理卿：官名。爲大理寺的長官，置一員，掌審獄，定刑名，決諸疑案。隋初爲正三品，隋煬帝大業三年降爲從三品。

[21]西南道：隋時在今四川、重慶、雲南、貴州等西南地區設置的軍政特區。

[22]户部尚書：官名。據本書卷三《煬帝紀上》，此處"户部"當作"民部"，乃唐人避諱所改。隋代民部尚書是尚書省所轄六部之一民部的長官，掌全國土地、户口、賦稅、錢糧之政令，統度支、民部、金部、倉部四曹。置一員，正三品。

[23]吐谷（yù）渾：古族名。本爲遼東鮮卑之種，姓慕容氏，西晉時西遷至群羌故地，北朝至隋唐時期游牧於今青海北部和新疆東南部地區。傳見本書卷八三、《晉書》卷九七、《魏書》卷一〇一、《周書》卷五〇、《北史》卷九六、《舊唐書》卷一九八、《新唐書》卷二二一上。　張掖：郡名。治所在今甘肅張掖市。

[24]青海：湖名。亦稱"西海"。即今青海省境内的青海湖。

[25]銀青光禄大夫：官名。屬散實官。隋初爲正三品，隋煬帝大業三年降爲從三品。

[26]江都宫：隋行宫名。隋煬帝大業元年始建於揚州，後三游其地，並卒於此。故址在今江蘇揚州市。

[27]東都：即洛陽（今河南洛陽市東北）。隋煬帝即位初營建洛陽爲東京，大業五年又改稱東京爲東都。

[28]左候衛將軍：官名。隋初置左右武候府，掌皇帝出宮巡狩時的先驅後殿、晝夜警備等軍務，各置將軍二人爲本府次官。從三品。隋煬帝大業三年改左右武候府爲左右候衛，左右武候將軍則改名爲左右候衛將軍，其職掌、員額、品階未變。左候衛將軍即由隋初左武候將軍所改之名。

[29]謚：古代帝王、貴族、大臣、士大夫或其他有地位的人死後，據其生前業迹評定的一種帶有褒貶意義的稱號。

[30]安世：人名。即長孫安世。長孫熾之子，隋煬帝時官至通事謁者，隋末唐初仕從王世充政權，任爲内史令，及唐平東都，死於獄中。事亦見《北史·長孫熾傳》、《舊唐書》卷五四《王世充傳》及卷六五《長孫無忌傳》、《新唐書·宰相世系表二上》及卷八五《王世充傳》。另，長孫安世的墓誌亦有出土，見周紹良主編《唐代墓誌彙編》貞觀〇五九《隋通事舍人長孫府君並夫人陸氏墓誌》（上海古籍出版社1992年版，第47頁）。

[31]通事謁者：官名。隋煬帝大業三年改内史省屬官通事舍人爲通事謁者，隸屬謁者臺，掌承旨傳宣之事。置二十人，從六品。

　　晟字季晟，性通敏，略涉書記，善彈工射，趫捷過人。時周室尚武，貴游子弟咸以相矜，每共馳射，時輩皆出其下。年十八，爲司衛上士，[1]初未知名，人弗之識也。唯高祖一見，深嗟異焉，乃携其手而謂人曰：“長孫郎武藝逸群，適與其言，又多奇略。後之名將，非此子邪？”[2]

　　[1]司衛上士：官名。北周時爲太子東宮所轄左右司衛府的屬官，分左右對置，輔佐本府長官掌領東宮宿衛侍從，通判本府日常

事務。正三命。

　　[2]非此子邪：“邪”底本、宋刻遞修本、中華本同，殿本、庫本作“耶”，二字相通。

　　宣帝時，突厥攝圖請婚于周，[1]以趙王招女妻之。[2]然周與攝圖各相誇競，妙選驍勇以充使者，因遣晟副汝南公宇文神慶送千金公主至其牙。[3]前後使人數十輩，攝圖多不禮，見晟而獨愛焉，每共游獵，留之竟歲。嘗有二雕，飛而爭肉，因以兩箭與晟曰：“請射取之。”晟乃彎弓馳往，遇雕相攫，遂一發而雙貫焉。攝圖喜，命諸子弟貴人皆相親友，冀昵近之，以學彈射。其弟處羅侯號突利設，[4]尤得衆心，而爲攝圖所忌，密托心腹，陰與晟盟。晟與之游獵，因察山川形勢，部衆强弱，皆盡知之。時高祖作相，晟以狀白高祖。高祖大喜，遷奉車都尉。[5]

　　[1]突厥：古族名、國名。公元六世紀初興起於今阿爾泰山西南麓，552年在今鄂爾渾河流域建立突厥汗國，此後其勢力擴展至大漠南北，橫跨蒙古高原，隋開皇二年分裂爲東、西兩部。傳見本書卷八四、《周書》卷五〇、《北史》卷九九、《舊唐書》卷一九四、《新唐書》卷二一五。　　攝圖：人名。突厥乙息記可汗（亦稱逸可汗）之子。其叔佗鉢可汗在位時，立爲爾伏可汗，統領東面突厥。佗鉢死後，繼立爲大可汗，號“沙鉢略可汗”，又稱“伊利俱盧設莫何始波羅可汗”。事見本書卷八四、《北史》卷九九《突厥傳》。

　　[2]趙王招：即北周宗室親王宇文招。北周武帝建德三年爵封趙王，北周末年因謀殺執政大臣楊堅事泄被誅。傳見《周書》卷一

三、《北史》卷五八。

[3]汝南公：爵名。全稱是汝南郡公。北周時爲十一等爵的第五等。正九命。　宇文神慶：人名。即宇文慶，字神慶。傳見本書卷五〇，《北史》卷五七有附傳。　千金公主：北周公主封號名。本是北周宗室親王宇文招之女，宣帝時册封爲公主，嫁爲突厥佗鉢可汗妻。佗鉢死，依突厥族俗嫁爲沙鉢略可汗妻。隋初請爲隋文帝女，賜姓楊氏，改封大義公主。沙鉢略死，又嫁爲都藍可汗妻，後以謀逆被殺。事見本書卷八四、《周書》卷五〇、《北史》卷九九《突厥傳》。　牙：古代對北方少數民族所建王庭的稱呼。此指突厥沙鉢略可汗所居的牙帳。在今蒙古杭愛山東段，鄂爾渾河西岸。

[4]處羅侯：人名。突厥沙鉢略可汗之弟。初號“突利設”，分統突厥東面部落。沙鉢略死後繼立爲東突厥可汗，號“葉護可汗”。事見本書卷八四、《北史》卷九九《突厥傳》等。

[5]奉車都尉：官名。北周時屬散官。五命。

　　至開皇元年，攝圖曰：“我周家親也，今隋公自立而不能制，[1]復何面目見可賀敦乎？”[2]因與高寶寧攻陷臨渝鎮，[3]約諸面部落謀共南侵。高祖新立，由是大懼，修築長城，發兵屯北境，命陰壽鎮幽州，[4]虞慶則鎮并州，[5]屯兵數萬人以爲之備。晟先知攝圖、玷厥、阿波、突利等叔侄兄弟各統强兵，[6]俱號可汗，[7]分居四面，内懷猜忌，外示和同，難以力征，易可離間，因上書曰：“臣聞喪亂之極，必致升平，是故上天啓其機，聖人成其務。伏惟皇帝陛下當百王之末，膺千載之期，諸夏雖安，[8]戎場尚梗。[9]興師致討，未是其時，棄於度外，又復侵擾。故宜密運籌策，漸以攘之，計失則百姓不寧，計得則萬代之福。吉凶所係，伏願詳思。臣於周末，忝充外使，匈奴倚伏，[10]實所具知。玷厥之於攝圖，兵强而位下，外名相屬，内隙已彰，鼓動其情，必將自戰。又處羅侯者，攝圖之弟，姦多而勢弱，曲取於衆心，國人愛之，因爲攝圖所忌，其心殊不自安，迹示彌縫，[11]實懷疑懼。又阿波首鼠，[12]介在其間，頗畏攝圖，受其牽率，[13]唯强是與，未有定心。今宜遠交而近攻，離强而合弱，通使玷厥，説合阿波，則攝圖迴兵，自防右地。又引處羅，遣連奚、霫，[14]則攝圖分衆，還備左方。首尾猜嫌，腹心離阻，十數年後，承釁討之，必可一舉而空其國矣。”上省表大悦，因召與語。晟復口陳形勢，手畫山川，寫其虛實，皆如指掌。上深嗟異，皆納用焉。因遣太僕元暉出伊吾道，[15]使詣玷厥，[16]賜以狼頭纛，[17]謬爲欽敬，禮數甚優。玷厥使來，引居攝圖使上。反間既行，果相猜貳。[18]授晟車騎將軍，[19]出黃龍道，[20]齎幣賜奚、霫、契丹等，[21]遣爲嚮導，得至處羅侯所，深布心腹，誘令内附。

[1]隋公：隋文帝楊堅在北周時的封爵名，全稱是隋國公。北周時爲十一等爵的第四等。正九命。此處代指楊堅其人。按，“隋”本作“隨”，楊堅稱帝後以“隨”字從“辵”部，有動蕩不安之意，乃去“辵”改作“隋”。

[2]可（kè）賀敦：古代鮮卑、柔然、突厥、回紇、蒙古等民族對其可汗之妻的稱謂。此指突厥沙鉢略可汗之妻千金公主宇文氏。

[3]高寶寧：人名。北齊末年官任營州刺史，鎮守黃龍城；北齊滅亡後依附於突厥，長期割據遼西之地；北周末至隋初屢與突厥

聯兵南侵，開皇三年被隋幽州總管陰壽率軍攻滅。傳見《北齊書》卷四一，《北史》卷五三有附傳。　臨渝鎮：亦稱臨渝關。在今河北秦皇島市西南。

　　[4]陰壽：人名。傳見本書卷三九、《北史》卷七三。　幽州：治所在今北京市西南。

　　[5]并州：北周置總管府，隋開皇二年置河北道行臺，開皇九年改置大總管府。治所在今山西太原市西南古城營。

　　[6]玷厥：人名。突厥室點密可汗之子，沙鉢略可汗之叔。原爲突厥西面可汗，號“達頭可汗”，因與大可汗沙鉢略不睦，乃於隋初自立爲西突厥可汗，稱“步迦可汗”，西突厥與東突厥遂正式分裂。事見本書卷八四、《北史》卷九九《突厥傳》。　阿波：即阿波可汗，名大邏便。突厥木杆可汗之子，沙鉢略可汗之從弟。佗鉢可汗死時，大邏便與佗鉢之子菴羅爭位。沙鉢略繼立後爲安撫之，乃命爲阿波可汗，統領其父舊部。後沙鉢略殺其母，阿波遂西奔達頭可汗，借兵與沙鉢略相攻戰，至隋開皇七年被東突厥葉護可汗所擒。事見本書卷八四、《北史》卷九九《突厥傳》。　突利：此當是“突利設”的省稱，指沙鉢略可汗之弟處羅侯，亦即後來繼位的東突厥葉護可汗。參見前注“處羅侯”。

　　[7]可汗：古代鮮卑、柔然、突厥、回紇、蒙古等民族中最高統治者的稱號。

　　[8]諸夏：泛指中原地區。

　　[9]戎場：泛指少數民族政權所統治的疆域。此指突厥所控之地。按，“場”字底本、宋刻遞修本、殿本、庫本皆同，中華本作“場”，而岑仲勉考校云：“場，《通鑑》一七五作虜，是。”（岑仲勉：《隋書求是》，第97頁）

　　[10]匈奴：古族名。戰國至秦漢時游牧於大漠南北廣大地區，後逐漸衰落西遷或被漢化。此處借指突厥。　倚伏：此指突厥所依托而隱藏的内情。

　　[11]彌縫：調和矛盾而勉强維持關係。

［12］首鼠：意謂窺伺觀望，進退無定。

［13］牽率：牽拉、牽扯。

［14］奚：古族名。源出東胡，南北朝時稱庫莫奚，隋唐時稱奚。分布在今內蒙古西拉木倫河流域及河北承德市一帶，後漸與契丹同化。傳見本書卷八四、《魏書》卷一〇〇、《周書》卷四九、《北史》卷九四、《舊唐書》卷一九九下、《新唐書》卷二一九。霫：古族名。隋唐時分布在今內蒙古西拉木倫河以北及大興安嶺中段山區，後南遷併於奚，漸與契丹同化。傳見《舊唐書》卷一九九下。

［15］太僕：即太僕卿。官名。爲太僕寺的長官，置一員，掌國家厩牧、車輿等事務。隋初爲正三品，隋煬帝大業三年降爲從三品。　元暉：人名。傳見本書卷四六，《北史》卷一五有附傳。伊吾道：古道路名。因取道於漢代伊吾盧（今新疆哈密市）之地而得名。按，“吾”字底本原作“吳”，殿本與底本同，今據宋刻遞修本、庫本、中華本及《北史》卷二二《長孫晟傳》改。

［16］使詣玷厥：“使”字底本原作“後”，宋刻遞修本、殿本、庫本與底本同，今據中華本及《北史·長孫晟傳》改。

［17］狼頭纛：用狼頭作標志的大旗。《通鑑》卷一七五《陳紀》宣帝太建十三年“賜以狼頭纛”條下胡三省注云：“突厥之先，狼種也，子孫爲君長，牙門建狼頭纛，示不忘本也。”

［18］猜貳：疑忌而有二心。

［19］車騎將軍：官名。隋初爲府兵制中統領驃騎府兵的軍事副長官。正五品上。隋煬帝大業三年改驃騎府爲鷹揚府，車騎將軍遂改稱鷹揚副郎將，大業五年又改稱鷹擊郎將。從五品。

［20］黃龍道：古道路名。因取道於黃龍城（今遼寧朝陽市）而得名。

［21］契丹：古族名。源出東胡，南北朝至隋唐時分布在今遼河上游及內蒙古西拉木倫河一帶。傳見本書卷八四、《魏書》卷一〇〇、《北史》卷九四、《舊唐書》卷一九九下、《新唐書》卷二

一九。

　　二年，攝圖四十萬騎自蘭州入，[1]至于周盤，[2]破達奚長儒軍，[3]更欲南入。玷厥不從，引兵而去。時晟又説染干詐告攝圖曰：[4]“鐵勒等反，[5]欲襲其牙。”攝圖乃懼，迴兵出塞。

　　[1]蘭州：隋初置總管府。治所在今甘肅蘭州市。
　　[2]周盤：地名。亦作“周槃”。在今甘肅慶陽市境内。
　　[3]達奚長儒：人名。傳見本書卷五三、《北史》卷七三。
　　[4]染干：人名。突厥沙鉢略可汗之侄，葉護可汗處羅侯之子（按，此據本書本傳及《北史》卷二二《長孫晟傳》所載，而本書卷八四、《北史》卷九九《突厥傳》載稱染干爲沙鉢略之子）。沙鉢略在位時，立爲突利可汗，分統突厥北方諸部。都藍可汗時，染干與隋朝和親通好，率部南徙，因遭都藍忌恨攻伐，遂投隋，被册拜爲“意利珍豆啓民可汗”。都藍既死，染干借助隋勢盡收東突厥餘衆，又敗西突厥達頭可汗，勢力漸盛。事見本書卷八四、《北史》卷九九《突厥傳》。
　　[5]鐵勒：古部族名。亦稱敕勒、赤勒、涉勒、高車。或説是匈奴後裔，或説是丁零後裔，或説與突厥同族。隋時分布很廣，各部分散，無統一君長。突厥强盛時臣屬於突厥汗國，突厥勢衰時則多叛離。傳見本書卷八四、《北史》卷九九、《舊唐書》卷一九九下。

　　後數月，[1]突厥大入，發八道元帥分出拒之。阿波至涼州，[2]與竇榮定戰，[3]賊帥累北。時晟爲偏將，[4]使謂之曰：“攝圖每來，戰皆大勝。阿波纔入，便即致敗，此乃突厥之耻，豈不內愧於心乎？且攝圖之與阿波，兵勢本敵。今攝圖日勝，爲衆所崇，阿波不利，爲國生辱。攝圖必當因以罪歸於阿波，成其夙計，滅北牙矣。願自量度，能禦之乎？”阿波使至，晟又謂之曰：“今達頭與隋連和，而攝圖不能制。可汗何不依附天子，連結達頭，相合爲强，此萬全之計。豈若喪兵負罪，歸就攝圖，受其戮辱邪？”[5]阿波納之，因留塞上，使人隨晟入朝。時攝圖與衛王軍遇，[6]戰於白道，[7]敗走至磧。[8]聞阿波懷貳，[9]乃掩北牙，盡獲其衆而殺其母。阿波還無所歸，西奔玷厥，乞師十餘萬，東擊攝圖，復得故地，收散卒數萬，與攝圖相攻。阿波頻勝，其勢益張。攝圖又遣使朝貢，公主自請改姓，乞爲帝女，上許之。

[1]後數月：“月”底本原作“年”，宋刻遞修本、殿本、庫本與底本同，中華本改作“月”，並作校勘記云：“《突厥集史》二：‘《傳》上文稱二年，下文稱四年，勘之《本紀》及他《傳》，此顯是三年事，“後數年”者，“後數月”之訛也。’按《通鑑》係此事於陳至德元年，正是開皇三年。”今從改。

[2]凉州：北周置總管府，隋初沿之。治所在今甘肅武威市。

[3]竇榮定：人名。傳見本書卷三九，《北史》卷六一有附傳。

[4]偏將：副將。泛指主將之下的各級軍官。

[5]受其戮辱邪：“邪”字底本、宋刻遞修本、中華本同，殿本、庫本作“耶”，二字相通。

[6]衛王：隋文帝異母弟楊爽的封爵名，此代指其人。傳見本書卷四四、《北史》卷七一。

[7]白道：關隘名。在今內蒙古呼和浩特市西北。

[8]磧：即沙漠。此指今蒙古高原大沙漠地帶。

[9]懷貳：意謂懷有二心，不忠誠。

四年，遣晟副虞慶則使于攝圖，賜公主姓爲楊氏，改封大義公主。攝圖奉詔，不肯起拜，晟進曰："突厥與隋俱是大國天子，可汗不起，安敢違意。但可賀敦爲帝女，則可汗是大隋女婿，奈何無禮，不敬婦公乎？"攝圖乃笑謂其達官曰："須拜婦公，我從之耳。"於是乃拜詔書。使還稱旨，授儀同三司、左勳衛車騎將軍。[1]

[1]儀同三司：官名。亦簡稱儀同。爲隋十一等散實官的第八等，可開府置僚佐。正五品上。　左勳衛車騎將軍：官名。爲左衛所轄左勳衛府的次官，置一員，協助長官驃騎將軍掌領本府兵宿衛宮禁。正五品上。

七年，攝圖死，遣晟持節拜其弟處羅侯爲莫何可汗，[1]以其子雍閭爲葉護可汗。[2]處羅侯因晟奏曰："阿波爲天所滅，與五六千騎在山谷間，伏聽詔旨，當取之以獻。"乃召文武議焉。樂安公元諧曰：[3]"請就彼梟首，以懲其惡。"武陽公李充曰：[4]"請生將入朝，顯戮以示百姓。"[5]上謂晟曰："於卿何如？"晟對曰："若突厥背誕，[6]須齊之以刑。今其昆弟自相夷滅，阿波之惡，非負國家。因其困窮，取而爲戮，恐非招遠之道，不如兩存之。"上曰："善。"八年，處羅侯死，遣晟往弔，仍賚陳國所獻寶器以賜雍閭。[7]

[1]莫何可汗：據本書卷八四、《北史》卷九九《突厥傳》載，

處羅侯在其兄沙鉢略可汗死後繼爲東突厥可汗時，號爲"葉護可汗"。故此處"莫何可汗"之號，則當是隋朝沿用沙鉢略的大可汗舊號而再册拜於處羅侯，以承認其爲突厥大可汗。

［2］雍閭：人名。即"雍虞閭"的略稱。突厥沙鉢略可汗之子。其叔葉護可汗死後，被族人擁立爲東突厥可汗，號"都藍可汗"。在位時初與隋朝通好，後中隋反間計，與突利（啓民）可汗相攻，並數擾隋邊，被族人所殺。事見本書卷八四、《北史》卷九九《突厥傳》等。　葉護可汗：據本書《突厥傳》及《北史·突厥傳》載，雍虞閭在其父沙鉢略可汗死後，遵父命迎立其叔處羅侯爲東突厥可汗，自居葉護（地位僅次於可汗的突厥官名）之位，而並未稱可汗。故此處"葉護可汗"之號，當是隋朝册拜給雍虞閭的尊號，而非其實際稱號。

［3］樂安公：爵名。全稱是樂安郡公。爲隋九等爵的第四等。從一品。　元諧："諧"字底本、宋刻遞修本、中華本同，而殿本、庫本作"楷"，當訛。參見前注"元諧"。

［4］武陽公：爵名。全稱是武陽郡公。爲隋九等爵的第四等。從一品。

［5］顯戮：明正典刑，處死且陳尸示衆。

［6］背誕：意謂違命放誕，不受節制。

［7］以賜雍閭："以"字底本原作"欲"，當訛，據宋刻遞修本、殿本、庫本、中華本及《北史》卷二二《長孫晟傳》改。

十三年，流人楊欽亡入突厥，[1]詐言彭國公劉昶共宇文氏女謀欲反隋，[2]稱遣其來，密告公主。雍閭信之，乃不修職貢。[3]又遣晟出使，微觀察焉。公主見晟，乃言辭不遜，又遣所私胡人安遂迦共欽計議，[4]扇惑雍閭。晟至京師，具以狀奏。又遣晟往索欽，雍閭欲勿與，謬答曰："檢校客内，無此色人。"晟乃貨其達官，知欽所在，夜掩獲之，以示雍閭，因發公主私事，國人大恥。雍閭執遂迦等，並以付晟。上大喜，加授開府，仍遣入藩，苾殺大義公主。雍閭又表請婚，僉議將許之。[5]晟又奏曰："臣觀雍閭，反覆無信，特共玷厥有隙，所以依倚國家。縱與爲婚，終當必叛。今若得尚公主，[6]承藉威靈，玷厥、染干必又受其徵發。強而更反，後恐難圖。且染干者，處羅侯之子也，素有誠款，于今兩代。臣前與相見，亦乞通婚，不如許之，招令南徙，兵少力弱，易可撫馴，使敵雍閭，以爲邊捍。"上曰："善。"又遣慰喻染干，許尚公主。

[1]楊欽：人名。本爲隋朝流人，開皇十三年逃入突厥，詐稱受彭國公劉昶夫婦之命，前來聯絡突厥都藍可汗之妻、大義公主宇文氏，共謀舉兵反隋，結果使突厥與隋朝關係惡化。後被出使突厥的長孫晟捕獲，揭其反謀，遂被誅殺。事亦見本書卷八四《突厥傳》、《北史》卷二二《長孫晟傳》及卷九九《突厥傳》。

[2]彭國公：爵名。爲隋九等爵的第三等。從一品。按，"彭國公"底本原作"彭城公"，殿本、庫本與底本同，宋刻遞修本、中華本作"彭公"，岑仲勉考校稱"應作彭國公"（參見岑仲勉《隋書求是》，第97頁），今據改。　劉昶：人名。西魏名將劉亮之子，北周時娶宇文泰之女西河長公主爲妻，官至柱國、秦靈二州總管，爵封彭國公；隋文帝時歷官左武衛大將軍、慶州總管，開皇十七年因其子劉居士聚衆謀反而被下獄賜死。事亦見本書卷二《高祖紀下》、卷五六《宇文敳傳》、卷八〇《劉昶女傳》、卷八四《突厥傳》，《周書》卷一七《劉亮傳》，《北史》卷一一《隋文帝紀》、卷二二《長孫晟傳》、卷六五《劉亮傳》、卷七五《宇文敳傳》、卷九一《劉昶女傳》、卷九九《突厥傳》。　宇文氏女：據本書《劉

昶女傳》及《周書·劉亮傳》等載，此指劉昶之妻、宇文泰之女、北周西河長公主宇文氏。

　　[3]職貢：古代稱藩屬國或外國向朝廷按時的貢納。

　　[4]安遂迦：人名。突厥都藍可汗之妻、大義公主宇文氏所私通的親信胡人。隋開皇十三年與大義公主等人共謀反隋，結果事泄被執殺。事亦見《北史·長孫晟傳》。

　　[5]僉議：指群臣百官共同商議。

　　[6]尚公主：即娶公主爲妻。古時因尊帝王之女，不敢言娶，故稱“尚”，有仰攀之意。

　　十七年，染干遣五百騎隨晟來逆女，[1]以宗女封安義公主以妻之。[2]晟説染干率衆南徙，居度斤舊鎮。[3]雍閭疾之，亟來抄略。染干伺知動静，輒遣奏聞，是以賊來每先有備。

　　[1]逆女：此指迎娶女子爲妻。

　　[2]安義公主：隋公主封號名。本是隋宗室之女，開皇十七年册封爲公主，嫁爲東突厥突利可汗染干之妻，開皇十九年去世。事亦見本書卷八四《突厥傳》、《北史》卷二二《長孫晟傳》及卷九九《突厥傳》。

　　[3]度斤舊鎮：據《通鑑》卷一七八《隋紀》文帝開皇十七年條胡三省注，度斤舊鎮即突厥沙鉢略可汗所居之舊王庭。其地在今蒙古杭愛山東段，鄂爾渾河西岸。

　　十九年，染干因晟奏，雍閭作攻具，[1]欲打大同城。[2]詔發六總管，並取漢王節度，[3]分道出塞討之。雍閭大懼，復共達頭同盟，合力掩襲染干，大戰于長城

下。染干敗績，殺其兄弟子姪，而部落亡散。染干與晟
獨以五騎逼夜南走，至旦，行百餘里，收得數百騎，乃
相與謀曰：「今兵敗入朝，一降人耳，大隋天子豈禮我
乎？玷厥雖來，本無冤隙，若往投之，必相存濟。」晟
知其懷貳，乃密遣從者入伏遠鎮，[4] 令速舉烽。[5] 染干見
四烽俱發，問晟曰：「城上然烽何也？」晟紿之曰：[6]
「城高地迥，必遙見賊來。我國家法，若賊少舉二烽，
來多舉三烽，大逼舉四烽，使見賊多而又近耳。」染干
大懼，謂其衆曰：「追兵已逼，且可投城。」既入鎮，晟
留其達官執室以領其衆，[7] 自將染干馳驛入朝。帝大喜，
進授左勳衛驃騎將軍，[8] 持節護突厥。晟遣降虜覘候雍
閭，知其牙內屢有災變，夜見赤虹，光照數百里，天狗
竇，[9] 雨血三日，流星墜其營內，有聲如雷。每夜自驚，
言隋師且至。並遣奏知，仍請出討突厥。都速等歸染
干，[10] 前後至者男女萬餘口，晟安置之。由是突厥悅
附。尋以染干爲意利珍豆啓人可汗，[11] 賜射於武安
殿。[12] 選善射者十二人，分爲兩朋。啓人曰：「臣由長孫
大使得見天子，今日賜射，願入其朋。」許之。給晟箭
六侯，[13] 發皆入鹿，啓人之朋竟勝。時有鳶群飛，上
曰：「公善彈，爲我取之。」十發俱中，並應丸而落。是
日百官獲賚，晟獨居多。尋遣領五萬人，於朔州築大利
城以處染干。[14] 安義公主死，持節送義城公主，[15] 復以
妻之。晟又奏：「染干部落歸者既衆，雖在長城之內，
猶被雍閭抄略，往來辛苦，不得寧居。請徙五原，[16] 以
河爲固，[17] 於夏、勝兩州之間，[18] 東西至河，南北四百

里，掘爲橫塹，令處其內，任情放牧，免於抄略，人必
自安。"上並從之。

[1]攻：底本、宋刻遞修本、中華本及《北史》卷二二《長孫
晟傳》同，但殿本、庫本作"反"，疑訛。

[2]大同城：城名。隋時爲防禦突厥所築。故址在今内蒙古烏
拉特前旗東北烏梁素海與黄河之間。

[3]漢王：隋文帝第五子楊諒的封爵名，此代指其人。傳見本
書卷四五、《北史》卷七一。

[4]伏遠鎮：邊鎮名。隋時爲防禦突厥所置。故址在今山西大
同市西北。

[5]速：底本、宋刻遞修本、中華本及《北史·長孫晟傳》
同，但殿本、庫本作"其"。

[6]紿：欺誑，欺騙。

[7]執室：人名。隋時東突厥突利可汗染干的部屬。事亦見
《北史·長孫晟傳》。

[8]左勳衛驃騎將軍：官名。爲左衛所轄左勳衛府的長官，置
一員，掌領本府兵宿衛宮禁。正四品上。

[9]天狗：星名。《史記·天官書》載："天狗，狀如大奔星，
有聲，其下止地，類狗。所墮及，望之如火光炎炎衝天。其下圜如
數頃田處，上兑者則有黄色，千里破軍殺將。"裴駰集解引孟康曰：
"星有尾，旁有短彗，下有如狗形者，亦太白之精。" 賁：底本、
宋刻遞修本、殿本、庫本及《北史·長孫晟傳》皆同，中華本作
"隕"，二字相通。

[10]都速：人名。即"都速六"的略稱。東突厥都藍可汗之
弟。隋開皇十九年率部投奔突利（啓民）可汗，歸附隋朝。事亦見
本書卷八四、《北史》卷九九《突厥傳》。

[11]意利珍豆啓人可汗："珍"字底本原作"彌"，宋刻遞修

本、殿本、庫本與底本同，中華本據本書卷三《煬帝紀上》、卷八四《突厥傳》及《通鑑》卷一七八《隋紀》開皇十九年條改作"珍"，當是，今從改。又，"啓人"當作"啓民"，唐人因避唐太宗李世民之諱而改。

[12]武安殿：隋宫中之殿名。位於武安門内，乃皇帝會見朝臣之所。

[13]侯：箭靶。以獸皮或畫上獸形的布爲之。古代較射時，天子射虎侯，諸侯射熊侯，卿大夫射豹侯，士射麋鹿侯。

[14]朔州：隋開皇初置總管府。治所在今山西朔州市。　大利城：城名。隋開皇十九年爲安置歸附的突厥啓民可汗部衆所築。故址在今内蒙古和林格爾縣。

[15]義城公主：隋公主封號名。亦作"義成公主"。本是隋宗室之女，開皇十九年册封爲公主，嫁爲東突厥啓民可汗染干之妻。事亦見本書卷三、四《煬帝紀》、卷四七《柳謇之傳》、卷六五《李景傳》、卷八四《突厥傳》，《北史》卷一二《隋煬帝紀》、卷一四《煬愍皇后蕭氏傳》、卷七九《宇文化及傳》、卷九九《突厥傳》，《舊唐書》卷六三《蕭瑀傳》、卷一九四上《突厥傳上》，《新唐書》卷九三《李靖傳》、卷二一五上《突厥傳上》。

[16]五原：縣名。治所在今陝西定邊縣。

[17]河：此指黃河。

[18]夏：州名。北周置總管府，隋初沿之。治所在今内蒙古烏審旗南白城子鎮。　勝：州名。隋開皇二十年置。治所在今内蒙古托克托縣西南。

二十年，都藍大亂，爲其部下所殺。晟因奏請曰："今王師臨境，戰數有功，賊内携離，其主被殺。乘此招誘，必並來降，請遣染干部下分頭招慰。"上許之，果盡來附。達頭恐怖，又大集兵。詔晟部領降人，爲秦川行軍總管，[1]取晉王廣節度出討。[2]達頭與王相抗，晟進策曰：“突厥飲泉，易可行毒。”因取諸藥毒水上流，達頭人畜飲之多死，於是大驚曰：“天雨惡水，其亡我乎？”因夜遁。晟追之，斬首千餘級，俘百餘口，六畜數千頭。王大喜，引晟入內，同宴極歡。有突厥達官來降，時亦預坐，説言突厥之內，大畏長孫總管，聞其弓聲，謂爲霹靂，見其走馬，稱爲閃電。王笑曰：“將軍震怒，威行域外，遂與雷霆爲比，一何壯哉！”師旋，授上開府儀同三司，[3]復遣還大利城，安撫新附。

[1]秦川：地區名。泛指今陝西、甘肅境內秦嶺以北的平原地帶，因春秋戰國時地屬秦國而得名。按，“秦川”各本皆同，但《北史》卷二二《長孫晟傳》及《通鑑》卷一七九《隋紀》開皇二十年條均作“秦州”。

[2]晉王廣：即隋煬帝楊廣。紀見本書卷三、四，《北史》卷一二。

[3]上開府儀同三司：官名。亦簡稱上開府。爲隋十一等散實官的第五等，可開府置僚佐。從三品。

仁壽元年，[1]晟表奏曰：“臣夜登城樓，望見磧北有赤氣，[2]長百餘里，皆如雨足下垂被地。謹驗兵書，此名灑血，其下之國必且破亡。欲滅匈奴，宜在今日。”詔楊素爲行軍元帥，[3]晟爲受降使者，送染干北伐。二年，軍次北河，[4]值賊帥思力俟斤等領兵拒戰，[5]晟與大將軍梁默擊走之，[6]轉戰六十餘里，賊衆多降。晟又教染干分遣使者，往北方鐵勒等部招携取之。[7]三年，有鐵勒思結、伏利具、渾、斛薩、阿拔、僕骨等十餘部，[8]盡背達頭，請來降附。達頭衆大潰，西奔吐谷渾。晟送染干安置于磧口。[9]

[1]仁壽：隋文帝楊堅年號（601—604）。

[2]磧北：地區名。泛指今蒙古高原大沙漠以北之地。

[3]楊素：人名。傳見本書卷四八，《北史》卷四一有附傳。

[4]北河：古水名。清以前黃河自今内蒙古磴口縣以下，分爲南北二支，北支約當今烏加河，時爲黃河正流，相對南支而言，即稱北河。

[5]思力俟斤：即"阿勿思力俟斤"的略稱。隋時突厥部落的首領。"阿勿思力"乃其人名；"俟斤"乃突厥部落首領之官號。事亦見本書卷八四《突厥傳》、《北史》卷二二《長孫晟傳》及卷九九《突厥傳》。

[6]大將軍：官名。爲隋十一等散實官的第四等，可開府置僚佐。正三品。　梁默：人名。傳見本書卷四〇，《北史》卷七三有附傳。

[7]招携：招引尚未歸心的人，使之歸附於己。

[8]思結：古部落名。亦稱"斯結"。爲鐵勒諸部之一。隋時分布在今蒙古鄂爾渾河下游地帶。　伏利具：古部落名。爲鐵勒諸部之一。隋時分布在今蒙古色楞格河中游地帶。按，"伏利具"各本皆同，但《北史·長孫晟傳》作"伏具"。　渾：古部落名。爲鐵勒諸部之一。隋時分布在今蒙古土拉河北岸地帶。　斛薩：古部落名。亦稱"斛薛"。爲鐵勒諸部之一。隋時分布在今蒙古色楞格河下游以東地帶。按，"斛薩"底本原作"斜薩"，殿本、庫本與底本同，宋刻遞修本、中華本作"斛薩"，《北史·長孫晟傳》作"斛薛"，岑仲勉校稱"斜爲斛之訛"（參見岑仲勉《隋書求是》，第97頁），今據改。　阿拔：古部落名。爲鐵勒諸部之一。隋時分

布在今蒙古克魯倫河下游以北地帶。　僕骨：古部落名。爲鐵勒諸部之一。隋時分布在今蒙古克魯倫河上游以北地帶。

　　[9]磧口：地名。在今内蒙古二連浩特市西南。

　　事畢，入朝，遇高祖崩，匿喪未發。煬帝引晟於大行前委以内衛宿衛，[1]知門禁事，即日拜左領軍將軍。[2]遇楊諒作逆，[3]敕以本官爲相州刺史，[4]發山東兵馬，[5]與李雄等共經略之。[6]晟辭曰："有男行布，[7]今在逆地，忽蒙此任，情所不安。"帝曰："公著勤誠，朕之所悉。今相州之地，本是齊都，人俗澆浮，[8]易可搔擾。儻生變動，賊勢即張，思所以鎮之，非公莫可。公體國之深，終不可以兒害義，故用相委，公其勿辭。"於是遣捉相州。[9]諒破，追還，轉武衛將軍。[10]

　　[1]大行：古代指剛死而尚未定謚號的皇帝或皇后。此指剛去世的隋文帝楊堅。

　　[2]左領軍將軍：官名。按本書《百官志下》載，隋文帝朝置"左右領軍府，各掌十二軍籍帳、差科、辭訟之事。不置將軍。唯有長史、司馬"等員（《通典》卷二八《職官・左右領軍衛》所載略同）。但考本書和《北史》紀傳，隋文帝時及煬帝初年，任左、右領軍大將軍者有高熲、宇文忻、李安、楊秀等人，任左、右領軍將軍者有李安、楊處綱、史萬歲、盧賁等人。由此可知，《百官志下》所云"不置將軍"當是隋初始設左右領軍府時所定之制，而稍後則與其他衛府一樣實際上各置有大將軍和將軍。左領軍將軍，當是左領軍府的次官，職掌如前《百官志下》所載，員額和品秩則當與其他各衛府將軍相同，亦爲二員。從三品。

　　[3]楊諒：人名。傳見本書卷四五、《北史》卷七一。

[4]相州：北魏天興四年（401）分冀州始置相州，治所在今河北臨漳縣西南鄴鎮東。東魏、北齊時改稱司州，爲都城所在地。北周建德六年滅北齊後復名相州。北周大象二年平定相州總管尉遲迴之叛後，因州城被毀，遂移治今河南安陽市。隋初沿之，隋煬帝大業初改置魏郡。

[5]山東：地區名。戰國秦漢時期稱崤山或華山以東地區爲山東，魏晉南北朝隋唐時期亦稱太行山以東地區爲山東。

[6]李雄：人名。按，此處之李雄，本名當作"李子雄"，爲渤海郡人，卒於隋煬帝大業末年。傳見本書卷七〇、《北史》卷七四。然隋時尚有另一李雄，本名亦當作"李子雄"，爲趙郡人，卒於隋文帝開皇初年。傳見本書卷四六、《北史》卷三三。二人雖同名同姓，但非同一人。參見本書卷四六《李雄傳》之注［1］。

[7]行布：人名。即長孫行布，長孫晟的長子。隋文帝時官任漢王楊諒屬下之庫直，隋煬帝即位初，楊諒起兵反叛，令其留守并州城，遂乘機與豆盧毓等人閉門拒納楊諒，結果城陷被殺。事亦見《北史》卷二二《長孫晟傳》。

[8]澆浮：指社會風氣浮薄。

[9]捉：即守、鎮守之意。

[10]武衛將軍：官名。爲左右武衛府的次官，左右各置二員，協助長官武衛大將軍掌領外軍宿衛事務。從三品。

　　大業三年，煬帝幸榆林，[1]欲出塞外，陳兵耀武，經突厥中，指于涿郡。[2]仍恐染干驚懼，先遣晟往喻旨，稱述帝意。染干聽之，因召所部諸國，奚、霤、室韋等種落數十酋長咸萃。[3]晟以牙中草穢，欲令染干親自除之，示諸部落，以明威重，乃指帳前草曰："此根大香。"染干遽嗅之曰："殊不香也。"晟曰："天子行幸所在，諸侯躬親灑掃，耘除御路，以表至敬之心。今牙中蕪穢，謂是留香草耳。”染干乃悟曰：“奴罪過。奴之骨肉，皆天子賜也，得效筋力，豈敢有辭？特以邊人不知法耳，賴將軍恩澤而教導之。將軍之惠，奴之幸也。”遂拔所佩刀，親自芟草，其貴人及諸部爭放效之。乃發榆林北境，至于其牙，又東達于薊，[4]長三千里，廣百步，舉國就役而開御道。帝聞晟策，乃益嘉焉。後除淮陽太守，[5]未赴任，復爲右驍衛將軍。[6]

[1]榆林：郡名。隋大業初改勝州置。治所在今内蒙古准格爾旗十二連城。

[2]涿郡：隋大業初改幽州置。治所在今北京市西南。

[3]室韋：古族名。亦作“失韋”。屬東胡族系，與契丹同類，始興於北魏時期。隋時分爲五部，互不統一，臣屬於突厥，分布在今嫩江流域及黑龍江沿岸地區。傳見本書卷八四、《魏書》卷一〇〇、《北史》卷九四、《舊唐書》卷一九九下、《新唐書》卷二一九。　種落：即種族部落。

[4]薊：縣名。治所在今北京市西南。

[5]除：官制用語。即拜官、授職。　淮陽：郡名。隋大業初改陳州置。治所在今河南淮陽縣。

[6]右驍衛將軍：官名。按，據本書《百官志下》和《通典》卷二八《職官·左右驍衛》載，隋文帝開皇十八年置左右備身府，隋煬帝大業三年改爲左右驍騎衛，而又另改左右領左右府置爲左右備身府。唐初始改左右驍騎衛爲左右驍衛府，唐高宗龍朔二年（662）徑稱左右驍衛。由此可知，隋時尚無“驍衛”之稱，而有其前身“驍騎衛”之名。故此處“右驍衛將軍”當是“右驍騎衛將軍”之脱文，抑或是史臣徑用唐官名之誤。（參見唐華全《中華書局點校本〈隋書〉質疑二十九則》，《河北師範大學學報》2012年第1期）隋時右驍騎衛將軍，是右驍騎衛的次官，置二員，協助

長官右驍騎衛大將軍掌領本府兵宿衛宮禁。從三品。

　　五年，卒，時年五十八。帝深悼惜之，賵贈甚厚。[1]後突厥圍雁門，[2]帝歎曰：“向使長孫晟在，不令匈奴至此！”晟好奇計，務功名。性至孝，居憂毀瘠，[3]爲朝士所稱。貞觀中，[4]追贈司空、上柱國、齊國公，[5]謚曰獻。少子無忌嗣。[6]

　　[1]賵贈：指皇帝爲助辦亡故大臣的喪事而賜贈財物。
　　[2]雁門：郡名。隋大業三年改代州置。治所在今山西代縣。
　　[3]居憂：指居父母之喪。　毀瘠：意謂因居喪過哀而極度瘦弱。
　　[4]貞觀：唐太宗李世民年號（627—649）。
　　[5]司空：贈官名。唐時爲正一品。　上柱國：贈勳官名。唐時爲正二品。　齊國公：贈爵名。唐時爲從一品。
　　[6]無忌：人名。即長孫無忌。唐初名臣，唐太宗和高宗兩朝位居宰輔。傳見《舊唐書》卷六五、《新唐書》卷一○五。

　　其長子行布，亦多謀略，有父風。起家漢王諒庫直，[1]甚見親狎。後遇諒於并州起逆，率衆南拒官軍，乃留行布城守，遂與豆盧毓等閉門拒諒，[2]城陷，遇害。次子恒安，[3]以兄功授鷹揚郎將。[4]

　　[1]庫直：官名。爲親王府的侍衛陪從軍官。品階不詳。按，“庫直”底本、宋刻遞修本、殿本、庫本及《北史》卷二二《長孫晟傳》皆同，但中華本據本書卷三九《元景山傳》改作“庫真”，並作校勘記云：“庫真，北朝官名，見《南史‧侯景傳》、《舊唐

書·職官志一》、《文館詞林》四五三《周孝範碑銘》。”然再考《北齊書》卷二五《王紘傳》、卷四一《皮景和傳》，《北史》卷一八《元景山傳》、卷五四《斛律金傳》、卷五五《陳元康傳》、卷九二《高阿那肱傳》，《舊唐書》卷四二《職官志一》，《新唐書》卷四九下《百官志四下》、卷一〇五《長孫敞傳》、卷一三〇《楊玚傳》等，亦得見“庫直”之官名，與中華本所稱“庫真”實爲同一職官，故尚難以斷定“庫直”與“庫真”孰是孰非，今暫從底本。（參見唐華全《中華書局點校本〈隋書〉質疑二十九則》）

　　[2]豆盧毓：人名。本書卷三九、《北史》卷六八有附傳。

　　[3]恒安：人名。即長孫恒安。隋煬帝時以其兄行布之功官任鷹揚郎將。事亦見《北史·長孫晟傳》。

　　[4]鷹揚郎將：官名。隋初在府兵制中設驃騎府以統領府兵，每府置驃騎將軍一人爲其長官。正四品上。隋煬帝大業三年改驃騎府爲鷹揚府，驃騎將軍改稱鷹揚郎將，其職掌、員額未變。正五品。

　　史臣曰：長孫氏爰自代陰，[1]來儀京洛，[2]門傳鍾鼎，[3]家誓山河。漢代八王，[4]無以方其茂績，張氏七葉，[5]不能譬此重光。[6]覽獨擅雄辨，熾早稱爽俊，俱司禮閣，[7]並統師旅，且公且侯，文武不墜。晟體資英武，兼包奇略，因機制變，懷彼戎夷。[8]傾巢盡落，屈膝稽顙，[9]塞垣絶鳴鏑之旅，[10]渭橋有單于之拜。[11]惠流邊朔，[12]功光王府，[13]保茲爵禄，不亦宜乎！

　　[1]代陰：地區名。亦稱“代北”。北朝至隋唐時泛指代郡或代州及其以北地區，約當今山西北部及河北西北部一帶。又因北魏初期曾建都於代郡平城（今山西大同市東北），故後世亦以“代

陰”“代北”稱指北魏。

[2]來儀：喻指傑出人物的降臨。　京洛：洛陽的別稱。因東周、東漢均建都於此，故名。按，此句是指長孫氏家族隨北魏孝文帝遷都洛陽而著籍定居於洛陽。

[3]鍾鼎：即“鍾鳴鼎食”的略語。喻指富貴榮華。

[4]漢代八王：此當指漢初助劉邦平天下的八個異姓諸侯王，即齊王韓信、韓王韓信、燕王盧綰、梁王彭越、趙王張耳、淮南王英布、臨江王共敖、長沙王吳芮。參見《史記》卷一九《惠景間侯者年表》司馬貞《索隱》。

[5]張氏七葉：此當指漢初功臣留侯張良家族從其父祖相韓到其佐漢，共歷事七代君主的業績。參見《史記》卷五五《留侯世家》、《漢書》卷四〇《張良傳》。

[6]重光：喻指累世盛德，輝光相承。

[7]禮閣：指中央尚書省權力機構。

[8]戎夷：古代泛指少數民族。此指突厥。

[9]稽（qǐ）顙：古代一種屈膝下拜並以額觸地的跪拜禮，表示恭敬臣服。

[10]塞垣：泛指長城一綫的北方邊境地帶。　鳴鏑：漢時匈奴冒頓單于所造的一種響箭，專用以部勒其騎射。其後鮮卑、柔然、突厥等北方游牧民族亦多沿用此制。

[11]渭橋：古橋名。始建於秦漢時，隋唐時沿之。位於長安（今陝西西安市）附近渭水之上，東、中、西共有三座，歷來爲進出長安城的交通要津。　單于：漢時匈奴最高統治者的稱號。此處借指突厥可汗。

[12]邊朔：指北方邊地。

[13]王府：指古代帝王收藏圖籍文書的府庫。

隋書　卷五二

列傳第十七

韓擒虎[1]　　弟僧壽　洪

[1]韓擒虎：底本原作“韓擒”，宋刻遞修本、殿本、庫本與底本同，中華本補作“韓擒虎”，並作校勘記云：“唐人避諱省‘虎’字，今補。本書其他稱‘韓擒’處，不一一增補。”今從中華本於此處補“虎”字，他處不補。另，《北史》卷六八又諱改韓擒虎之名作“禽”。

韓擒字子通，河南東垣人也，[1]後家新安。[2]父雄，[3]以武烈知名，仕周，[4]官至大將軍、洛虞等八州刺史。[5]擒少慷慨，以膽略見稱，容貌魁岸，有雄傑之表。性又好書，經史百家皆略知大旨。周太祖見而異之，[6]令與諸子游集。後以軍功，拜都督、新安太守，[7]稍遷儀同三司，[8]襲爵新義郡公。[9]武帝伐齊，[10]齊將獨孤永業守金墉城，[11]擒說下之。進平范陽，[12]加上儀同，[13]拜永州刺史。[14]陳人逼光州，[15]擒以行軍總管擊破

之。[16] 又從宇文忻平合州。[17] 高祖作相,[18] 遷和州刺
史。[19] 陳將甄慶、任蠻奴、蕭摩訶等共爲聲援,[20] 頻寇
江北,[21] 前後入界。擒屢挫其鋒,陳人奪氣。[22]

[1] 河南:郡名。治所在今河南洛陽市東北。　東垣:縣名。
治所在今河南新安縣。

[2] 新安:縣名。治所在今河南新安縣東。

[3] 雄:人名。即韓雄,西魏、北周時人。官至開府儀同三司、
中州刺史、都督中徐虞洛四州諸軍事,爵封新義郡公。傳見《周
書》卷四三、《北史》卷六八。

[4] 周:即北周(557—581),都於長安(今陝西西安市西北
郊)。

[5] 大將軍:官名。北周時爲十一等勳官的第四等,可開府置
官屬。正九命。按,據《周書·韓雄傳》及《北史·韓雄傳》,大
將軍是韓雄死後所贈的勳官,其生前實際所任的勳官是開府儀同三
司。　洛:州名。北周時治所在今陝西商洛市。　虞:州名。北周
明帝二年(558)置。治所在今山西平陸縣西南。　八州刺史:據
《周書·韓雄傳》及《北史·韓雄傳》載,此處“八州刺史”當是
合計韓雄生前所都督的中、徐、虞、洛四州以及死後贈官中所都督
的中、華、宜、義、和五州而言,而並非實際歷任八州刺史。

[6] 周太祖:即宇文泰。西魏執政大臣,北周的奠基者。紀見
《周書》卷一、二,《北史》卷九。

[7] 都督:官名。北周時屬勳官。北周府兵制中每隊的長官均
加此勳官名。七命。　新安:郡名。西魏始置,北周初沿之。治所
在今四川南部縣。

[8] 儀同三司:官名。亦簡稱儀同,北周武帝建德四年(575)
改稱儀同大將軍。屬勳官。北周府兵制中儀同府的長官均加此勳官
名,可開府置官屬。九命。

[9]新義郡公：爵名。北周時爲十一等爵的第五等。正九命。

[10]武帝：即北周武帝宇文邕。紀見《周書》卷五、六，《北史》卷一〇。　齊：即北齊（550—577），都於鄴（今河北臨漳縣西南鄴鎮東）。

[11]獨孤永業：人名。北齊大將。官至河陽道行臺僕射、洛州刺史，率軍駐守金墉城。北周武帝伐齊時，被韓擒虎勸降於北周。傳見《北齊書》卷四一、《北史》卷五三。　金墉城：城名。在今河南洛陽市東北。

[12]范陽：郡名。北齊時治所在今河北涿州市。

[13]上儀同：官名。全稱是上儀同大將軍。北周武帝建德四年始置，爲十一等勳官的第七等，可開府置官屬。九命。

[14]永州：北齊始置，北周滅北齊後沿之。治所在今河南信陽市北。

[15]陳：即南朝陳（557—589），都於建康（今江蘇南京市）。光州：北周時治所在今河南光山縣。

[16]行軍總管：北周至隋時所置的統領某部或某路出征軍隊的軍事長官。根據需要其上還可置行軍元帥以統轄全局。屬臨時差遣任命之職，事罷則廢。

[17]宇文忻：人名。傳見本書卷四〇，《北史》卷六〇有附傳。　合州：南朝陳時治所在今安徽合肥市。北周末歸屬北周。

[18]高祖：隋文帝楊堅的廟號。紀見本書卷一、二，《北史》卷一一。　相：即丞相。官名。此是“左大丞相”或“大丞相”的簡稱。北周靜帝大象二年（580）置左、右大丞相，以宗室親王宇文贊爲右大丞相，僅有虛名；而以外戚楊堅爲左大丞相，總攬朝政。旋又去左右之號，獨以楊堅爲大丞相。楊堅由此成爲控制北周朝廷的權臣。

[19]和州：北周時有兩個和州：一是改東魏北荆州所置的和州，治所在今河南汝州市，隋開皇初改爲伊州；二是沿襲北齊所置的和州，治所在今安徽和縣，隋初仍沿之。文中所指當是第二個和

州。按，"和"字底本原作"利"，宋刻遞修本、殿本、庫本與底本同，中華本據本書卷一《高祖紀上》、《北史》卷六八《韓禽傳》、《集古錄》卷五《韓擒虎碑跋》改作"和"。考北周時利州的治所在今四川廣元市，其地理位置與文中所述事不合，故中華本所改是，今從改。

[20]甄慶：人名。南朝陳將。北周末年領兵侵擾江北之地，韓擒虎率軍擊退之。事亦見《北史·韓禽傳》。 任蠻奴：人名。南朝陳將，本名任忠，隋人因避隋文帝父楊忠之諱而改稱其小字。北周末年多次領軍侵擾江北之地，皆被韓擒虎擊退。至隋開皇九年（589）平陳時，又戰敗降於韓擒虎。傳見《陳書》卷三一、《南史》卷六七。 蕭摩訶：人名。南朝陳將。北周末年屢次率軍侵擾江北之地，均被韓擒虎擊退。至隋開皇九年平陳時，兵敗被擒，歸降於隋朝。傳見《陳書》卷三一、《南史》卷六七。

[21]江北：地區名。泛指長江以北之地。

[22]奪氣：挫傷銳氣，喪失勇氣。

開皇初，[1]高祖潛有吞并江南之志，[2]以擒有文武才用，夙著聲名，於是拜爲廬州總管，[3]委以平陳之任，甚爲敵人所憚。及大舉伐陳，以擒爲先鋒。擒率五百人宵濟，襲采石，[4]守者皆醉，擒遂取之。進攻姑熟，[5]半日而拔，次於新林。[6]江南父老素聞其威信，來謁軍門，晝夜不絕。陳人大駭，其將樊巡、魯世真、田瑞等相繼降之。[7]晋王廣上狀，[8]高祖聞而大悅，宴賜群臣。晋王遣行軍總管杜彦與擒合軍，[9]步騎二萬。陳叔寶遣領軍蔡徵守朱雀航，[10]聞擒將至，衆懼而潰。任蠻奴爲賀若弼所敗，[11]棄軍降於擒。擒以精騎五百，直入朱雀門。[12]陳人欲戰，蠻奴撝之曰："老夫尚降，諸君何事！”衆皆散走。遂平金陵，[13]執陳主叔寶。時賀若弼亦有功。乃下詔於晋王曰：“此二公者，深謀大略，東南逋寇，[14]朕本委之，静地恤民，悉如朕意。九州不一，[15]已數百年，以名臣之功，成太平之業，天下盛事，何用過此！聞以欣然，實深慶快。平定江表，二人之力也。”賜物萬段。又下優詔於擒、弼曰：“申國威於萬里，宣朝化於一隅，使東南之民俱出湯火，[16]數百年寇旬日廓清，專是公之功也。高名塞於宇宙，盛業光於天壤，遡聽前古，[17]罕聞其匹。班師凱入，誠知非遠，相思之甚，寸陰若歲。”

[1]開皇：隋文帝楊堅年號（581—600）。

[2]江南：地區名。亦稱“江表”“江外”。指長江以南地區。此處代指南朝陳。

[3]廬州：隋開皇初改合州置，設總管府。治所在今安徽合肥市。　總管：官名。全稱是總管刺史加使持節。北周始置諸州總管，隋初承繼，又有增置。總管的統轄範圍可達數州至十餘州，實爲一軍政轄區的最高長官。隋文帝在并、益、荆、揚四州置大總管，其餘州置總管。總管分上、中、下三等，品秩分別爲流内視從二品、視正三品、視從三品。

[4]采石：即采石磯。古長江津渡名。在今安徽馬鞍山市西南長江東岸。因牛渚山北部突入江中而成，江面較狹，形勢險要，自古爲長江下游的南北重要津渡，也是江防重鎮。

[5]姑熟：城名。亦作“姑孰”。在今安徽當塗縣。因其地處南朝都城建康（今江蘇南京市）南面之門户，故南朝時置爲軍事重鎮。

[6]新林：古水名。即新林浦。在今江蘇南京市西南郊，西北

流向注入長江。

[7] 樊巡：人名。南朝陳將樊猛之子，隋開皇九年平陳時兵敗降隋。事亦見《陳書》卷三一、《南史》卷六七《樊猛傳》，《北史》卷六八《韓禽傳》。　魯世真：人名。南朝陳將魯廣達之子，隋開皇九年平陳時兵敗降隋。事亦見《陳書》卷三一、《南史》卷六七《魯廣達傳》，《北史·韓禽傳》。　田瑞：人名。南朝陳將。隋開皇九年平陳時兵敗降隋。事亦見本卷《賀若弼傳》、《北史》卷六八《韓禽傳》及同卷《賀若弼傳》。

[8] 晋王廣：即楊廣。時任隋伐陳戰爭的最高軍事統帥。紀見本書卷三、四，《北史》卷一二。

[9] 杜彥：人名。傳見本書卷五五、《北史》卷七三。

[10] 陳叔寶：人名。南朝陳的末代皇帝陳後主。紀見《陳書》卷六、《南史》卷一〇。　領軍：官名。據《陳書》卷二九、《南史》卷六八《蔡徵傳》，此處“領軍”當是“中領軍”之脱文。中領軍是南朝陳時領軍府的次官，協助長官領軍將軍掌領本府禁軍宿衛宮廷。第三品。　蔡徵：人名。南朝陳後主時官任中領軍，隋開皇九年伐陳時，率領禁軍守衛建康城南之朱雀航，結果被韓擒虎軍驚潰，旋即城陷降隋。傳見《陳書》卷二九，《南史》卷六八有附傳。　朱雀航：古橋名。亦稱朱雀桁。爲南朝都城建康南城門亦即朱雀門外的浮橋，横跨秦淮河之上。三國吳時稱南津橋，晋時改名朱雀桁。因在臺城之南，故又稱“南航”。南朝時秦淮河上有二十四航，而此航最大，故又稱“大航”。

[11] 賀若弼：人名。傳見本卷，《北史》卷六八有附傳。

[12] 朱雀門：城門名。爲南朝都城建康的南城門。始建於東晋成帝咸康二年（336）。因門上有兩銅雀，故名。

[13] 金陵：即南朝都城建康的别稱。因戰國時楚威王滅越後在石城山（今江蘇南京市清涼山）置金陵邑而得名。

[14] 逋寇：即流寇、逃寇。此處指南朝陳。

[15] 九州：古代分中國爲九州。説法不一，後以“九州”泛

指天下或全中國。

[16]湯火：即滾水與烈火。比喻極端困苦或危險的處境。

[17]逖聽：遠察，遠考。

及至京，弼與擒爭功於上前，弼曰："臣在蔣山死戰，[1]破其銳卒，擒其驍將，震揚威武，遂平陳國。韓擒略不交陣，豈臣之比！"擒曰："本奉明旨，令臣與弼同時合勢，以取僞都。弼乃敢先期，逢賊遂戰，致令將士傷死甚多。臣以輕騎五百，兵不血刃，直取金陵，降任蠻奴，執陳叔寶，據其府庫，傾其巢穴。弼至夕，方扣北掖門，[2]臣啓關而納之。斯乃救罪不暇，安得與臣相比！"上曰："二將俱合上勳。"於是進位上柱國，[3]賜物八千段。有司劾擒放縱士卒，淫污陳宮，坐此不加爵邑。

[1]蔣山：即今江蘇南京市東北的鍾山，又名紫金山。三國時吳主孫權因避其祖諱"鍾"，以東漢末有秣陵尉蔣子文逐盜死葬於此，故改稱蔣山。

[2]北掖門：宮門名。爲南朝都城建康臺城（宮城）的北面側門。

[3]上柱國：官名。隋文帝因改北周十一等勳官之制形成十一等散實官，用以酬勤勞，無實際職掌。上柱國是十一等散實官的第一等，可開府置僚屬。從一品。

先是，江東有謠歌曰：[1]"黃班青驄馬，[2]發自壽陽涘，[3]來時冬氣末，去日春風始。"皆不知所謂。擒本名豹，[4]平陳之際，又乘青驄馬，往反時節與歌相應，至是方悟。其後突厥來朝，[5]上謂之曰：“汝聞江南有陳國天子乎？”對曰：“聞之。”上命左右引突厥詣擒前，曰：“此是執得陳國天子者。”擒厲然顧之，突厥惶恐，不敢仰視，其有威容如此。別封壽光縣公，[6]食邑千户。[7]以行軍總管屯金城，[8]禦備胡寇，[9]即拜涼州總管。[10]

[1]江東：地區名。亦稱江左。指長江下游以東地區。

[2]黄班：“班”字底本、宋刻遞修本、殿本、庫本皆同，中華本及《北史》卷六八《韓擒傳》作“斑”，二字相通。　青驄馬：毛色青白相雜的駿馬。

[3]壽陽：城名。在今安徽壽縣淮河南岸。因地處南北交通要衝，故南北朝時爲駐防淮南地區的軍事重鎮。　涘：水邊，河岸。

[4]擒本名豹：“豹”字各本皆同，《北史·韓擒傳》作“禽武”。中華本校勘記引錢大昕《廿二史考異》云：“唐人諱‘虎’，史多改爲‘武’，或爲‘獸’，或爲‘彪’。此獨更爲‘豹’者，欲應‘黄斑’之文也。虎、豹皆有斑，黄、韓聲亦許近。”

[5]突厥：古族名、國名。公元六世紀初興起於今阿爾泰山西南麓，552 年在今鄂爾渾河流域建立突厥汗國，此後其勢力擴展至大漠南北，橫跨蒙古高原，隋開皇二年分裂爲東、西兩部。傳見本書卷八四、《周書》卷五〇、《北史》卷九九、《舊唐書》卷一九四、《新唐書》卷二一五。

[6]壽光縣公：爵名。爲隋九等爵的第五等。從一品。

[7]食邑：亦稱封邑，或單稱邑。是古代君王封賜給有爵位之人的一種食禄制度，受封者可徵收封地内的民户租税充作食禄。魏晉以後，食邑分爲虚封和實封兩類：虚封一般僅冠以“邑”或“食邑”之名，這祇是一種榮譽性加銜，受封者並不能獲得實際的食禄收入；而實封一般須冠以“真食”“食實封”等名，受封者可真正獲得食禄收入。按，“食邑”各本皆同，但《北史·韓擒傳》

作“真食”。

[8]金城：此當指金城關。關隘名。在今甘肅蘭州市西北。

[9]胡：古代泛指北方和西方少數民族。此指突厥。

[10]涼州：北周置總管府，隋初沿之。治所在今甘肅武威市。

俄徵還京，上宴之内殿，恩禮殊厚。無何，其鄰母見擒門下儀衛甚盛，有同王者，母異而問之。其中人曰：“我來迎王。”忽然不見。又有人疾篤，忽驚走至擒家曰：“我欲謁王。”左右問曰：“何王也？”答曰：“閻羅王。”[1]擒子弟欲撻之，擒止之曰：“生爲上柱國，死作閻羅王，斯亦足矣。”因寢疾，數日竟卒，時年五十五。子世諤嗣。[2]

[1]閻羅王：亦通稱閻王。梵語的略譯。佛教稱指主管地獄的神君。

[2]世諤：人名。韓擒虎的嗣子。隋煬帝大業九年（613）扈從楊玄感起兵反隋，事敗被俘，又於押解途中逃逸山林爲盜，不知所終。事亦見《北史》卷六八《韓禽傳》。　嗣：此指繼承父輩的爵位和家業，以延續香火。

世諤倜儻驍捷，[1]有父風。楊玄感之作亂也，[2]引世諤爲將，每戰先登。及玄感敗，爲吏所拘。時帝在高陽，[3]送詣行所。世諤日令守者市酒殽以酣暢，揚言曰：“吾死在朝夕，不醉何爲！”漸以酒進守者，守者狎之，遂飲令致醉。世諤因得逃奔山賊，不知所終。

[1]倜儻：豪爽灑脱而不受世俗禮法拘束。

［2］楊玄感：人名。傳見本書卷七〇，《北史》卷四一有附傳。

［3］高陽：郡名。隋煬帝大業九年改博陵郡爲高陽郡。治所在今河北定州市。

　　僧壽字玄慶，擒母弟也，亦以勇烈知名。周武帝時，爲侍伯中旅下大夫。[1]高祖得政，從韋孝寬平尉迥，[2]每戰有功，授大將軍，封昌樂公，[3]邑千户。開皇初，拜安州刺史。[4]時擒爲廬州總管，朝廷不欲同在淮南，[5]轉爲熊州刺史。[6]後轉蔚州刺史，[7]進爵廣陵郡公。[8]尋以行軍總管擊突厥於鷄頭山，[9]破之。後坐事免。數歲，復拜蔚州刺史。突厥甚憚之。十七年，屯蘭州以備胡。[10]明年，遼東之役，[11]領行軍總管，還，檢校靈州總管事。[12]從楊素擊突厥，[13]破之，進位上柱國，改封江都郡公。[14]煬帝即位，[15]又改封新蔡郡公。[16]自是之後，不復任用。大業五年，[17]從幸太原。[18]有京兆人達奚通妾王氏，[19]能清歌，朝臣多相會觀之，僧壽亦豫焉，坐是除名。尋令復位。八年，卒於京師，時年六十五。有子孝基。[20]

［1］侍伯中旅下大夫：官名。北周時其隸屬未詳，當是掌領侍伯宿衛府兵的軍官。正四命。（參見王仲犖《北周六典》卷七《六官餘録第十三》，中華書局1979年版，第511頁）

［2］韋孝寬：人名。北周末年位居上柱國，官任行軍元帥，奉詔統軍略定淮南，又討滅相州總管尉遲迥之叛。傳見《周書》卷三一、《北史》卷六四。　尉迥：人名。即尉遲迥。北周末年官任相州總管，起兵反對楊堅篡周，旋被討滅。傳見《周書》卷二一、《北史》卷六二。

[3]昌樂公：爵名。全稱是昌樂縣公。北周時爲十一等爵的第六等，“命數未詳，非正九命則當是九命”（參見王仲犖《北周六典》卷八《封爵第十九》，第548頁）。

[4]安州：西魏始置總管府，北周、隋初沿之。治所在今湖北安陸市。

[5]淮南：地區名。泛指淮河以南地區。

[6]熊州：治所在今河南宜陽縣西。

[7]蔚州：北周始置，隋初沿之。治所在今山西靈丘縣。

[8]廣陵郡公：爵名。爲隋九等爵的第四等。從一品。

[9]鷄頭山：亦稱笄頭山。在今寧夏涇源縣西北，爲涇水源出之山。

[10]蘭州：隋初置總管府。治所在今甘肅蘭州市。

[11]遼東：地區名。泛指今遼河以東地區。隋時高麗國在遼東，故文中“遼東之役”即指征伐高麗之事。

[12]檢校：官制用語。指尚未實授某官但已掌其職事，即代理、代辦之意。　靈州：北周置總管府，隋初沿之。治所在今寧夏靈武市西南。

[13]楊素：人名。傳見本書卷四八，《北史》卷四一有附傳。

[14]江都郡公：爵名。爲隋九等爵的第四等。從一品。

[15]煬帝：即隋煬帝楊廣。紀見本書卷三、四，《北史》卷一二。

[16]新蔡郡公：爵名。爲隋九等爵的第四等。從一品。

[17]大業：隋煬帝楊廣年號（605—618）。

[18]太原：郡名。隋大業初改并州置。治所在今山西太原市西南古城營。

[19]京兆：郡名。治所在今陝西西安市。　達奚通：人名。隋煬帝大業中京兆郡人。有妾王氏善清歌，常出入王公宴會，涉嫌齊王楊暕謀亂之事，煬帝下令窮治其罪，朝臣受牽連者甚多。事亦見本書卷五九《齊王暕傳》，《北史》卷六八《韓僧壽傳》、卷七一

《齊王暕傳》。

[20]孝基：人名。即韓孝基。事亦見《北史·韓僧壽傳》。

　　洪字叔明，擒季弟也。少驍勇，善射，膂力過人。仕周侍伯上士，[1]後以軍功，拜大都督。[2]高祖爲丞相，從韋孝寬破尉迥於相州，[3]加上開府，[4]甘棠縣侯，[5]邑八百户。高祖受禪，[6]進爵爲公。[7]尋授驃騎將軍。[8]開皇九年，平陳之役，授行軍總管。及陳平，晋王廣大獵於蔣山，有猛獸在圍中，衆皆懼。洪馳馬射之，應弦而倒。陳氏諸將，列觀於側，莫不歎伏焉。[9]王大喜，賜縑百匹。[10]尋以功加柱國，[11]拜蔣州刺史。[12]數歲，轉廉州刺史。[13]

　　[1]侍伯上士：官名。北周時其隸屬未詳，當是掌領侍伯禁兵的軍官。正三命。（參見王仲犖《北周六典》卷七《六官餘録第十三》，第511頁）

　　[2]大都督：官名。北周時屬勳官。北周府兵制中每團的長官均加此勳官名。八命。

　　[3]相州：北魏天興四年（401）分冀州始置相州，治所在今河北臨漳縣西南。東魏、北齊時改稱司州，爲都城所在地。北周建德六年滅北齊後復名相州。大象二年平定相州總管尉遲迥之叛後，因州城被毁，遂移治今河南安陽市。

　　[4]上開府：官名。全稱是上開府儀同大將軍。北周武帝建德四年始置，爲北周十一等勳官的第五等，可開府置官屬。九命。

　　[5]甘棠縣侯：爵名。北周時爲十一等爵的第七等。正八命。

　　[6]受禪：中國古代王朝更迭時，新皇帝承受舊皇帝讓給的帝位，即稱受禪。此指楊堅於公元581年廢北周静帝，即位稱皇帝，

正式建立隋王朝。

[7]公：爵名。此當是甘棠縣公的省稱。爲隋九等爵的第五等。從一品。

[8]驃騎將軍：官名。隋初爲府兵制中統領驃騎府兵的軍事長官，正四品上。隋煬帝大業三年改驃騎府爲鷹揚府，驃騎將軍遂改稱鷹揚郎將，降爲正五品。

[9]莫不歎伏焉："伏"字底本、宋刻遞修本、中華本同，殿本、庫本作"服"。

[10]賜縑百匹："賜"字底本、宋刻遞修本、中華本同，殿本、庫本作"贈"。

[11]柱國：官名。爲隋十一等散實官的第二等，可開府置僚屬。正二品。

[12]蔣州：隋開皇九年平陳後改丹陽郡置。治所在今江蘇南京市清涼山下石頭城舊址。

[13]廉州：隋開皇十年置。治所在今河北藁城市。

時突厥屢爲邊患，朝廷以洪驍勇，檢校朔州總管事。[1]尋拜代州總管。[2]仁壽元年，[3]突厥達頭可汗犯塞，[4]洪率蔚州刺史劉隆、大將軍李藥王拒之。[5]遇虜於恒安，[6]衆寡不敵，洪四面搏戰，身被重創，[7]將士沮氣。虜悉衆圍之，矢下如雨。洪僞與虜和，圍少解。[8]洪率所領潰圍而出，死者大半，殺虜亦倍。洪及藥王除名爲民，隆竟坐死。煬帝北巡，至恒安，[9]見白骨被野，以問侍臣。侍臣曰："往者韓洪與虜戰處也。"帝憫然傷之，收葬骸骨，命五郡沙門爲設佛供，[10]拜洪隴西太守。[11]

[1]朔州：隋初置總管府。治所在今山西朔州市。

[2]代州：隋開皇五年改肆州置，設總管府。治所在今山西代縣。

[3]仁壽：隋文帝楊堅年號（601—604）。

[4]達頭可汗：隋時西突厥的可汗，名玷厥。事見本書卷八四、《北史》卷九九《突厥傳》。可汗是古代鮮卑、柔然、突厥、回紇、蒙古等民族中最高統治者的稱號。

[5]劉隆：人名。隋文帝仁壽元年官任蔚州刺史，部從韓洪抗擊西突厥，但因衆寡不敵戰敗於恒安鎮，事後被治罪處死。事亦見本書卷七四《趙仲卿傳》，《北史》卷六八《韓洪傳》、卷六九《趙仲卿傳》。　大將軍：官名。爲隋十一等散實官的第四等，可開府置僚佐。正三品。　李藥王：人名。即隋末唐初名將李靖之兄李端，字藥王。隋文帝仁壽元年位居大將軍，襲爵永康縣公，部從其舅韓洪抗擊西突厥，因衆寡不敵戰敗於恒安鎮，事後被治罪除名爲民。事亦見本書卷五三《史萬歲傳》、卷七四《趙仲卿傳》，《北史》卷六九《趙仲卿傳》、卷七三《史萬歲傳》，《新唐書》卷七二上《宰相世系表二上》、卷九三《李靖傳》等。

[6]恒安：鎮名。在今山西大同市東北。

[7]身被重創：“創”字底本原作“瘡”，宋刻遞修本、殿本、庫本與底本同，今據中華本及《北史·韓洪傳》改。

[8]圍少解：“解”字底本、殿本、庫本、中華本皆同，宋刻遞修本及《北史》卷六八《韓洪傳》作“懈”，二字相通。

[9]恒安：底本原作“長安”，殿本、庫本與底本同，顯誤，今據宋刻遞修本、中華本及《北史·韓洪傳》改。

[10]沙門：梵語的音譯（或説是吐火羅語的音譯），亦譯作“娑門”“桑門”“喪門”等。原爲古印度反婆羅門教各個派別出家者的通稱，佛教盛行後專指佛教僧侶。　佛供：指佛教僧侶爲超度亡靈而舉行的宗教祭祀儀式。

[11]隴西：郡名。隋大業初改渭州置。治所在今甘肅隴西

縣南。

　　未幾，朱崖民王萬昌作亂，[1]詔洪擊平之。以功加位金紫光禄大夫，[2]領郡如故。俄而萬昌弟仲通復叛，[3]又詔洪討平之。師未旋，遇疾而卒，時年六十三。

　　[1]朱崖：郡名。亦作“珠崖”。治所在今海南海口市瓊山區東南。　王萬昌：人名。隋時朱崖郡人，隋煬帝大業六年舉兵叛亂，韓洪奉詔率軍討平之。事亦見本書卷三《煬帝紀上》，《北史》卷一二《隋煬帝紀》、卷六八《韓洪傳》。

　　[2]金紫光禄大夫：官名。屬散實官。隋初爲從二品，隋煬帝大業三年降爲正三品。

　　[3]仲通：人名。即王仲通。隋煬帝大業中繼其兄敗後再度舉兵叛亂，韓洪又奉詔率軍討平之。事亦見《北史·韓洪傳》。

賀若弼

　　賀若弼字輔伯，河南洛陽人也。[1]父敦，[2]以武烈知名，仕周爲金州總管，[3]宇文護忌而害之。[4]臨刑，呼弼謂之曰：“吾必欲平江南，然此心不果，汝當成吾志。且吾以舌死，汝不可不思。”因引錐刺弼舌出血，誡以慎口。弼少慷慨，有大志，驍勇便弓馬，解屬文，[5]博涉書記，有重名於當世。周齊王憲聞而敬之，[6]引爲記室。[7]未幾，封當亭縣公，[8]遷小内史。[9]周武帝時，上柱國烏丸軌言於帝曰：[10]“太子非帝王器，臣亦嘗與賀若弼論之。”帝呼弼問之，弼知太子不可動搖，恐禍及己，詭對曰："皇太子德業日新，未睹其闕。"帝默然。
弼既退，軌讓其背己，弼曰："君不密則失臣，臣不密
則失身，所以不敢輕議也。"及宣帝嗣位，[11]軌竟見誅，
弼乃獲免。尋與韋孝寬伐陳，攻拔數十城，弼計居多。
拜壽州刺史，[12]改封襄邑縣公。[13]高祖爲丞相，尉迥作
亂鄴城，[14]恐弼爲變，遣長孫平馳驛代之。[15]

[1]河南：底本原作"河陽"，殿本與底本同，宋刻遞修本、
庫本作"河南"，中華本據《北史》卷六八《賀若敦傳》改作"河
南"，今從宋刻遞修本、庫本、中華本改。　洛陽：縣名。治所在
今河南洛陽市東北白馬寺東。按，"洛"字底本原作"雒"，宋刻
遞修本、殿本、庫本與底本同，二字相通，今據中華本及《北史·
賀若敦傳》改。

[2]敦：人名。即賀若敦，西魏、北周時人。官至金州總管、
中州刺史。北周武帝保定五年（565），因恃功負氣、常出怨言而得
罪於宗室權臣宇文護，結果被逼令自殺。傳見《周書》卷二八、
《北史》卷六八。

[3]金州：西魏改東梁州置，設總管府，北周沿之。治所在今
陝西安康市。　總管：官名。全稱是總管刺史加使持節。東魏孝靜
帝武定六年（548）始置總管，西魏亦置。北周明帝武成元年
（559）正式改都督諸州軍事爲總管，加使持節諸軍事，總管之設乃
成定制。北周總管或單任，然多兼帶刺史，故總管的職權雖以軍事
爲主，實際是一軍政轄區若干州、鎮、防的最高長官。北周總管的
命品史無明載，但應不低於五等州刺史的命品。隋初承繼北周之制
亦置諸州總管，分上、中、下三等，品秩分別爲流內視從二品、視
正三品、視從三品，可作參考。（參見王仲犖《北周六典》卷一〇
《總管府第二十五》，第623頁）

[4]宇文護：人名。北周初期的宗室權臣，官居大冢宰，都督

中外諸軍事。傳見《周書》卷一一，《北史》卷五七有附傳。

[5]屬（zhǔ）文：撰著文辭。

[6]齊王憲：即北周宗室親王宇文憲。宇文泰的第五子，北周武帝時爵封齊王。傳見《周書》卷一二、《北史》卷五八。

[7]記室：官名。此當是王府記室參軍事的省稱。北周時爲諸王府所屬列曹參軍之一，掌判府内章表書記之事務。正四命。

[8]當亭縣公：爵名。北周時爲十一等爵的第六等。正九命或九命。

[9]小内史：官名。全稱是小内史下大夫。北周初爲春官府内史曹的次官，北周宣帝大象元年增置内史上大夫爲該曹長官，原長官内史中大夫退居副貳，小内史下大夫遂退爲屬官。其職掌是協助該曹長官撰寫皇帝詔令，參議刑罰爵賞及軍國大事，並修撰國史及起居注。置二員，正四命。

[10]上柱國：官名。北周武帝建德四年始置，爲北周十一等勳官的第一等，可開府置官屬。正九命。按，據《周書》卷四〇《王軌傳》及《北史》卷六二《王軌傳》等書記載，王軌所任最高勳官是柱國，而從未任過上柱國，故疑此處所稱烏丸軌的官銜"上柱國"當是"柱國"之衍誤。　烏丸軌：人名。即王軌，烏丸乃其賜姓。北周武帝時官至柱國、徐州總管，嘗直言奏論太子失德無才非帝王器，太子深恨之，故至北周宣帝即位後，遂以前恨遣使誅殺之。傳見《周書》卷四〇、《北史》卷六二。

[11]宣帝：即北周宣帝宇文贇。紀見《周書》卷七、《北史》卷一〇。

[12]壽州：按，據本書《地理志》，北周尚無壽州，岑仲勉校正云："此（壽州刺史）是北周時官，應正云揚州刺史。"（岑仲勉：《隋書求是》，中華書局2004年版，第98頁）所言當是。揚州，北周時治所在今安徽壽縣，隋開皇九年改稱壽州。

[13]襄邑縣公：爵名。北周時爲十一等爵的第六等。正九命或九命。

[14]鄴城：都邑名。爲東魏、北齊的都城，北周相州總管府的治所，在今河北臨漳縣西南。北周靜帝大象二年平定相州總管尉遲迥之叛時，城被焚毀，遂移至今河南安陽市，仍爲相州治所。

[15]長孫平：人名。傳見本書卷四六，《北史》卷二二有附傳。

高祖受禪，陰有并江南之志，訪可任者。高熲曰：[1]"朝臣之内，文武才幹，無若賀若弼者。"高祖曰："公得之矣。"於是拜弼爲吳州總管，[2]委以平陳之事，弼忻然以爲己任。與壽州總管源雄並爲重鎮。[3]弼遺雄詩曰："交河驃騎幕，[4]合浦伏波營，[5]勿使騏驎上，[6]無我二人名。"獻取陳十策，上稱善，賜以寶刀。開皇九年，大舉伐陳，以弼爲行軍總管。將渡江，[7]酹酒而咒曰："弼親承廟略，[8]遠振國威，伐罪弔民，除凶翦暴。上天長江，鑒其若此。如使福善禍淫，[9]大軍利涉；如事有乖違，得葬江魚腹中，死且不恨。"先是，弼請緣江防人每交代之際，必集歷陽。[10]於是大列旗幟，營幕被野。陳人以爲大兵至，悉發國中士馬。既知防人交代，其衆復散。後以爲常，不復設備。及此，弼以大軍濟江，陳人弗之覺也。襲陳南徐州，[11]拔之，執其刺史黃恪。[12]軍令嚴肅，秋毫不犯，有軍士於民間沽酒者，弼立斬之。進屯蔣山之白土岡，[13]陳將魯達、周智安、任蠻奴、田瑞、樊毅、孔範、蕭摩訶等以勁兵拒戰。[14]田瑞先犯弼軍，弼擊走之。魯達等相繼遞進，弼軍屢却。弼揣知其驕，士卒且惰，於是督厲將士，[15]殊死戰，遂大破之。麾下開府員明擒摩訶至，[16]弼命左右牽斬之。摩訶顔色自若，弼釋而禮之。從北掖門而入。

時韓擒已執陳叔寶，弼至，呼叔寶視之。叔寶惶懼流汗，股慄再拜。弼謂之曰：“小國之君，當大國卿，拜，禮也。入朝不失作歸命侯，[17]無勞恐懼。”既而弼恚恨不獲叔寶，功在韓擒之後，於是與擒相詢，挺刃而出。上聞弼有功，大悦，下詔襃揚，語在《韓擒傳》。晋王以弼先期決戰，違軍命，[18]於是以弼屬吏。[19]上驛召之，及見，迎勞曰：“克定三吳，[20]公之功也。”命登御坐，賜物八千段，加位上柱國，進爵宋國公，[21]真食襄邑三千户，[22]加以寶劍、寶帶、金甕、金盤各一，并雉尾扇、曲蓋，[23]雜彩二千段，女樂二部，[24]又賜陳叔寶妹爲妾。拜右領軍大將軍，[25]尋轉右武候大將軍。[26]

[1]高熲：人名。傳見本書卷四一、《北史》卷七二。

[2]吳州：隋時先後有三個吳州，文中所指是北周改南兗州所置的吳州，治所在今江蘇揚州市，隋初沿之，開皇九年改稱揚州，隋煬帝大業三年改爲江都郡。

[3]壽州：隋時有兩個壽州：一是隋文帝開皇初所置的壽州，治所在今湖南辰溪縣，開皇十八年改爲充州；二是開皇九年改揚州所置的壽州，設總管府，治所在今安徽壽縣，隋煬帝大業初改置淮南郡。文中所指當是第二個壽州，但當時尚稱揚州。　源雄：人名。傳見本書卷三九，《北史》卷二八有附傳。

[4]交河：古城名。故址在今新疆吐魯番市西北。漢時爲車師前王國的都城。　驃騎：即驃騎將軍。西漢名將霍去病所任的將軍名號，此代指其人。傳見《史記》卷一一一、《漢書》卷五五。

[5]合浦：郡名。漢時治所在今廣西合浦縣東北。　伏波：即伏波將軍。東漢名將馬援所任的將軍名號，此代指其人。傳見《後漢書》卷二四。

[6]騏驎：亦作"麒麟"。即"麒麟閣"的省稱。漢代閣名，在未央宮中。漢宣帝時曾圖畫霍光等十一功臣像於此閣之上，以表彰其功績。後世遂多以畫像於麒麟閣表示卓越功勳和最高榮譽。

[7]將渡江："渡"底本原作"度"，宋刻遞修本與底本同，據殿本、庫本、中華本改。

[8]廟略：指朝廷的謀略。

[9]福善禍淫：意謂賜福給爲善的人，降禍給作惡的人。

[10]歷陽：縣名。治所在今安徽和縣。按，"歷陽"各本皆同，《北史》卷六八《賀若弼傳》亦同，但《通鑑》卷一七七《隋紀》開皇九年條載作"廣陵"。據本書《地理志》，廣陵亦爲隋初縣名，是吳州總管府的治所，在今江蘇揚州市。考隋開皇九年伐陳前夕，歷陽縣是廬州總管韓擒虎的轄地，而非吳州總管賀若弼的轄地。然則賀若弼在非自己的轄地歷陽設疑兵顯然不合情理，而在自己的治所廣陵設疑兵則合情合理。故疑此處"歷陽"當是"廣陵"之誤，應以《通鑑》所載爲是。（參見唐華全《中華書局點校本〈隋書〉質疑二十九則》，《河北師範大學學報》2012年第1期）

[11]南徐州：南朝陳時治所在今江蘇鎮江市。

[12]黃恪：人名。南朝陳末官任南徐州刺史，隋開皇九年賀若弼率軍渡江伐陳時，城陷被擒。事亦見《北史·賀若弼傳》。

[13]白土岡：地名。在今江蘇南京市東北鍾山（又名紫金山）腳下。

[14]魯達：人名。本名魯廣達，隋人因避隋煬帝楊廣之諱而去"廣"字。南朝陳將，隋開皇九年賀若弼率軍渡江伐陳時，領勁兵拒戰於白土岡，結果兵敗被擒，旋即降隋。傳見《陳書》卷三一、《南史》卷六七。　周智安：人名。南朝陳將周敷之子，隋開皇九年賀若弼率軍渡江伐陳時，領兵拒戰於白土岡，結果兵敗降隋。事亦見《陳書》卷一三《周敷傳》、《南史》卷六七《周敷傳》、《北史·賀若弼傳》。　樊毅：人名。南朝陳將，隋開皇九年賀若弼率軍渡江伐陳時，領兵拒戰於白土岡，結果潰敗，旋即降隋。傳見

《陳書》卷三一、《南史》卷六七。　孔範：人名。南朝陳將，隋開皇九年賀若弼率軍渡江伐陳時，領兵拒戰於白土岡，結果兵敗逃逸，旋即降隋。傳見《南史》卷七七。

[15]督厲：督率策勵，督導勉勵。按，"厲"字底本原作"属"，殿本作"勵"，當訛，今據宋刻遞修本、庫本、中華本及《北史·賀若弼傳》改。

[16]開府：官名。全稱是開府儀同三司。爲隋十一等散實官的第六等，可開府置僚佐，正四品上。隋煬帝大業三年廢十一等散實官，唯保留開府儀同三司一官，並改爲從一品，位次王公。　員（yùn）明：人名。隋開皇九年位居開府儀同三司，部從賀若弼渡江伐陳，在白土岡戰役中擒獲陳將蕭摩訶。事亦見《北史·賀若弼傳》。

[17]歸命侯：古代對歸順朝廷的亡國之君或少數族首領所封賜的專門爵名。

[18]違軍命："軍"字底本、宋刻遞修本、殿本、中華本皆同，《北史·賀若弼傳》亦同，但庫本作"君"，疑音訛。

[19]屬（zhǔ）吏：將犯罪過之人交給執法官吏去處理。

[20]三吴：地區名。具體所指説法不一，亦泛指長江下游一帶地區。此處借指南朝陳。

[21]宋國公：爵名。爲隋九等爵的第三等。從一品。

[22]襄邑：縣名。治所在今河南睢縣。

[23]雉尾扇：古代帝王后妃儀仗中用以障禦風塵的雉羽扇翣。亦賞賜給功臣勳貴用作儀仗，以示尊崇。　曲蓋：古代王公儀仗中所用的曲柄傘。

[24]女樂：即歌舞伎。

[25]右領軍大將軍：官名。按本書《百官志下》載隋文帝朝置"左右領軍府，各掌十二軍籍帳、差科、辭訟之事。不置將軍。唯有長史、司馬"等員（《通典》卷二八《職官·左右領軍衛》所載略同）。但考本書和《北史》紀傳，隋文帝時及煬帝初年，任

左、右領軍大將軍者有高熲、宇文忻、李安、楊秀、崔彭、楊爽、賀若弼、劉升等人，任左、右領軍將軍者有楊處綱、長孫晟、史萬歲、李安、盧賁、史祥、獨孤陀等人。由此可知，《百官志下》所云"不置將軍"當是隋初始設左右領軍府時所定之制，而稍後則與其他衛府一樣實際上各置有大將軍和將軍。右領軍大將軍，當是右領軍府的長官，職掌如前《百官志下》所載，員額和品秩則當與其他各衛府大將軍相同，亦爲一員，正三品。

[26]右武候大將軍：官名。隋初置左右武候府，掌皇帝出宮巡狩時的先驅後殿、晝夜警備等軍務。右武候大將軍，是右武候府的長官，置一員，正三品。隋煬帝大業三年改左右武候府爲左右候衛，右武候大將軍遂改稱右候衛大將軍。

弼時貴盛，位望隆重，其兄隆爲武都郡公，[1]弟東爲萬榮郡公，[2]並刺史、列將。弼家珍玩不可勝計，婢妾曳綺羅者數百，時人榮之。弼自謂功名出朝臣之右，每以宰相自許。既而楊素爲右僕射，[3]弼仍將軍，甚不平，形於言色，由是免官，弼怨望愈甚。後數年，下弼獄，上謂之曰："我以高熲、楊素爲宰相，汝每倡言，云此二人惟堪啖飯耳，是何意也？"弼曰："熲，臣之故人，素，臣之舅子，臣並知其爲人，誠有此語。"公卿奏弼怨望，罪當死。上惜其功，於是除名爲民。歲餘，復其爵位。上亦忌之，不復任使，然每宴賜，遇之甚厚。開皇十九年，上幸仁壽宮，[4]宴王公，詔弼爲五言詩，詞意憤怨，帝覽而容之。嘗遇突厥入朝，上賜之射，突厥一發中的。上曰："非賀若弼無能當此。"於是命弼。弼再拜祝曰："臣若赤誠奉國者，當一發破的。如其不然，發不中也。"既射，一發而中。上大悅，顧謂突厥曰：“此人，天賜我也！”

[1]隆：人名。即賀若隆。隋文帝時爵封武都郡公，官至州刺史、衛府將軍。事亦見《北史》卷六八《賀若弼傳》。　武都郡公：爵名。爲隋九等爵的第四等。從一品。

[2]東：人名。賀若弼之弟。隋文帝時爵封萬榮郡公，官至刺史、將軍。事亦見《北史·賀若弼傳》。按，“東”各本皆同，但《北史·賀若弼傳》作“柬”。　萬榮郡公：爵名。爲隋九等爵的第四等。從一品。

[3]右僕射：官名。隋於尚書省置左、右僕射各一人爲副貳，地位僅次於長官尚書令。但因隋代尚書令不常置，僕射則成爲尚書省的實際長官，是宰相之職。從二品。

[4]仁壽宮：隋離宮名。始建於開皇十三年。位於今陝西麟游縣西天臺山上。因其涼爽宜人，且離京城不遠，故爲隋代帝王消夏避暑之所。

煬帝之在東宮，嘗謂弼曰：“楊素、韓擒、史萬歲三人，[1]俱稱良將，優劣如何？”弼曰：“楊素是猛將，非謀將；韓擒是鬥將，非領將；史萬歲是騎將，非大將。”太子曰：“然則大將誰也？”弼拜曰：“唯殿下所擇。”弼意自許爲大將。及煬帝嗣位，尤被疏忌。大業三年，從駕北巡，至榆林。[2]帝時爲大帳，其下可坐數千人，召突厥啓民可汗饗之。[3]弼以爲大侈，與高熲、宇文弼等私議得失，[4]爲人所奏，竟坐誅，時年六十四。妻子爲官奴婢，群從徙邊。

[1]史萬歲：人名。傳見本書卷五三、《北史》卷七三。

[2]榆林：郡名。隋大業初改勝州置。治所在今内蒙古托克托縣西南。

[3]啓民可汗：隋時東突厥的可汗，名染干。事見本書卷五一《長孫晟傳》、卷八四《突厥傳》，《北史》卷二二《長孫晟傳》、卷九九《突厥傳》。按，“啓民”各本皆同，但《北史》卷六八《賀若弼傳》作“啓人”，乃避唐太宗李世民之諱而改。

[4]宇文弨：人名。傳見本書卷五六、《北史》卷七五。

子懷亮，[1]慷慨有父風，以柱國世子拜儀同三司。[2]坐弼爲奴，俄亦誅死。

[1]懷亮：人名。即賀若懷亮。隋文帝時以父功官至儀同三司，隋煬帝大業三年以父罪被没爲官奴，尋被誅殺。事亦見《北史》卷六八《賀若弼傳》。

[2]世子：即諸侯王公的嫡長子。按古制得以繼承其父輩的爵位家業而傳繼香火。　儀同三司：官名。亦簡稱“儀同”。爲隋十一等散實官的第八等，可開府置僚佐。正五品上。

史臣曰：夫天地未泰，聖哲啓其機，[1]疆場尚梗，[2]爪牙宣其力。[3]周之方、邵，[4]漢室韓、彭，[5]代有其人，非一時也。自晋衰微，中原幅裂，區宇分隔，將三百年。陳氏憑長江之地險，恃金陵之餘氣，以爲天限南北，人莫能窺。高祖爰應千齡，[6]將一函夏。[7]賀若弼慷慨，申必取之長策，韓擒奮發，賈餘勇以争先，[8]勢甚疾雷，鋒逾駭電。隋氏自此一戎，[9]威加四海。稽諸天道，或時有廢興，考之人謀，實二臣之力。其倜儻英略，[10]賀若居多，武毅威雄，韓擒稱重。方於晋之王、杜，^[11]勳庸綽有餘地。然賀若功成名立，矜伐不已，竟顛殞於非命，亦不密以失身。若念父臨終之言，必不及於斯禍矣。韓擒累世將家，威聲動俗，敵國既破，名遂身全，幸也。廣陵、甘棠，^[12]咸有武藝，驍雄膽略，^[13]並爲當時所推，赳赳干城，^[14]難兄難弟矣。^[15]

[1]聖哲：喻指帝王。

[2]疆場尚梗："場"字底本、宋刻遞修本、中華本同，殿本、庫本作"場"。

[3]爪牙：喻指武臣勇士。

[4]方、邵：指西周時助宣王中興的賢臣方叔和邵虎（亦作召虎）二人。事見《史記》卷四《周本紀》。後世常用以喻指國之重臣。

[5]韓、彭：指漢初助高祖劉邦平定天下的功臣名將韓信和彭越二人。韓信，傳見《史記》卷九二、《漢書》卷三四。彭越，傳見《史記》卷九〇、《漢書》卷三四。

[6]千齡：即千年、千歲。極言時間久長。此指長久以來的人心所願，即南北統一之願。

[7]函夏：語出《漢書》卷八七上《揚雄傳上》："以函夏之大漢兮，彼曾何足與比功？"顏師古注引服虔曰："函夏，函諸夏也。"後遂以"函夏"指全中國。

[8]賈（gǔ）餘勇：語出《左傳》成公二年："齊高固入晉師，桀石以投人，禽之而乘其車，繫桑本焉。以徇齊壘，曰：'欲勇者賈余餘勇。'"杜預注："賈，賣也。言己勇有餘，欲賣之。"後因以"賈餘勇"喻謂具有使之不盡的勇氣和力量。

[9]戎：此指戰爭、征伐。

[10]俶（tì）儻：卓異不凡。

[11]王、杜：指西晉時征伐東吳的功臣名將王濬和杜預二人。

王濬，傳見《晉書》卷四二。杜預，傳見《晉書》卷三四。

　　[12]廣陵：即韓僧壽的爵名廣陵郡公的省稱，此代指其人。甘棠：即韓洪的爵名甘棠縣公的省稱，此代指其人。

　　[13]驍雄膽略："雄"字底本、宋刻遞修本、中華本同，殿本、庫本作"勇"。

　　[14]赳赳干（gàn）城：語出《詩·周南·兔罝》："赳赳武夫，公侯干城。"赳赳，形容威武雄健；干城，比喻捍衛或捍衛者。

　　[15]難兄難弟：典出南朝宋劉義慶《世説新語》卷上之上《德行》："陳元方子長文，有英才，與季方子孝先，各論其父功德，爭之不能決，咨於太丘。太丘曰：'元方難爲兄，季方難爲弟。'"意謂元方卓爾不群，他人難爲其兄；季方也俊異出衆，他人難爲其弟。後遂以"難兄難弟"指兄弟兩人才德俱佳，難分高下。

隋書　卷五三

列傳第十八

達奚長儒

　　達奚長儒字富仁，[1]代人也。[2]祖俟，[3]魏定州刺史。[4]父慶，[5]驃騎大將軍、儀同三司。[6]長儒少懷節操，膽烈過人。十五，襲爵樂安公。[7]魏大統中，[8]起家奉車都尉。[9]周太祖引爲親信，[10]以質直恭勤，授子都督。[11]數有戰功，假輔國將軍，[12]累遷使持節、撫軍將軍、通直散騎常侍。[13]平蜀之役，[14]恒爲先鋒，攻城野戰，所當必破之。除車騎大將軍、儀同三司，[15]增邑三百戶。[16]天和中，[17]除渭南郡守，[18]遷驃騎大將軍、開府儀同三司。[19]從武帝平齊，[20]遷上開府，[21]進爵成安郡公，[22]邑千二百戶，別封一子縣公。[23]宣政元年，[24]除左前軍勇猛中大夫。[25]後與烏丸軌圍陳將吳明徹於呂梁，[26]陳遣驍將劉景率勁勇七千來爲聲援，[27]軌令長儒逆拒之。長儒於是取車輪數百，繫以大石，沉之清水，[28]連轂相次，以待景軍。景至，船艦礙輪不得進，長儒乃縱奇兵，水陸俱發，大破之，俘數千人。及獲吳明徹，以功進位大將軍。[29] 尋授行軍總管，[30] 北巡沙塞，[31] 卒與虜遇，[32] 接戰，大破之。

[1]達奚長儒："儒"字各本皆同，《北史》卷七三《達奚長儒傳》亦同，但《通鑑》卷一七五《陳紀》宣帝太建十四年條胡三省注稱當作"孺"。

[2]代：郡名。治所在今山西大同市東北。

[3]俟：人名。即達奚俟，北魏時人，官至定州刺史。事亦見《北史·達奚長儒傳》。

[4]魏：即北魏（386—557），亦稱後魏。初都平城（今山西大同市東北），公元494年遷都洛陽（今河南洛陽市東北白馬寺東）。公元534年分裂爲東魏和西魏兩個政權。東魏（534—550）都於鄴（今河北臨漳縣西南鄴鎮東），西魏（535—557）都於長安（今陝西西安市西北郊）。 定州：北魏時治所在今河北定州市。

[5]慶：人名。即達奚慶。達奚長儒之父，北魏末至西魏時人。官至驃騎大將軍、儀同三司。事亦見《北史·達奚長儒傳》。

[6]驃騎大將軍：官名。西魏時屬軍號官。西魏府兵制中二十四軍的長官或儀同府的長官多帶此軍號官。從一品。 儀同三司：官名。西魏時屬勳官。西魏府兵制中儀同府的長官均加此勳官名，可開府置官屬。從一品。

[7]樂安公：爵名。全稱是樂安縣公。西魏時爲十二等爵的第三等。從一品。

[8]大統：西魏文帝元寶炬年號（535—551）。

[9]起家：官制用語。即從家中徵召出來，始授以官職。 奉車都尉：官名。西魏時屬散官。從五品上。

[10]周太祖：即宇文泰。西魏執政大臣，北周的奠基者。紀見《周書》卷一、二，《北史》卷九。 親信：此指宇文泰丞相府所

轄的侍從衛士。

[11]子都督：官名。西魏時爲府兵制中統領各小隊或分隊府兵的低級軍官。品秩未詳。按，“子”字底本、宋刻遞修本、中華本同，《北史·達奚長儒傳》亦同，但殿本、庫本作“大”，岑仲勉認爲“殆後人疑‘子’字而妄改爲‘大’也”（參見岑仲勉《隋書求是》，中華書局2004年版，第98頁）。

[12]假：官制用語。即代理某官職。　輔國將軍：官名。西魏時屬軍號官，無具體職掌，多用作加官。從三品。

[13]使持節：魏晉南北朝至隋代，凡重要軍政長官出鎮或出征時，以及皇帝派遣使臣出巡地方或出使藩邦時，均加使持節、持節、假節等頭銜，以表示其權力和尊崇。使持節可誅殺二千石以下官吏，持節可誅殺無官職之人，假節可誅殺犯軍令之人。　撫軍將軍：官名。西魏時屬軍號官，無具體職掌，多用作加官。從二品。

通直散騎常侍：官名。西魏時屬散官。正四品下。

[14]蜀：地區名。泛指今四川和重慶一帶。

[15]除：官制用語。即拜官、授職。　車騎大將軍：官名。西魏時屬軍號官。西魏府兵制中儀同府的長官均帶此軍號官。從一品。

[16]邑：也稱食邑、封邑。是古代君王封賜給有爵位之人的一種食祿制度，受封者可徵收封地內的民戶租稅充作食祿。魏晉以後，食邑分爲虛封和實封兩類：虛封一般僅冠以“邑”或“食邑”之名，這衹是一種榮譽性加銜，受封者並不能獲得實際的食祿收入；而實封一般須冠以“真食”“食實封”等名，受封者可真正獲得食祿收入。

[17]天和：北周武帝宇文邕年號（566—572）。

[18]渭南郡：北周時治所在今陝西渭南市。

[19]驃騎大將軍：官名。北周時屬軍號官。北周府兵制中二十四軍的每軍長官均帶此軍號官。九命。　開府儀同三司：官名。亦簡稱開府，北周武帝建德四年改稱“開府儀同大將軍”。北周時屬

勳官。北周府兵制中二十四軍的每軍長官均加此勳官名，可開府置官屬。九命。

[20]武帝：即北周武帝宇文邕。紀見《周書》卷五、六，《北史》卷一〇。按，"武"字底本原脱，殿本、庫本與底本同，據宋刻遞修本、中華本及《北史·達奚長儒傳》補。　齊：即北齊（550—577），都於鄴（今河北臨漳縣西南鄴鎮東）。

[21]上開府：官名。全稱是上開府儀同大將軍。北周武帝建德四年始置，爲北周十一等勳官的第五等，可開府置官屬。九命。

[22]成安郡公：爵名。北周時爲十一等爵的第五等。正九命。

[23]縣公：爵名。北周時爲十一等爵的第六等，"命數未詳，非正九命則當是九命"（參見王仲犖《北周六典》卷八《封爵第十九》，中華書局 1979 年版，第 548 頁）。

[24]宣政：北周武帝宇文邕年號（578）。

[25]左前軍勇猛中大夫：官名。北周時其隸屬未詳，當是統轄左前軍府兵的軍事長官。正五命。（參見王仲犖《北周六典》卷七《六官餘録第十三》，第 508 頁）

[26]烏丸軌：人名。本名王軌，烏丸乃其賜姓。北周武帝宣政元年位居上大將軍，時南朝陳將吳明徹入侵吕梁，圍攻徐州總管梁士彦，王軌奉詔率領諸軍前往救援梁士彦，反圍吳明徹於吕梁，結果大獲全勝，以功進位柱國，官拜徐州總管。傳見《周書》卷四〇、《北史》卷六二。　陳：即南朝陳（557—589），都於建康（今江蘇南京市）。　吳明徹：人名。南朝陳將。陳宣帝太建十年（亦即北周武帝宣政元年），率領陳軍三萬餘人北伐吕梁，圍攻北周徐州總管梁士彦，但旋即被北周大將王軌所率援軍反包圍於吕梁，結果戰敗被俘，全軍覆没。傳見《陳書》卷九、《南史》卷六六。

吕梁：山名。在今江蘇徐州市東南。

[27]劉景：人名。南朝陳將。陳宣帝太建十年（578）奉命率領勁兵七千人趕往吕梁救援被圍的吳明徹，結果遭到達奚長儒的迎頭痛擊，幾乎全軍覆没。其事除見於本書本傳外，未見其他記載。

［28］清水：古水名。即泗水的別稱。源出今山東泗水縣東蒙山南麓，西流經曲阜、兗州，折南流經江蘇沛縣、徐州，又折東南流至淮安市注入淮河，是淮河下游第一大支流。

［29］大將軍：官名。北周時爲十一等勳官的第四等，可開府置官屬。正九命。

［30］行軍總管：北周至隋時所置的統領某部或某路出征軍隊的軍事長官。根據需要其上還可置行軍元帥以統轄全局。屬臨時差遣任命之職，事罷則廢。

［31］沙塞：泛指今蒙古高原大沙漠地帶的邊塞。

［32］虜：古時對北方少數民族的蔑稱。此指突厥。

　　高祖作相，^[1]王謙舉兵於蜀，^[2]沙氏上柱國楊永安扇動利、興、武、文、沙、龍等六州以應謙，^[3]詔長儒擊破之。謙二子自京師亡歸其父，長儒並捕斬之。高祖受禪，^[4]進位上大將軍，^[5]封蕲春郡公，^[6]邑二千五百户。

　　［1］高祖：隋文帝楊堅的廟號。紀見本書卷一、二，《北史》卷一一。　　相：即丞相。官名。全稱是"左大丞相"或"大丞相"。北周靜帝大象二年（580）置左、右大丞相，以宗室親王宇文贊爲右大丞相，僅有虛名；而以外戚楊堅爲左大丞相，總攬朝政。旋又去左右之號，獨以楊堅爲大丞相。楊堅由此成爲控制北周朝廷的權臣。

　　［2］王謙：人名。北周末年官任益州總管，起兵反對楊堅篡周，旋被討滅。傳見《周書》卷二一，《北史》卷六〇有附傳。

　　［3］沙：州名。北周時治所在今四川青川縣東北。　　氏：古族名。魏晉南北朝至隋時散布在中國西北和西南等地，部落衆多，各不相屬。傳見《魏書》卷一〇一、《周書》卷四九、《北史》卷九六。　　上柱國：官名。北周武帝建德四年始置，爲北周十一等勳官

的第一等，可開府置官屬。正九命。按，據《周書》卷八《静帝紀》、卷四九《氐傳》，《北史》卷一〇《周静帝紀》、卷九六《氐傳》均載稱楊永安的官銜爲"開府"（即"開府儀同大將軍"的簡稱），而考楊永安衹是一個歸附北周的氐族酋帥，實難位居上柱國之高官，故疑此處所稱楊永安的官銜"上柱國"有誤，當作"開府"或"開府儀同大將軍"。（參見唐華全《〈隋書〉勘誤18則》，《南昌航空大學學報》2012年第2期）　楊永安：人名。北周時爲沙州氐族酋帥，官至開府儀同大將軍。北周末年煽動沙、利、興、武、文、龍等六州氐人起兵反叛，以策應益州總管王謙的叛亂，達奚長儒奉詔討平之。事亦見《周書·静帝紀》及《氐傳》、《北史·周静帝紀》及《氐傳》。　利：州名。北周時治所在今四川廣元市。　興：州名。北周時治所在今陝西略陽縣。　武：州名。北周時治所在今甘肅隴南市東南。　文：州名。北周時治所在今甘肅文縣西南。　龍：州名。北周時治所在今四川平武縣東南。

[4]受禪：中國古代王朝更迭時，新皇帝承受舊皇帝讓給的帝位，即稱受禪。此指楊堅於公元581年廢北周静帝，即位稱皇帝，正式建立隋王朝。

[5]上大將軍：官名。隋文帝因改北周十一等勳官之制形成十一等散實官，用以酬勤勞，無實際職掌。上大將軍是十一等散實官的第三等，可開府置僚佐。從二品。

[6]蘄春郡公：爵名。爲隋九等爵的第四等。從一品。按，"蘄春郡公"各本皆同，但《北史》卷七三《達奚長儒傳》作"蘄郡公"。

　　開皇二年，[1]突厥沙鉢略可汗并弟葉護及潘那可汗衆十餘萬，[2]寇掠而南，詔以長儒爲行軍總管，率衆二千擊之。遇於周槃，[3]衆寡不敵，軍中大懼，長儒慷慨，神色愈烈。爲虜所衝突，散而復聚，且戰且行，轉鬥三日，五兵咸盡，[4]士卒以拳毆之，[5]手皆見骨，殺傷萬計，虜氣稍奪，於是解去。長儒身被五創，[6]通中者二；其戰士死傷者十八九。突厥本欲大掠秦、隴，[7]既逢長儒，兵皆力戰，虜意大沮，明日，於戰處焚屍慟哭而去。高祖下詔曰：“突厥猖狂，輒犯邊塞，犬羊之衆，彌亘山原。而長儒受任北鄙，[8]式遏寇賊，所部之內，少將百倍。以晝通宵，四面抗敵，凡十有四戰，所向必摧。凶徒就戮，過半不反，鋒刃之餘，亡魂竄迹。自非英威奮發，奉國情深，撫御有方，士卒用命，豈能以少破衆，若斯之偉？言念勳庸，宜隆名器，[9]可上柱國，[10]餘勳迴授一子。其戰亡將士，皆贈官三轉，[11]子孫襲之。”

[1]開皇：隋文帝楊堅年號（581—600）。

[2]突厥：古族名、國名。公元六世紀初興起於今阿爾泰山西南麓，552年在今鄂爾渾河流域建立突厥汗國，此後其勢力擴展至大漠南北，橫跨蒙古高原，隋開皇二年分裂爲東、西兩部。傳見本書卷八四、《周書》卷五〇、《北史》卷九九、《舊唐書》卷一九四、《新唐書》卷二一五。　沙鉢略可汗：隋時東突厥的可汗，名攝圖。事見本書卷八四、《北史》卷九九《突厥傳》等。可汗是古代鮮卑、柔然、突厥、回紇、蒙古等民族中最高統治者的稱號。葉護：突厥中地位僅次於可汗的官號。沙鉢略可汗在位時，其弟處羅侯任葉護；隋開皇七年沙鉢略死，處羅侯繼立爲東突厥可汗，號葉護可汗，故此處“葉護”即指處羅侯。事見本書卷八四、《北史》卷九九《突厥傳》等。　潘那可汗：按，據本書卷八四、《北史》卷九九《突厥傳》，隋時突厥中無號“潘那可汗”者。而據《通鑑》卷一七五《陳紀》宣帝太建十四年條胡三省注，隋開皇二

年突厥南侵時，其可汗有沙鉢略可汗、第二可汗（名菴羅）、達頭可汗（名玷厥）、阿波可汗（名大邏便）、貪汗可汗，凡五可汗，故疑此處"潘那"當是第二可汗"菴羅"的異譯之名。菴羅，事見本書卷八四、《北史》卷九九《突厥傳》等。又按，"潘那"各本皆同，但《北史》卷七三《達奚長儒傳》作"藩那"。

[3]周槃：地名。亦作"周盤"。在今甘肅慶陽市境內。

[4]五兵：泛指各種兵器。

[5]士卒以拳毆之："毆"字底本原作"歐"，殿本、庫本與底本同，今據宋刻遞修本、中華本及《北史·達奚長儒傳》改。

[6]長儒身被五創："創"字底本原作"瘡"，宋刻遞修本、殿本、庫本及《北史·達奚長儒傳》與底本同，今據中華本改。

[7]秦、隴：即秦嶺和隴山的並稱，亦用作地區名，泛指今陝西和甘肅之地。

[8]北鄙：指北方邊境地區。

[9]名器：指官爵名號與車服儀制。古代用以區別尊卑貴賤的等級。

[10]上柱國：官名。爲隋十一等散實官的第一等，可開府置僚屬。從一品。

[11]三轉：即三級。古代勳級每升一級稱作一轉。

　　其年，授寧州刺史，[1]尋轉鄜州刺史，[2]母憂去職。[3]長儒性至孝，水漿不入口五日，毀悴過禮，[4]殆將滅性，[5]天子嘉歎。起爲夏州總管三州六鎮都將事，[6]匈奴憚之，[7]不敢窺塞。以病免。又除襄州總管，[8]在職二年，轉蘭州總管。[9]高祖遣涼州總管獨孤羅、原州總管元褒、靈州總管賀若誼等發卒備胡，[10]皆受長儒節度。長儒率衆出祁連山北，[11]西至蒲類海，[12]無虜而還。復轉荊州總管三十六州諸軍事，[13]高祖謂之曰："江陵要害，[14]國之南門，今以委公，朕無慮也。"歲餘，卒官。謚曰威。[15]子嵩，[16]大業時，[17]官至太僕少卿。[18]

[1]寧州：治所在今甘肅寧縣。

[2]鄜州：亦作"敷州"。治所在今陝西富縣。

[3]母憂：即遭逢母親喪事。古代喪服禮制規定，父母死後，子女須守喪，三年內不得做官、婚娶、赴宴、應考、舉樂，等等。

[4]毀悴：指因居喪過哀而憔悴。

[5]滅性：指因喪親過度哀傷而毀滅生命。

[6]夏州：北周置總管府，隋初沿之。治所在今內蒙古烏審旗南白城子鎮。　總管：官名。全稱是總管刺史加使持節。北周始置諸州總管，隋初承繼，又有增置。總管的統轄範圍可達數州至十餘州，實爲一軍政轄區的最高長官。隋文帝在并、益、荊、揚四州置大總管，其餘州置總管。總管分上、中、下三等，品秩分別爲流內視從二品、視正三品、視從三品。　三州六鎮都將事：此表示夏州總管的統轄範圍及其職權。按，下文凡"總管"後所言州鎮數事均表示該總管的統轄範圍及其職權，不再一一出注。

[7]匈奴：古族名。戰國至秦漢時游牧於大漠南北廣大地區，後逐漸衰落西遷或被漢化。此處借指突厥。

[8]襄州：西魏、北周置總管府，隋初沿之。治所在今湖北襄樊市。

[9]蘭州：隋初置總管府。治所在今甘肅蘭州市。

[10]涼州：北周置總管府，隋初沿之。治所在今甘肅武威市。　獨孤羅：人名。傳見本書卷七九，《北史》卷六一有附傳。　原州：北周置總管府，隋初沿之。治所在今寧夏固原市。　元褒：人名。本書卷五〇、《北史》卷一七有附傳。　靈州：北周置總管府，隋初沿之。治所在今寧夏靈武市西南。　賀若誼：人名。傳見本書

卷三九,《北史》卷六八有附傳。

[11]祁連山:廣義的祁連山是對今甘肅西部和青海東北部邊境山地的總稱,西北至東南走向,綿延二千里;狹義的祁連山是指其最北的一支。

[12]蒲類海:古湖名。即今新疆東部的巴里坤湖。

[13]荆州:隋初置大總管府。治所在今湖北荆州市。

[14]江陵:鎮名、縣名。治所在今湖北荆州市。西魏、北周在此置總管府,用以監控其附屬藩國後梁,隋初沿置爲荆州大總管府。

[15]謚:古代帝王、貴族、大臣、士大夫或其他有地位的人死後,據其生前業迹評定的一種帶有褒貶意義的稱號。

[16]嵩:人名。即達奚嵩。隋煬帝時官至太僕少卿。事亦見《北史》卷七三《達奚長儒傳》。按,"嵩"字底本、殿本、庫本皆同,但宋刻遞修本、中華本及《北史·達奚長儒傳》作"崵"。

[17]大業:隋煬帝楊廣年號(605—618)。

[18]太僕少卿:官名。爲太僕寺的次官,協助長官太僕卿掌國家厩牧、車輿等事務。隋初置一員,尋又加置一員,正四品上;隋煬帝大業三年定置二員,降爲從四品。

賀婁子幹

賀婁子幹字萬壽,[1]本代人也。隨魏氏南遷,世居關右。[2]祖道成,[3]魏侍中、太子太傅。[4]父景賢,[5]右衛大將軍。[6]子幹少以驍武知名。周武帝時,釋褐司水上士,[7]稱爲强濟。累遷小司水,[8]以勤勞,封思安縣子。[9]俄授使持節、儀同大將軍。[10]大象初,[11]領軍器監,[12]尋除秦州刺史,[13]進爵爲伯。[14]

[1]賀婁子幹：據本傳下文所載賀婁子幹的祖、父名諱及職官，考之於《魏書》卷三〇、《北史》卷二〇《樓伏連傳》，可知賀婁子幹的五世祖當是北魏初期的鮮卑勳貴樓伏連。樓伏連本姓賀樓氏，至北魏孝文帝改漢姓、定氏族時，賀樓氏始改從漢姓樓氏或婁氏，爲鮮卑八大著姓之一。但至西魏、北周宇文氏當政時，又大改漢姓爲鮮卑姓氏，孝文帝時所改的漢姓亦多改回其原來的鮮卑姓氏。故賀婁子幹的姓氏“賀婁氏”，即當是在西魏、北周時由樓氏或婁氏所改回的鮮卑姓氏，但其父祖以上的姓氏在《魏書》和《北史》中則仍從孝文帝時所改的漢姓爲樓氏或婁氏。

[2]關右：地區名。亦稱“關中”“關内”。秦至唐時指函谷關或潼關以西、隴阪以東、終南山以北地區。

[3]道成：人名。即樓寶，字道成。賀婁子幹之祖，北魏末至西魏時人，官至侍中、太子太傅。《北史》卷二〇有附傳。

[4]侍中：官名。北魏時爲門下省的長官，是宰相之職，但西魏、北周時多用爲大臣加官，無實際職掌，遂成散職。正三品。太子太傅：官名。西魏時爲東宮三師之一，掌教諭太子。正二品。

[5]景賢：人名。賀婁子幹之父。西魏時官至右衛大將軍。事亦見《北史》卷二〇《樓寶傳》、卷七三《賀婁子幹傳》，《元和姓纂》卷九《賀婁氏》。

[6]右衛大將軍：官名。西魏時爲右衛府的長官，掌領本府禁軍宿衛宮廷。正三品。

[7]釋褐：官制用語。即脱去平民衣服而換上官服，喻指始任官職。　司水上士：官名。全稱是小司水上士。北周時爲冬官府司水曹的屬官，掌判本曹日常事務。正三命。

[8]小司水：官名。全稱是小司水下大夫。北周時爲冬官府司水曹的次官，協助長官司水中大夫掌管水利工程及河津橋梁、舟船漁捕等政令。正四命。

[9]思安縣子：爵名。北周時爲十一等爵的第九等。正六命。

[10]儀同大將軍：官名。北周武帝建德四年（575）改儀同三

司爲儀同大將軍，亦簡稱"儀同"。爲北周十一等勳官的第八等，可開府置官屬。九命。

[11]大象：北周宣帝和静帝年號（579—580）。

[12]軍器監：官名。亦稱軍器大監。北周武帝建德四年始置，掌兵器戰具營造之事務。命品未詳。（參見王仲犖《北周六典》卷七《軍器監營作監第十四》，第515頁）

[13]秦州：北周時治所在今甘肅天水市。

[14]伯：爵名。此是思安縣伯的省稱。北周時爲十一等爵的第八等。正七命。

　　及尉迥作亂，[1]子幹與宇文司録從韋孝寬討之。[2]遇賊圍懷州，[3]子幹與宇文述等擊破之。[4]高祖大悦，手書曰："逆賊尉迥，敢遣蟻衆，作寇懷州。公受命誅討，應機蕩滌，聞以嗟贊，不易可言。丈夫富貴之秋，正在今日，善建功名，以副朝望也。"其後每戰先登，及破鄴城，[5]與崔弘度逐迥至樓上。[6]進位上開府，封武川縣公，[7]邑三千户，以思安縣伯別封子皎。[8]

[1]尉迥：人名。即尉遲迥。北周末年官任相州總管，起兵反對楊堅篡周，旋被討滅。傳見《周書》卷二一、《北史》卷六二。

[2]宇文司録：人名。北周末年與賀婁子幹共同領兵，部從行軍元帥韋孝寬征討相州總管尉遲迥之叛。其事除見於本書本傳外，未見其他記載。　韋孝寬：人名。北周末年位居上柱國，官任行軍元帥，奉詔統軍略定淮南，又討滅相州總管尉遲迥之叛。傳見《周書》卷三一、《北史》卷六四。

[3]懷州：北周時治所在今河南沁陽市。

[4]宇文述：人名。傳見本書卷六一、《北史》卷七九。

[5]鄴城：都邑名。爲東魏、北齊的都城，北周相州總管府的治所，在今河北臨漳縣西南鄴鎮東。北周靜帝大象二年平定相州總管尉遲迥之叛時，城被焚毁，遂移至今河南安陽市，仍爲相州治所。

[6]崔弘度：人名。傳見本書卷七四，《北史》卷三二有附傳。

[7]武川縣公：爵名。北周時爲十一等爵的第六等。正九命或九命。

[8]皎：人名。即賀婁皎。北周末年以父功得襲其父舊爵爲思安縣伯。事亦見《北史》卷七三《賀婁子幹傳》。

開皇元年，進爵鉅鹿郡公。[1]其年，吐谷渾寇凉州，[2]子幹以行軍總管從上柱國元諧擊之，[3]功最優，詔褒美。高祖慮邊塞未安，即令子幹鎮凉州。明年，突厥寇蘭州，[4]子幹率衆拒之，至可洛峐山，[5]與賊相遇。賊衆甚盛，子幹阻川爲營，賊軍不得水數日，人馬甚敝，縱擊，大破之。於是册授子幹爲上大將軍曰：“於戲！敬聽朕命。唯爾器量閑明，志情强果，任經武將，勤績有聞。往歲凶醜未寧，屢驚疆場，[6]拓土静亂，殊有厥勞。是用崇兹賞典，加此車服，往欽哉！[7]祗承榮册，可不慎歟！”徵授營新都副監，[8]尋拜工部尚書。[9]其年，突厥復犯塞，以行軍總管從竇榮定擊之。[10]子幹別路破賊，斬首千餘級，高祖嘉之，遣通事舍人曹威賚優詔勞勉之。[11]子幹請入朝，詔令馳驛奉見。吐谷渾復寇邊，西方多被其害，命子幹討之。馳驛至河西，[12]發五州兵，入掠其國，殺男女萬餘口，二旬而還。高祖以隴西頻被寇掠，[13]甚患之。彼俗不設村塢，敕子幹勒民爲堡，營田積穀，以備不虞。子幹上書曰：“比者凶寇侵擾，蕩滅之期，匪朝伊夕。[14]伏願聖慮，勿以爲懷。今臣在此，觀機而作，不得準詔行事。且隴西、河右，土曠民稀，邊境未寧，不可廣爲田種。比見屯田之所，獲少費多，虛役人功，卒逢踐暴。屯田疏遠者，請皆廢省。但隴右之民以畜牧爲事，若更屯聚，彌不獲安。只可嚴謹斥候，[15]豈容集人聚畜。請要路之所，加其防守。但使鎮戍連接，[16]烽候相望，民雖散居，必謂無慮。”高祖從之。俄而虜寇岷、洮二州，[17]子幹勒兵赴之，賊聞而遁去。

[1]鉅鹿郡公：爵名。爲隋九等爵的第四等。從一品。

[2]吐谷（yù）渾：古族名。本遼東鮮卑之種，姓慕容氏，西晉時西遷至群羌故地，北朝至隋唐時期游牧於今青海北部和新疆東南部地區。傳見本書卷八三、《晉書》卷九七、《魏書》卷一〇一、《周書》卷五〇、《北史》卷九六、《舊唐書》卷一九八、《新唐書》卷二二一上。

[3]元諧：人名。傳見本書卷四〇、《北史》卷七三。

[4]突厥寇蘭州：“蘭州”底本原作“蘭川”，殿本、庫本與底本同，宋刻遞修本、中華本及《北史》卷七三《賀婁子幹傳》作“蘭州”，岑仲勉校稱“應依《北史》七三正作蘭州”（參見岑仲勉《隋書求是》，第99頁），今據改。

[5]可洛峐山：在今甘肅蘭州市附近。按，“峐”字底本、宋刻遞修本、殿本、中華本及《北史·賀婁子幹傳》皆同，庫本作“硋”。

[6]屢驚疆場：“場”字底本、殿本、庫本皆同，宋刻遞修本、中華本作“場”。

　　[7]往欽哉：古代皇帝詔書中用以勉勵臣下的套語。意謂往後
須更敬慎。

　　[8]營新都副監：此是隋初負責營建新都大興城（今陝西西安
市及其南郊）的副主管官員，位在主管大監之下。屬臨時差遣之
職，隋開皇三年大興城建成後則罷廢。

　　[9]工部尚書：官名。隋文帝開皇二年始置。爲尚書省所轄六
部之一工部的長官，掌全國百工、屯田、山澤之政令，統工部、屯
田、虞部、水部四曹。置一員，正三品。

　　[10]竇榮定：人名。傳見本書卷三九，《北史》卷六一有
附傳。

　　[11]通事舍人：官名。隋初爲内史省的屬官，置十六人，掌承
旨傳宣之事，從六品上。隋煬帝大業三年改隸謁者臺，更名通事謁
者，置二十人，從六品。　　曹威：人名。隋文帝開皇二年官任通事
舍人，奉命出使慰勞賀婁子幹，以優詔嘉勉其抗擊突厥之功。事亦
見《册府元龜》卷三八三《將帥部・褒異第九》。

　　[12]河西：地區名。亦稱河右。指今甘肅、青海兩省黄河以西
地區，即河西走廊和湟水流域一帶。

　　[13]隴西：地區名。亦稱隴右。泛指今甘肅隴山以西地區。

　　[14]匪朝伊夕：意謂非晨即夕。極言時間之短。

　　[15]斥候：偵察、候望。亦指邊防中用以瞭望敵情的烽火
城堡。

　　[16]鎮戍：南北朝至隋唐時期在邊境要衝地帶設置的軍事機構
和軍事據點。其規模較大、級別較高者稱“鎮”，而規模較小、級
別較低者則稱“戍”。

　　[17]岷：州名。治所在今甘肅岷縣。　　洮：州名。治所在今甘
肅臨潭縣。

　　　高祖以子幹曉習邊事，授榆關總管十鎮諸軍事。[1]

歲餘，拜雲州刺史，[2]甚爲虜所憚。後數年，突厥雍虞閭遣使請降，[3]并獻羊馬。詔以子幹爲行軍總管，出西北道應接之。還拜雲州總管，以突厥所獻馬百匹、羊千口以賜之，乃下書曰："自公守北門，風塵不警。突厥所獻，還以賜公。"母憂去職。朝廷以榆關重鎮，非子幹不可，尋起視事。[4]十四年，以病卒官，[5]時年六十。高祖傷惜者久之，賻縑千匹，[6]米麥千斛，贈懷、魏等四州刺史，[7]謚曰懷。子善柱嗣，[8]官至黔安太守。[9]

[1]榆關：邊鎮名。在今内蒙古托克托縣東南。隋文帝開皇三年在此置榆關總管府。

[2]雲州：隋文帝開皇五年改榆關總管府置爲雲州總管府，治所在今内蒙古托克托縣東北，開皇二十年又移治今内蒙古和林格爾縣西北。

[3]雍虞閭：人名。即隋時東突厥都藍可汗。事亦見本書卷五一《長孫晟傳》、卷八四《突厥傳》，《北史》卷二二《長孫晟傳》、卷九九《突厥傳》。

[4]視事：就任官職而治理政事。此指服喪期未滿而奉命復官任職。

[5]十四年，以病卒官：本書卷二《高祖紀下》載賀婁子幹卒於開皇十三年七月，與此處所載"十四年"異，岑仲勉認爲本紀所載時間"較可信"（參見岑仲勉《隋書求是》，第99頁）。

[6]賻：贈送財物以助治喪。

[7]懷：州名。治所在今河南沁陽市。 魏：州名。治所在今河北大名縣東北。

[8]善柱：人名。即賀婁善柱。賀婁子幹的嗣子，隋煬帝時官至黔安郡太守。事亦見《北史》卷七三《賀婁子幹傳》。 嗣：此

指繼承父輩的爵位和家業，以延續香火。

[9]黔安：郡名。隋大業初改黔州置。治所在今重慶彭水苗族土家族自治縣東。

　　子幹兄詮，[1]亦有才器，位至銀青光禄大夫、鄯純深三州刺史、北地太守、東安郡公。[2]

　　[1]詮：人名。即賀婁詮。隋時位至銀青光禄大夫，歷官鄯純深三州刺史、北地郡太守，爵封東安郡公。事亦見《北史》卷七三《賀婁子幹傳》。

　　[2]銀青光禄大夫：官名。屬散實官。隋初爲正三品，隋煬帝大業三年降爲從三品。　鄯：州名。治所在今青海樂都縣。按，"鄯"字各本皆同，但《北史·賀婁子幹傳》作"鄭"。　純：州名。治所在今河南桐柏縣東北。　深：州名。隋開皇十六年（596）置。治所在今河北安平縣。　北地：郡名。隋大業初改豳州置。治所在今甘肅寧縣。　東安郡公：爵名。爲隋九等爵的第四等。從一品。

史萬歲

　　史萬歲，京兆杜陵人也。[1]父静，[2]周滄州刺史。[3]萬歲少英武，善騎射，驍捷若飛。好讀兵書，兼精占候。[4]年十五，值周、齊戰於芒山，[5]萬歲時從父入軍，旗鼓正相望，萬歲令左右趣治裝急去。俄而周師大敗，其父由是奇之。武帝時，釋褐侍伯上士。[6]及平齊之役，其父戰没，萬歲以忠臣子，拜開府儀同三司，[7]襲爵太平縣公。[8]

　　[1]京兆：郡名。治所在今陝西西安市。　杜陵：縣名。漢時治所在今陝西西安市東南郊。按，此處因言史氏郡望，故沿用漢縣名，隋時無杜陵縣。

　　[2]静：人名。即史静，西魏、北周時人。官至滄州刺史。事亦見《北史》卷七三《史萬歲傳》。

　　[3]周：即北周（557—581），都於長安（今陝西西安市西北郊）。　滄州：北周時治所在今河北鹽山縣西南。

　　[4]占候：古人根據天象變化以預測自然災異和人事吉凶的占卜之術。

　　[5]芒山：亦作“邙山”。在今河南洛陽市北。

　　[6]侍伯上士：官名。北周時其隸屬未詳，當是掌領侍伯禁兵的軍官。正三命。（參見王仲犖《北周六典》卷七《六官餘録第十三》，第512頁）

　　[7]開府儀同三司：北周武帝建德四年已改稱開府儀同三司爲開府儀同大將軍，而文中所述事在改稱之後，故此處仍作“開府儀同三司”欠準確，當作“開府儀同大將軍”。

　　[8]太平縣公：爵名。北周時十一等爵的第六等。正九命或九命。

　　尉迥之亂也，萬歲從梁士彥擊之。[1]軍次馮翊，[2]見群雁飛來，萬歲謂士彥曰：“請射行中第三者。”既射之，應弦而落，三軍莫不悦服。及與迥軍相遇，每戰先登。鄴城之陣，官軍稍却，萬歲謂左右曰：“事急矣，吾當破之。”於是馳馬奮擊，殺數十人，衆亦齊力，官軍乃振。及迥平，以功拜上大將軍。[3]

　　[1]梁士彥：人名。傳見本書卷四〇、《周書》卷三一、《北

史》卷七三。

　　[2]馮（píng）翊：郡名。北周時治所在今陝西高陵縣。

　　[3]上大將軍：官名。北周武帝建德四年始置，爲北周十一等勳官的第三等，可開府置官屬。正九命。

　　尒朱勔以謀反伏誅，[1]萬歲頗相關涉，坐除名，配敦煌爲戍卒。[2]其戍主甚驍武，[3]每單騎深入突厥中，掠取羊馬，輒大剗獲。突厥無衆寡，莫之敢當。其人深自矜負，數罵辱萬歲。萬歲患之，自言亦有武用。戍主試令馳射而工，戍主笑曰：“小人定可。”萬歲請弓馬，復掠突厥中，大得六畜而歸。戍主始善之，每與同行，輒入突厥數百里，[4]名讋北夷。[5]竇榮定之擊突厥也，萬歲詣轅門請自效。[6]榮定數聞其名，見而大悅。因遣人謂突厥曰：“士卒何罪過，令殺之，但當各遣一壯士決勝負耳。”突厥許諾，因遣一騎挑戰。榮定遣萬歲出應之，萬歲馳斬其首而還。突厥大驚，不敢復戰，遂引軍而去。由是拜上儀同，[7]領車騎將軍。[8]平陳之役，又以功加上開府。[9]

　　[1]尒朱勔：人名。隋文帝開皇初年位居大將軍，因謀反被誅殺，受牽連者甚多。事亦見《北史》卷七三《史萬歲傳》。

　　[2]敦煌：郡名。治所在今甘肅敦煌市西。

　　[3]戍主：官名。戍是隋時在邊境要塞所設的軍事據點。每戍置戍主爲其軍事長官，掌領戍卒駐守邊塞。戍主分上、中、下三等，品秩分別爲正七品下、正八品下、正九品下。

　　[4]輒入突厥數百里：“入”字底本、宋刻遞修本、庫本、中華本及《北史·史萬歲傳》皆同，但殿本作“久”，顯訛。

［5］讋（zhé）：震懾。　北夷：古代對北方少數民族的泛稱。此指突厥。

［6］轅門：古代領兵將帥的軍營門。

［7］上儀同：官名。全稱是上儀同三司。爲隋十一等散實官的第七等，可開府置僚佐。從四品上。

［8］車騎將軍：官名。隋初爲府兵制中統領驃騎府兵的軍事副長官，正五品上。隋煬帝大業三年改驃騎府爲鷹揚府，車騎將軍遂改稱鷹揚副郎將，大業五年又改稱鷹擊郎將，降爲從五品。

［9］上開府：官名。全稱是上開府儀同三司。爲隋十一等散實官的第五等，可開府置僚佐。從三品。

及高智慧等作亂江南，[1]以行軍總管從楊素擊之。[2]萬歲率衆二千，自東陽別道而進，[3]逾嶺越海，攻陷溪洞不可勝數。[4]前後七百餘戰，轉鬭千餘里，寂無聲問者十旬，遠近皆以萬歲爲没。萬歲以水陸阻絶，信使不通，乃置書竹筒中，浮之於水。汲者得之，以言於素。素大悦，上其事。高祖嗟歎，賜其家錢十萬，還拜左領軍將軍。[5]

［1］高智慧：人名。隋時吳州會稽縣人。開皇十年聚衆叛亂，初號東揚州刺史，尋自稱天子，聲勢强勁，楊素率軍屢破之，遂入海南逃至閩越之地；至開皇十二年被泉州酋帥王國慶俘獲，獻於楊素，斬之。事亦見本書卷二《高祖紀下》、卷三《煬帝紀上》、卷三八《皇甫績傳》、卷四八《楊素傳》、卷五五《杜彦傳》、卷六〇《于仲文傳》、卷六四《來護兒傳》、卷六五《李景傳》、卷六六《陸知命傳》、卷七一《劉弘傳》、卷七四《崔弘度傳》，《北史》卷四一《楊素傳》、卷七八《張奫傳》、卷七九《段達傳》。　江南：

地區名。亦稱“江表”“江外”。指長江以南地區。

　　[2]楊素：人名。傳見本書卷四八，《北史》卷四一有附傳。

　　[3]東陽：縣名。治所在今浙江金華市。

　　[4]溪洞：古代南方少數民族的聚居之地。

　　[5]左領軍將軍：官名。按，本書《百官志下》載隋文帝朝置“左右領軍府，各掌十二軍籍帳、差科、辭訟之事。不置將軍。唯有長史、司馬”等員（《通典》卷二八《職官·左右領軍衛》所載略同）。但考本書和《北史》紀傳，隋文帝時及煬帝初年，任左、右領軍大將軍者有高熲、宇文忻、李安、楊秀、崔彭、楊爽、賀若弼、劉升等人，任左、右領軍將軍者有李安、楊處綱、史萬歲、盧賁、史祥、獨孤陀、長孫晟等人。由此可知，《百官志下》所云“不置將軍”當是隋初始設左右領軍府時所定之制，而稍後則與其他衛府一樣實際上各置有大將軍和將軍。左領軍將軍，當是左領軍府的次官，職掌如前《百官志下》所載，員額和品秩則當與其他各衛府將軍相同，亦爲二員，從三品。

　　先是，南寧夷爨翫來降，[1]拜昆州刺史，[2]既而復叛。遂以萬歲爲行軍總管，率衆擊之。入自蜻蛉川，[3]經弄棟，[4]次小勃弄、大勃弄，[5]至于南中。[6]賊前後屯據要害，萬歲皆擊破之。行數百里，見諸葛亮紀功碑，[7]銘其背曰：“萬歲之後，勝我者過此。”萬歲令左右倒其碑而進。渡西二河，[8]入渠濫川，[9]行千餘里，破其三十餘部，虜獲男女二萬餘口。諸夷大懼，遣使請降，獻明珠徑寸。於是勒石頌美隋德。萬歲遣使馳奏，請將翫入朝，詔許之。爨翫陰有二心，不欲詣闕，[10]因賂萬歲以金寶，萬歲於是捨翫而還。蜀王時在益州，[11]知其受賂，遣使將索之。萬歲聞而悉以所得金寶沉之於江，索無所獲。以功進位柱國。[12]晉王廣虛衿敬之，[13]待以交友之禮。上知爲所善，令萬歲督晉府軍事。[14]明年，爨翫復反，蜀王秀奏萬歲受賂縱賊，致生邊患，無大臣節。上令窮治其事，事皆驗，罪當死。上數之曰："受金放賊，重勞士馬。朕念將士暴露，寢不安席，食不甘味，卿豈社稷臣也？"萬歲曰："臣留爨翫者，恐其州有變，留以鎮撫。臣還至瀘水，[15]詔書方到，由是不將入朝，實不受賂。"上以萬歲心有欺隱，大怒曰："朕以卿爲好人，何乃官高祿重，翻爲國賊也？"顧有司曰："明日將斬之。"萬歲懼而服罪，頓首請命。左僕射高熲、左衛大將軍元旻等進曰：[16]"史萬歲雄略過人，每行兵用師之處，未嘗不身先士卒，尤善撫御，將士樂爲致力，雖古名將未能過也。"上意少解，於是除名爲民。歲餘，復官爵。尋拜河州刺史，[17]復領行軍總管以備胡。[18]

[1]南寧夷：指隋時南寧州總管府（治所在今雲南曲靖市）境內的少數民族。　爨翫：人名。隋時南中地區爨氏部族的首領。隋文帝開皇初歸降隋朝，官拜昆州刺史。但至開皇中又聚衆叛隋，史萬歲奉詔率軍擊破之，遂懼而請降。此後叛服不定，終被隋文帝誅殺。事亦見《北史》卷七三《史萬歲傳》、《新唐書》卷二二二下《兩爨蠻傳》。

[2]昆州：隋開皇四年置。治所在今雲南昆明市西。

[3]蜻蛉川：地名。在今雲南大姚縣。

[4]弄棟：地名。亦作"弄棟"。在今雲南姚安縣北。

[5]小勃弄：地名。在今雲南祥雲縣。　大勃弄：地名。在今雲南彌渡縣。

[6]南中：地區名。指今四川大渡河以南及雲南、貴州一帶地區。三國時以其地處蜀漢之南，故名南中。

[7]諸葛亮：人名。三國時蜀漢丞相，曾率軍平定南中。傳見《三國志》卷三五。

[8]渡：底本原作"度"，宋刻遞修本、殿本、庫本與底本同，據中華本改。　西二河：古水名。亦稱"西洱河"。即今雲南洱源縣與大理市之間的西洱河及洱海湖。

[9]渠濫川：地名。在今雲南大理市東北。

[10]詣闕：此指赴京朝見天子。

[11]蜀王：隋文帝第四子楊秀的封爵名。傳見本書卷四五、《北史》卷七一。　益州：北周置總管府，隋初改置大總管府。治所在今四川成都市。

[12]柱國：官名。爲隋十一等散實官的第二等，可開府置僚屬。正二品。

[13]晋王廣：即楊廣。紀見本書卷三、四，《北史》卷一二。虛衿：虛懷、虛心。

[14]督晉府軍事：即督管晉王府的軍事事務。此當是晉王府司馬之職掌。

[15]瀘水：古水名。指今四川南部雅礱江下游以及四川和雲南交界處的金沙江下游一段。

[16]左僕射：官名。隋尚書省置左、右僕射各一人爲副貳，地位僅次於長官尚書令。但因隋代尚書令不常置，僕射則成爲尚書省的實際長官，是宰相之職。從二品。　高熲：人名。傳見本書卷四一、《北史》卷七二。　左衛大將軍：官名。隋初設左右衛，各置大將軍一人爲本府長官，掌宮掖禁禦，督攝仗衛。正三品。隋煬帝大業三年改左右衛爲左右翊衛，左衛大將軍遂改稱左翊衛大將軍。

元旻：人名。隋文帝時官至左衛大將軍，爵封五原郡公，開皇二十年皇太子楊勇被廢時苦諫，文帝怒而誅之。事亦見本書卷四〇《元胄傳》、卷四五《房陵王勇傳》、卷四七《柳謇之傳》，《北史》卷六八

《王世積傳》、卷七一《房陵王勇傳》、卷七三《元胄傳》。

[17]河州：治所在甘肅臨夏市。

[18]胡：古代對北方和西方少數民族的泛稱。此指突厥。

開皇末，突厥達頭可汗犯塞，[1]上令晉王廣及楊素出靈武道，[2]漢王諒與萬歲出馬邑道。[3]萬歲率柱國張定和、大將軍李藥王、楊義臣等出塞，[4]至大斤山，[5]與虜相遇。達頭遣使問曰："隋將爲誰？"候騎報"史萬歲也"。[6]突厥復問曰："得非敦煌戍卒乎？"候騎曰："是也。"達頭聞之，懼而引去。萬歲馳追百餘里乃及，[7]擊大破之，斬數千級，逐北入磧數百里，[8]虜遁逃而還。楊素害其功，因譖萬歲云："突厥本降，初不爲寇，來於塞上畜牧耳。"遂寢其功。萬歲數亢表陳狀，上未之悟。會上從仁壽宮初還京師，[9]廢皇太子，窮東宮黨與。上問萬歲所在，萬歲實在朝堂，楊素見上方怒，因曰："萬歲謁東宮矣。"以激怒上。上謂爲信然，令召萬歲。時所將士卒在朝稱冤者數百人，萬歲謂之曰："吾今日爲汝極言於上，事當決矣。"既見上，言將士有功，爲朝廷所抑，詞氣憤厲，忤於上。上大怒，令左右撾殺之。[10]既而悔，追之不及，因下詔罪萬歲曰："柱國、太平公萬歲，[11]拔擢委任，每總戎機。[12]往以南寧逆亂，令其出討。而昆州刺史爨翫包藏逆心，爲民興患。朕備有成敕，令將入朝。萬歲乃多受金銀，違敕令住，致爨翫尋爲反逆，更勞師旅，方始平定。所司檢校，罪合極刑，捨過念功，恕其性命，年月未久，即復本官。近復總戎，進討蕃裔。[13]突厥達頭可汗領其凶衆，欲相拒抗，既見軍威，便即奔退，兵不血刃，賊徒瓦解。如此稱捷，國家盛事，朕欲成其勳庸，復加褒賞。而萬歲、定和通簿之日，乃懷姦詐，妄稱逆面交兵，不以實陳，懷反覆之方，弄國家之法。若竭誠立節，心無虛罔者，乃爲良將，至如萬歲，懷詐要功，便是國賊，朝憲難虧，不可再捨。”死之日，天下士庶聞者，識與不識，莫不冤惜。[14]

[1]達頭可汗：隋時西突厥的可汗，名玷厥。事見本書卷八四、《北史》卷九九《突厥傳》。

[2]靈武道：道路名。因取道靈州靈武郡（治所在今寧夏靈武市西南）而得名。

[3]漢王諒：即隋文帝第五子楊諒。傳見本書卷四五、《北史》卷七一。　馬邑道：道路名。因取道朔州馬邑郡（治所在今山西朔州市）而得名。按，“馬邑道”各本皆同，《北史》卷七三《史萬歲傳》亦同，但本書卷六七《裴矩傳》及《北史》卷三八《裴矩傳》均作“定襄道”。

[4]張定和：人名。傳見本書卷六四、《北史》卷七八。　大將軍：官名。爲隋十一等散實官的第四等，可開府置僚佐。正三品。　李藥王：人名。即隋末唐初名將李靖之兄李端，字藥王。隋文帝開皇末位居大將軍，襲爵永康縣公，部從史萬歲出塞抗擊西突厥，多立戰功。事亦見本書卷五二《韓洪傳》、卷七四《趙仲卿傳》，《北史》卷六八《韓洪傳》、卷六九《趙仲卿傳》，《新唐書》卷七二上《宰相世系表二上》、卷九三《李靖傳》。　楊義臣：人名。傳見本書卷六三、《北史》卷七三。

[5]大斤山：亦稱“秦山”。即今內蒙古土默川平原以北的大青山。屬陰山山脈中段，亦即狹義的陰山。

[6]候騎：即擔任偵察巡邏任務的騎兵。

[7]馳：底本、宋刻遞修本、中華本及《北史·史萬歲傳》皆同，但殿本、庫本作"騎"。

[8]磧：即沙漠。此指今蒙古高原大沙漠地帶。

[9]仁壽宮：隋離宮名。始建於開皇十三年，位於今陝西麟游縣西天臺山上。因其凉爽宜人，且離京城不遠，故爲隋代帝王消夏避暑之所。

[10]撲（bó）：擲，擊。

[11]太平公：爵名。全稱是太平縣公。爲隋九等爵的第五等。從一品。

[12]戎機：戰事；軍事機宜。

[13]蕃裔：古代泛指外族或外國。此指突厥。

[14]莫不冤惜：此句底本、中華本皆同，宋刻遞修本、殿本、庫本"惜"下有"之"字。

　　萬歲爲將，不治營伍，[1]令士卒各隨所安，無警夜之備，虜亦不敢犯。臨陣對敵，應變無方，[2]號爲良將。有子懷義。[3]

[1]營伍：指軍隊的行列以及對士兵的約束。

[2]無方：意謂無定法定式而變化多端。

[3]懷義：人名。即史懷義。事見《北史》卷七三《史萬歲傳》。

劉方　馮昱　王擐　李充　楊武通　陳永貴　房兆

　　劉方，京兆長安人也。[1]性剛決，有膽氣。仕周承御上士，[2]尋以戰功，拜上儀同。[3]高祖爲丞相，方從韋孝寬破尉迥於相州，[4]以功加開府，賜爵河陰縣侯，[5]邑八百户。高祖受禪，進爵爲公。^[6]開皇三年，從衛王爽破突厥於白道，^[7]進位大將軍。其後歷甘、瓜二州刺史，^[8]尚未知名。

［1］長安：縣名。治所在今陝西西安市西。

［2］承御上士：官名。全稱是小承御上士。北周時爲侍衛皇帝左右的武官。正三命。

［3］上儀同：官名。全稱是上儀同大將軍。北周武帝建德四年始置，爲北周十一等勳官的第七等，可開府置官屬。九命。

［4］相州：北魏天興四年（401）分冀州始置相州，治所在今河北臨漳縣西南鄴鎮東。東魏、北齊時改稱司州，爲都城所在地。北周建德六年滅北齊後復名相州。北周大象二年平定相州總管尉遲迥之叛後，因州城被毀，遂移治今河南安陽市。

［5］河陰縣侯：爵名。北周時爲十一等爵的第七等。正八命。

［6］公：爵名。此當是河陰縣公的省稱。爲隋九等爵的第五等。從一品。

［7］衛王爽：即隋文帝的異母弟楊爽。傳見本書卷四四、《北史》卷七一。　白道：關隘名。在今内蒙古呼和浩特市西北。

［8］甘：州名。治所在今甘肅張掖市。　瓜：州名。治所在今甘肅敦煌市西。

仁壽中，^[1]會交州俚人李佛子作亂，^[2]據越王故城，^[3]遣其兄子大權據龍編城，^[4]其別帥李普鼎據烏延城。^[5]左僕射楊素言方有將帥之略，上於是詔方爲交州道行軍總管，^[6]以度支侍郎敬德亮爲長史，^[7]統二十七營而進。方法令嚴肅，軍容齊整，有犯禁者，造次斬之。^[8]然仁而愛士，有疾病者，親自撫養。長史敬德亮從軍至尹州，[9]疾甚，不能進，留之州館。分別之際，方哀其危篤，流涕鳴咽，感動行路。其有威惠如此，論者稱爲良將。至都隆嶺，[10]遇賊二千餘人來犯官軍，方遣營主宋纂、何貴、嚴願等擊破之。[11]進兵臨佛子，先令人諭以禍福，佛子懼而降，送於京師。其有桀黠者，[12]恐於後爲亂，皆斬之。

[1]仁壽：隋文帝楊堅年號（601—604）。

[2]交州：治所在今越南河内市。　俚：古族名。漢至隋時分布在今兩廣沿海、海南島以及越南等地。參見本書卷八二《南蠻傳》、《北史》卷九五傳末"論曰"。　李佛子：人名。隋時交州俚族酋帥。隋文帝仁壽二年舉兵反隋，劉方奉詔統軍討平之，被執送於長安。事亦見本書卷二《高祖紀下》、卷五六《令狐熙傳》，《北史》卷一一《隋文帝紀》、卷六七《令狐熙傳》、卷七三《劉方傳》。

[3]越王故城：即秦漢時駱越王所居的王城。故址在今越南河内市。

[4]大權：人名。李佛子之侄，隋文帝仁壽二年隨從李佛子舉兵反隋，受命據守龍編城，旋被討滅。事亦見《通鑑》卷一七九《隋紀》仁壽二年條。　龍編城：城名。在今越南河内市東北。

[5]李普鼎：人名。李佛子的屬下別帥，隋文帝仁壽二年部從李佛子舉兵反隋，受命據守烏延城，旋被討滅。事亦見《通鑑》卷一七九《隋紀》仁壽二年條。　烏延城：城名。在今越南河内市西北。

[6]交州道：戰區名。即以交州爲中心而臨時劃定的作戰區域，戰罷即撤廢。

[7]度支侍郎：官名。爲尚書省民部所轄四曹之一度支曹的長官，置二員，掌判全國租賦多寡、物產豐約及收支出納之政務。隋

初爲正六品上，開皇三年升爲從五品。隋煬帝大業三年改諸曹侍郎爲郎，度支侍郎遂改稱度支郎。 敬德亮：人名。隋文帝仁壽二年官任度支侍郎，奉命調任爲交州道行軍總管府長史，以協助行軍總管劉方征討交州俚人之叛，但不幸病卒於行軍途中。事亦見《北史》卷五五《敬顯儁傳》、卷七三《劉方傳》，《新唐書·宰相世系表五上》。 長史：此指行軍總管府的長史。爲隋時出征軍統帥屬下的幕府僚佐，位居幕府内衆幕僚之首，掌領幕府行政事務。屬臨時差遣任命之職，事罷則廢。

[8]造次：立刻，片刻。

[9]尹州：隋開皇九年平陳後改南定州置。治所在今廣西貴港市東南。

[10]都隆嶺：山名。其地當在今越南東北部，具體位置未詳。

[11]宋纂、何貴、嚴願：人名。此三人皆爲隋軍營將，隋文帝仁壽二年部從劉方征討交州俚人之叛，在都隆嶺擊破叛軍前鋒，威震俚人。事亦均見《北史·劉方傳》。

[12]桀黠：凶悍狡詐。

尋授驩州道行軍總管，[1]以尚書右丞李綱爲司馬，[2]經略林邑。[3]方遣欽州刺史甯長真、驩州刺史李暈、上開府秦雄以步騎出越常，[4]方親率大將軍張愻、司馬李綱舟師趣比景。[5]高祖崩，煬帝即位，[6]大業元年正月，軍至海口。[7]林邑王梵志遣兵守險，[8]方擊走之。師次闍黎江，[9]賊據南岸立柵，方盛陳旗幟，擊金鼓，賊懼而潰。既渡江，行三十里，賊乘巨象，四面而至。方以弩射象，象中創，[10]却蹂其陣，王師力戰，賊奔於柵，因攻破之，俘馘萬計。於是濟區粟，[11]度六里，[12]前後逢賊，每戰必擒。進至大緣江，[13]賊據險爲柵，又擊破之。逕馬援銅柱，[14]南行八日，至其國都。林邑王梵志棄城奔海，獲其廟主金人，[15]污其宮室，刻石紀功而還。士卒腳腫，死者十四五。方在道遇患而卒，帝甚傷惜之，乃下詔曰："方蕭承廟略，[16]恭行天討，飲冰遄邁，[17]視險若夷。摧鋒直指，出其不意，鯨鯢盡殪，[18]巢穴咸傾，役不再勞，肅清海外。致身王事，誠績可嘉，可贈上柱國、盧國公。"[19]子通仁嗣。[20]

[1]驩州道：戰區名。即以驩州（治所在今越南榮市）爲中心而臨時劃定的作戰區域，戰罷即撤廢。

[2]尚書右丞：官名。爲尚書省的屬官，與尚書左丞對置，各一人，分掌尚書都省事務，糾駁諸司文案，總判兵、刑、工三部之事。隋初爲從四品下，煬帝大業三年升爲正四品。　李綱：人名。隋文帝仁壽末年官至尚書右丞，奉調任爲驩州道行軍總管府司馬，以協助行軍總管劉方征伐林邑國。唐初官至禮部尚書、太子少師，爲唐代名臣。傳見《舊唐書》卷六二、《新唐書》卷九九。　司馬：此指行軍總管府的司馬。爲隋時出征軍統帥屬下的幕府僚佐，協助行軍總管掌領幕府軍務。屬臨時差遣任命之職，事罷則廢。

[3]林邑：古國名。始建於公元二世紀，故地在今越南中南部。傳見本書卷八二、《晉書》卷九七、《南史》卷七八、《北史》卷九五、《舊唐書》卷一九七、《新唐書》卷二二二下。

[4]欽州：隋開皇十八年改安州置。治所在今廣西欽州市東北。　甯長真：人名。隋至唐初欽州俚獠部族的首領。隋文帝仁壽末年至隋煬帝大業初年官任欽州刺史，受驩州道行軍總管劉方之命，率軍協同征伐林邑國。事亦見本書卷六八《何稠傳》、卷八二《林邑傳》，《北史》卷七三《劉方傳》、卷九〇《何稠傳》，《舊唐書》卷五六《蕭銑傳》、卷五九《丘和傳》，《新唐書》卷九五《高儉傳》、卷二二二下《南平獠傳》。　李暈：人名。隋文帝仁壽末年

至隋煬帝大業初年官任驩州刺史，受劉方之命率軍協同征伐林邑國。事亦見本書《林邑傳》、《北史·劉方傳》及《林邑傳》。　秦雄：人名。隋文帝仁壽末年至隋煬帝大業初年官居上開府儀同三司，受劉方之命率軍協同征伐林邑國。事亦見本書《林邑傳》、《北史·劉方傳》及《林邑傳》。　越常：縣名。亦作"越裳"。治所在今越南河靜西北。

　　[5]張愻：人名。隋文帝仁壽末年至隋煬帝大業初年位居大將軍，扈從劉方率軍征伐林邑國。事亦見《北史·劉方傳》。　比景：縣名。治所在今越南河靜。按，"比景"底本原作"北景"，庫本與底本同，《北史·劉方傳》又作"北境"，均訛，今據宋刻遞修本、殿本、中華本改。

　　[6]煬帝：即隋煬帝楊廣。紀見本書卷三、四，《北史》卷一二。

　　[7]海口：地名。《通鑑》卷一八〇《隋紀》大業元年條胡三省注稱此是"林邑出海之口"。可知其地當在今越南中部沿海一帶，具體位置未詳。

　　[8]梵志：人名。姓范氏，隋至唐初林邑國的國王。隋煬帝大業元年劉方率軍攻破其國，遂棄城逃奔海上。劉方班師後，又復其故國，遣使朝貢於隋。事亦見本書《林邑傳》、《北史·劉方傳》及《林邑傳》、《舊唐書·林邑傳》、《新唐書》卷二二二下《環王傳》等。

　　[9]闍黎江：古水名。其地當在今越南河靜之南，具體位置未詳。

　　[10]象中創："創"字底本原作"瘡"，宋刻遞修本、殿本、庫本與底本同，據中華本改。

　　[11]區粟：古水名。其地當在闍黎江之南，今地未詳。按，"粟"字各本皆同，《北史·劉方傳》作"栗"。

　　[12]六里：古水名。其地當在區粟之南，今地未詳。

　　[13]大緣江：古水名。其地當在六里水之南，今地未詳。

　　[14]馬援：人名。東漢名將。曾率軍南征交趾、日南等地，立柱紀功而還。傳見《後漢書》卷二四。　銅柱：即東漢馬援南平交趾、日南等地越人之叛後所樹立的銅柱界標。立柱之地當在林邑國北境，即今越南中部地帶。

　　[15]廟主金人：此指林邑國王在其宗廟中所供奉的祖先靈位和金像。

　　[16]廟略：指朝廷的謀略。

　　[17]飲冰：語出《莊子·人間世》："今吾朝受命而夕飲冰。"後因以喻謂受命從政，爲國憂心。亦喻指清苦廉潔。　遄邁：快速前進，疾行。

　　[18]鯨鯢：比喻凶惡的敵人。亦借指海盜。

　　[19]上柱國：贈官。從一品。　盧國公：贈爵名。從一品。

　　[20]通仁：人名。即劉通仁。事亦見《北史·劉方傳》。

　　開皇時，有馮昱、王擩、李充、楊武通、陳永貴、房兆，俱爲邊將，名顯當時。

　　昱、擩，並不知何許人也。昱多權略，有武藝。高祖初爲丞相，以行軍總管與王誼、李威等討叛蠻，[1]平之，拜柱國。[2]開皇初，又以行軍總管屯乙弗泊以備胡。[3]突厥數萬騎來掩之，昱力戰累日，衆寡不敵，竟爲虜所敗，亡失數千人，殺虜亦過當。其後備邊數年，每戰常大克捷。擩驍勇善射，高祖以其有將帥才，每以行軍總管屯兵江北，[4]禦陳寇。數有戰功，爲陳人所憚。伐陳之役，及高智慧反，攻討皆有殊績。官至柱國、白水郡公。[5]

　　[1]王誼：人名。傳見本書卷四〇，《北史》卷六一有附傳。

李威：人名。北周末年與馮昱同爲行軍總管，部從行軍元帥王誼討平江漢地區巴蠻之叛，以功進位柱國。隋文帝開皇初年又以平蠻之功位至上柱國，爵封黎國公。事亦見本書卷三七《李穆傳》、卷四〇《王誼傳》，《周書》卷二五《李遠傳》，《北史》卷五九《李賢傳》、卷七三《馮昱傳》。　蠻：古代對長江中游及其以南地區少數民族的泛稱。

[2]柱國：官名。全稱是柱國大將軍。北魏太武帝始置柱國，以爲開國元勳長孫嵩的加官。北魏末年孝莊帝以尒朱榮有擁立之功，又特置此官以授之，位在丞相之上。西魏文帝以宇文泰有中興之功，亦置此官授之。後凡屬功參佐命、望實俱重的大臣，也得居之。至西魏大統十六年以前，任此官者名義上有八人，但宗室元欣有其名而無實權，宇文泰爲最高統帥，其他六柱國則分掌禁旅，各轄二大將軍，爲府兵系統的最高長官。大統十六年以後，功臣位至柱國者愈多，遂成爲散秩，無所統御。至北周武帝時，又增置上柱國等官，形成十一等勳官之制。柱國大將軍是十一等勳官的第二等，可開府置官屬。正九命。

[3]乙弗泊：古湖名。《通鑑》卷一七五《陳紀》太建十四年條胡三省注："乙弗泊當在鄯州（治所在今青海樂都縣）之西。"

[4]江北：地區名。泛指長江以北之地。

[5]白水郡公：爵名。爲隋九等爵的第四等。從一品。

　　充，[1]隴西成紀人也。[2]少慷慨，有英略。開皇中，頻以行軍總管擊突厥有功，官至上柱國、武陽郡公，[3]拜朔州總管，[4]甚有威名，爲虜所憚。後有人譖其謀反，徵還京師，上譴怒之。充性素剛，遂憂憤而卒。

　　[1]充：人名。即李充。《北史》卷一〇〇《序傳》、《舊唐書》卷六二《李大亮傳》、《新唐書·宰相世系表二上》均作"充節"，

疑乃隋唐時人習慣省稱兩字名爲單名之故。

[2]隴西：郡名。治所在今甘肅隴西縣南。　成紀：縣名。治所在今甘肅通渭縣東北。

[3]武陽郡公：爵名。爲隋九等爵的第四等。從一品。

[4]朔州：隋初置總管府。治所在今山西朔州市。

武通，弘農華陰人，[1]性果烈，善馳射。數以行軍總管討西南夷，[2]每有功，封白水郡公，拜左武衛大將軍。[3]時党項羌屢爲邊患，[4]朝廷以其有威名，歷岷、蘭二州總管以鎮之。後與周法尚討嘉州叛獠，[5]法尚軍初不利，武通率數千人，爲賊斷其歸路。武通於是束馬懸車，[6]出賊不意，頻戰破之。賊知其孤軍無援，傾部落而至。武通轉鬭數百里，爲賊所拒，四面路絕。武通輕騎接戰，墜馬，爲賊所執，殺而啖之。

[1]弘農：郡名。治所在今河南靈寶市。　華陰：縣名。治所在今陝西華陰市。

[2]西南夷：古代對分布在今甘肅南部、四川西部和南部以及雲南、貴州一帶的少數民族的總稱。

[3]左武衛大將軍：官名。爲左武衛府的長官，置一員，掌領外軍宿衛宮禁。正三品。按，“左武衛大將軍”各本皆同，但《北史》卷七三《楊武通傳》作“左武衛將軍”。

[4]党項羌：古族名。亦單稱“党項”。是西羌的一支。南北朝時分布在今青海、甘肅、四川邊緣地帶，隋唐時遷居今甘肅、寧夏、陝北一帶。傳見本書卷八三、《北史》卷九六、《舊唐書》卷一九八、《新唐書》卷二二一上。

[5]周法尚：人名。傳見本書卷六五、《北史》卷七六。　嘉

州：治所在今四川樂山市。　獠（lǎo）：古族名。南北朝至隋唐時散布在今四川、雲南、貴州、湖南、廣東、廣西等地。傳見《魏書》卷一〇一、《周書》卷四九、《北史》卷九五、《舊唐書》卷一九七、《新唐書》卷二二二下。

　　[6]束馬懸車：意謂包裹馬足，掛牢車子，以防滑跌傾覆。形容路險難行。

　　永貴，隴右胡人也，本姓白氏，以勇烈知名。高祖甚親愛之，數以行軍總管鎮邊，每戰必單騎陷陣。官至柱國、蘭利二州總管，[1]封北陳郡公。[2]

　　[1]利：州名。西魏置總管府，北周、隋初沿之。治所在今四川廣元市。
　　[2]北陳郡公：爵名。爲隋九等爵的第四等。從一品。

　　兆，代人也，本姓屋引氏，剛毅有武略。頻爲行軍總管擊胡，以功官至柱國、徐州總管。[1]並史失其事。[2]

　　[1]徐州：北周置總管府，隋初沿之。治所在今江蘇徐州市。
　　[2]並史失其事：房兆事迹另有見於周紹良主編《唐代墓誌彙編》龍朔〇一八《唐故處士房（寶子）君墓誌銘》、麟德〇三六《房（仁遜）君墓誌》（上海古籍出版社1992年版，第348頁、419頁），可補本傳之缺。

　　史臣曰：長儒等結髮從戎，[1]俱有驍雄之略，總統師旅，各擅禦侮之功。[2]長儒以步卒二千，抗十萬之虜，師殲矢盡，勇氣彌厲，壯哉！子幹西涉青海，[3]北臨玄塞，[4]胡夷懾憚，烽候無警，亦有可稱。萬歲實懷智勇，善撫士卒，人皆樂死，師不疲勞。北却匈奴，南平夷獠，[5]兵鋒所指，威驚絶域。論功杖氣，[6]犯忤貴臣，[7]偏聽生姦，死非其罪，人皆痛惜，有李廣之風焉。[8]劉方號令無私，治軍嚴肅，克剪林邑，遂清南海，[9]徼外百蠻，[10]無思不服。凡此諸將，志烈過人，出當推轂之重，[11]入受爪牙之寄，[12]雖馬伏波之威行南裔，[13]趙充國之聲動西羌，[14]語事論功，各一時也。

[1]結髮：束髮。古代男子自成童開始束髮，遂以指初成年時。

[2]禦侮：抵禦外侮。

[3]青海：湖名。亦稱"西海"。即今青海省境内的青海湖。按，"青"底本原作"清"，殿本與底本同，今據宋刻遞修本、庫本、中華本及《北史》卷七三傳末"論曰"改。

[4]玄塞：指北方邊塞長城。因北方在古代五色學説中其色爲黑，故稱"玄"。

[5]夷獠：古代對西南少數民族的泛稱。

[6]論功杖氣："杖"字底本、宋刻遞修本、殿本、中華本皆同，庫本及《北史》卷七三傳末"論曰"作"仗"。

[7]犯忤貴臣："忤"字底本原作"伍"，今據宋刻遞修本、殿本、庫本、中華本及《北史》卷七三傳末"論曰"改。

[8]李廣：人名。西漢名將。傳見《史記》卷一〇九、《漢書》卷五四。

[9]南海：地區名。古代泛指極南的地區，即今東南亞一帶。

[10]徼外：即塞外、邊外。　百蠻：古代對南方少數民族的總稱。後亦泛稱其他少數民族。

[11]推轂：古代帝王任命將帥時的隆重禮遇，即帝王親自爲所

命將帥推車前進。後遂用作出任將帥之職的代稱。

[12]爪牙：喻指帝王身邊的心腹武臣。

[13]馬伏波：即東漢名將馬援。因其官任伏波將軍，故稱"馬伏波"。參見前注"馬援"。　南裔：指南方邊境地區。

[14]趙充國：人名。西漢名將。傳見《漢書》卷六九。　西羌：西漢時對羌人的泛稱。後亦專指東漢時內徙定居在今甘肅中南部的一支羌人。

隋書　卷五四

列傳第十九

王長述

　　王長述，[1]京兆霸城人也。[2]祖羆，[3]魏太尉。[4]父慶遠，[5]周淮州刺史。[6]長述幼有儀範，年八歲，周太祖見而異之，[7]曰：“王公有此孫，足爲不朽。”解褐員外散騎侍郎，[8]封長安縣伯。[9]累遷撫軍將軍、銀青光禄大夫、太子舍人。[10]長述早孤，少爲祖羆所養，及羆薨，居喪過禮，有詔褒異之。免喪，襲封扶風郡公，[11]邑三千户。[12]除中書舍人，[13]修起居注，[14]改封龍門郡公。[15]從于謹平江陵有功，[16]增邑五百户。周受禪，[17]又增邑，通前四千七百户。拜賓部大夫，[18]出爲晉州刺史，[19]轉玉壁總管長史。[20]尋授司憲大夫，[21]出拜廣州刺史，[22]甚有威惠，吏人懷之，在任數年，蠻夷歸之者三萬餘户。[23]朝議嘉之，就拜大將軍。[24]後歷襄、仁二州總管，[25]並有能名。

　　[1]王長述：人名。《周書》卷一八《王述傳》、《北史》卷六二《王長述傳》均稱王長述名述，字長述。

　　[2]京兆：郡名。治所在今陝西西安市。　霸城：縣名。三國曹魏時置，北周建德二年（573）縣廢。治所在今陝西西安市東北。按，此處因言王氏郡望，故沿用三國時舊縣名，隋時無霸城縣。

　　[3]羆：人名。即王羆，北魏至西魏時人。官至驃騎大將軍、開府儀同三司、雍州刺史、河東鎮將，爵封扶風郡公，卒贈太尉。傳見《周書》卷一八、《北史》卷六二。

　　[4]魏：即北魏（386—557），亦稱後魏。初都平城（今山西大同市東北），公元494年遷都洛陽（今河南洛陽市東北白馬寺東）。公元534年分裂爲東魏和西魏兩個政權。東魏（534—550）都於鄴（今河北臨漳縣西南鄴鎮東），西魏（535—557）都於長安（今陝西西安市西北郊）。　太尉：官名。西魏時爲三公之首，可開府置僚屬，參議國家大事，實則無具體職掌，多用爲大臣加官。正一品。按，據《周書·王羆傳》及《北史·王羆傳》，此處太尉是王羆死後的贈官。

　　[5]慶遠：人名。即王慶遠，北魏末至西魏初人。官至直閣將軍，早卒。事亦見《周書·王羆傳》《北史·王羆傳》《新唐書·宰相世系表二中》。

　　[6]周：即北周（557—581），都於長安（今陝西西安市西北郊）。　淮州：西魏改東荊州置，北周沿之。治所在今河南泌陽縣。按，本傳下文稱“長述早孤，少爲祖羆所養”，《周書·王羆傳》及《北史·王羆傳》亦稱王慶遠“弱冠以功臣子拜直閣將軍，先羆卒”，可知王慶遠並未仕至北周而早卒。故疑此處“周淮州刺史”或當是北周時給王慶遠追贈之官，或當是西魏時官之誤稱。

　　[7]周太祖：即宇文泰。西魏執政大臣，北周的奠基者，北周立國後被追尊爲太祖。紀見《周書》卷一、二，《北史》卷九。

　　[8]解褐：官制用語。亦稱“釋褐”。意謂脫去平民衣服而換上官服，喻指入仕始任官職。　員外散騎侍郎：官名。西魏時屬散

官。分左、右置，均爲正七品上。

[9]長安縣伯：爵名。西魏時爲十一等爵的第七等。正三品。

[10]撫軍將軍：官名。西魏時屬軍號官，無具體職掌，多用作加官。從二品。 銀青光禄大夫：官名。西魏時屬散官。正三品。 太子舍人：官名。西魏時爲太子東宮的屬官，掌書令表啓之事，制比朝廷的中書舍人。從六品下。

[11]扶風郡公：爵名。西魏時爲十一等爵的第二等。正一品。

[12]邑：也稱食邑、封邑。是古代君王封賜給有爵位之人的一種食禄制度，受封者可徵收封地內的民户租税充作食禄。魏晉以後，食邑分爲虚封和實封兩類：虚封一般僅冠以“邑”或“食邑”之名，這祇是一種榮譽性加銜，受封者並不能獲得實際的食禄收入；而實封一般須冠以“真食”“食實封”等名，受封者可真正獲得食禄收入。

[13]除：官制用語。即拜官、授職。 中書舍人：官名。西魏時爲中書省的屬官，掌參議表章，草擬詔敕。正六品下。

[14]起居注：即皇帝的言行録。兩漢時由宮内修撰，魏晉以後設官專修。凡與皇帝有關的朝廷大事皆按日記載，以供修撰國史所據。

[15]龍門郡公：爵名。西魏時爲十一等爵的第二等。正一品。

[16]于謹：人名。西魏、北周重臣。位居柱國大將軍，官至太傅、大宗伯，爵封燕國公。西魏恭帝元年（554），領兵南征江陵，攻滅梁元帝蕭繹，另立蕭詧爲後梁國主。傳見《周書》卷一五，《北史》卷二三有附傳。 江陵：縣名。南朝梁時治所在今湖北荆州市。梁元帝平定侯景之亂後在此即位稱帝，遂建爲其都城。于謹領兵攻滅梁元帝後，又在此建立後梁政權，爲西魏、北周的附屬藩國。

[17]受禪：中國古代王朝更迭時，新皇帝承受舊皇帝讓給的帝位，即稱受禪。此指北周孝閔帝宇文覺於公元557年廢西魏恭帝，自稱皇帝，正式建立北周王朝。

[18]賓部大夫：官名。北周時於秋官府賓部曹，置賓部中大夫、小賓部下大夫各一人，爲該曹正、副長官，掌對外邦交之政令，以待四方賓客使者。命品分別爲正五命、正四命。而據《北史·王長述傳》，此處“賓部大夫”當是“小賓部下大夫”的省稱。

[19]晋州：北周時先後有兩個晋州：一是北周初始置的晋州，治所在今山西絳縣東南，建德五年州廢；二是北周武帝建德五年攻取北齊舊置的晋州，設總管府，治所在今山西臨汾市。文中所指當是第一個晋州。

[20]玉壁：城名。故址在今山西稷山縣西南。西魏大統四年（538），以玉壁四面臨深谷，形勢險要，遂在此築城以禦東魏，且移東道行臺兼置并州鎮之。北周又在此置勳州，後改置絳州，設總管府鎮之，以禦北齊。　總管長史：官名。北周時爲諸州總管府的上佐官，位居府中衆屬官之首，協助總管統領府中政務。其命品史無明載，但北周諸州府的長史按州等級分爲六命至四命五個等級，故諸州總管府長史的命品亦應與五等州長史的命品略同。

[21]司憲大夫：官名。全稱是司憲中大夫。北周時爲秋官府司憲曹的長官，置二員，掌五禁、五戒之法，以左右刑罰，糾察百官。正五命。

[22]廣州：北周時治所在今河南魯山縣。

[23]蠻夷：古代對四方邊遠地區少數民族的泛稱。亦專指南方少數民族。

[24]大將軍：官名。北周時爲十一等勳官的第四等，可開府置官屬。正九命。

[25]襄：州名。西魏置總管府，北周沿之。治所在今湖北襄樊市。　仁：州名。北齊始置，北周滅北齊後沿之，置總管府。治所在今安徽宿州市東南。　總管：官名。東魏孝静帝武定六年（548）始置總管，西魏亦置。北周明帝武成元年（559）正式改都督諸州軍事爲總管，加使持節諸軍事，總管之設乃成定制。北周總管或單

任，然多兼帶刺史，故總管的職權雖以軍事爲主，實際是一軍政轄區若干州、鎮、防的最高長官。北周總管的命品史無明載，但應不低於五等州刺史的命品。隋初承繼北周之制亦置諸州總管，分上、中、下三等，品秩分別爲流内視從二品、視正三品、視從三品，可作參考。（參見王仲犖《北周六典》卷一〇《總管府第二十五》，中華書局1979年版，第623頁）

　　及高祖爲丞相，[1]授信州總管，[2]部内夷獠猶有未賓，[3]長述討平之，進位上大將軍。[4]王謙作亂益州，[5]遣使致書於長述，因執其使，上其書，又陳取謙之策。上大悦，前後賜黄金五百兩，授行軍總管，[6]率衆討謙。以功進位柱國。[7]開皇初，[8]復獻平陳之計，[9]修營戰艦，爲上流之師。上善其能，頻加賞勞，下書曰：“每覽高策，深相嘉歎，命將之日，當以公爲元帥也。”後數歲，以行軍總管擊南寧，[10]未至，道病卒。上甚傷惜之，令使者弔祭，贈上柱國、冀州刺史，[11]諡曰莊。[12]子謨嗣。[13]謨弟軌，[14]大業末，[15]東郡通守。[16]少子文楷，[17]起部郎。[18]

　　[1]高祖：隋文帝楊堅的廟號。紀見本書卷一、二，《北史》卷一一。　丞相：官名。此是“左大丞相”或“大丞相”的簡稱。北周静帝大象二年（580）置左、右大丞相，以宗室親王宇文贊爲右大丞相，僅有虛名；而以外戚楊堅爲左大丞相，總攬朝政。旋又去左右之號，獨以楊堅爲大丞相。楊堅由此成爲控制北周朝廷的權臣。

　　[2]信州：北周置總管府。治所在今重慶奉節縣東。

　　[3]夷獠（lǎo）：古代對西南各少數民族的泛稱。　賓：歸順，

服從。

[4]上大將軍：官名。北周武帝建德四年始置，爲北周十一等勳官的第三等，可開府置官屬。正九命。

[5]王謙：人名。北周末年官任益州總管，起兵反對楊堅篡周，旋被討滅。傳見《周書》卷二一，《北史》卷六〇有附傳。　益州：北周置總管府。治所在今四川成都市。

[6]行軍總管：北周至隋時所置的統領某部或某路出征軍隊的軍事長官。根據需要其上還可置行軍元帥以統轄全局。屬臨時差遣任命之職，事罷則廢。

[7]柱國：官名。全稱是柱國大將軍。北魏太武帝始置柱國，以爲開國元勳長孫嵩的加官。北魏末年孝莊帝以尒朱榮有擁立之功，又特置此官以授之，位在丞相之上。西魏文帝以宇文泰有中興之功，亦置此官授之。後凡屬功參佐命、望實俱重的大臣，也得居之。至西魏大統十六年以前，任此官者名義上有八人，但宗室元欣有其名而無實權，宇文泰爲最高統帥，其他六柱國則分掌禁旅，各轄二大將軍，爲府兵系統的最高長官。大統十六年以後，功臣位至柱國者愈多，遂成爲散秩，無所統御。至北周武帝時，又增置上柱國等官，形成十一等勳官之制。柱國大將軍是十一等勳官的第二等，可開府置官屬。正九命。

[8]開皇：隋文帝楊堅年號（581—600）。

[9]陳：即南朝陳（557—589），都於建康（今江蘇南京市）。

[10]南寧：州名。隋開皇四年置，設總管府。治所在今雲南曲靖市。

[11]上柱國：贈官。從一品。　冀州：治所在今河北冀州市。

[12]諡：古代帝王、貴族、大臣、士大夫或其他有地位的人死後，據其生前業迹評定的一種帶有褒貶意義的稱號。

[13]謨：人名。即王謨。事亦見《北史》卷六二《王長述傳》。　嗣：此指繼承父輩的爵位和家業，以延續香火。

[14]謨弟軌：“謨”字底本原脫，殿本、庫本與底本同，今據

宋刻遞修本、中華本及《北史・王長述傳》補。軌，人名。即王軌，王長述的次子，王謨之弟。隋煬帝大業末年官至東郡通守。隋末大亂時，先以郡歸附宇文化及，後又歸附李密。唐初官任滑州刺史，至竇建德陷黎陽時，被其家奴所殺。事亦見本書卷七〇《李密傳》、卷八五《宇文化及傳》，《北史》卷六〇《李密傳》、卷七九《宇文化及傳》，《舊唐書》卷五三《李密傳》、卷五四《竇建德傳》，《新唐書》卷八四《李密傳》、卷八五《竇建德傳》等。

〔15〕大業：隋煬帝楊廣年號（605—618）。

〔16〕東郡：隋煬帝大業三年改兗州置。治所在今河南滑縣。通守：官名。隋煬帝大業中始於各郡加置通守一人，位在太守之下、郡丞之上，以協助太守掌領本郡軍政事務。京兆、河南二郡則特稱之爲“内史”。按，“東郡通守”各本皆同，但《北史・王長述傳》作“郡守”，疑有脱誤。

〔17〕文楷：人名。王長述的少子。隋煬帝時官至起部郎。事亦見《北史・王長述傳》。

〔18〕起部郎：官名。隋初於尚書省工部下轄四曹之一工部曹置工部侍郎二人爲該曹長官，掌百工徒役、土木營造之政令。正六品上，開皇三年升爲從五品。隋煬帝大業三年改諸曹侍郎爲“郎”，而又於尚書省所轄六部各置“侍郎”一人爲六部之次官。此後，工部侍郎就成爲工部的副長官，正四品；而原工部侍郎則改稱爲“起部郎”，以別於六部侍郎之名，從五品。

李衍

李衍字拔豆，遼東襄平人也。[1]父弼，[2]周太師。[3]衍少專武藝，慷慨有志略。周太祖時，釋褐千牛備身，[4]封懷仁縣公。[5]加開府，[6]改封普寧縣公，[7]遷義州刺史。[8]尋從韋孝寬鎮玉壁城，[9]數與賊戰，敵人憚之。

及平齊，^[10]以軍功進授大將軍，改封眞鄉郡公，^[11]拜左宮伯，^[12]賜雜彩三百匹，奴婢二十口，賜子仲威爵浮陽郡公。^[13]後歷定、鄜二州刺史。^[14]

[1]遼東：郡名。漢時治所在今遼寧遼陽市。 襄平：縣名。漢時治所在今遼寧遼陽市。按，此處因言李氏郡望，故沿用漢郡縣名，隋時遼東郡地屬高麗國，亦無襄平縣。

[2]弼：人名。即李弼，西魏、北周重臣。位居柱國大將軍，官至太師、大司徒，爵封趙國公。傳見《周書》卷一五、《北史》卷六〇。

[3]太師：官名。北周時爲三公之首，名爲訓導之官，與天子坐而論道，實則無具體職掌，多用作元老重臣的榮譽性加銜。正九命。

[4]千牛備身：官名。北魏始置千牛備身，掌執千牛御刀，侍從皇帝左右。西魏承襲北魏之制亦置千牛備身，但其隸屬、品階未詳。

[5]懷仁縣公：爵名。西魏時爲十二等爵的第三等。從一品。

[6]開府：官名。全稱是開府儀同三司。西魏時屬勳官。西魏府兵制中二十四軍的長官均加此勳官名，可開府置官屬。從一品。

[7]普寧縣公：爵名。西魏時爲十一等爵的第三等。從一品。

[8]義州：西魏時治所在今河南盧氏縣。

[9]韋孝寬：人名。西魏、北周大臣。長期領兵坐鎮玉壁城以禦東魏、北齊，名震東夏。北周末年位居上柱國，官任行軍元帥，奉詔統軍略定淮南，又討滅相州總管尉遲迥之叛。傳見《周書》卷三一、《北史》卷六四。

[10]齊：即北齊（550—577），都於鄴（今河北臨漳縣西南鄴鎮東）。

[11]眞鄉郡公：爵名。北周時爲十一等爵的第五等。正九命。

　　[12]左宮伯：官名。全稱是左宮伯中大夫。北周時爲天官府左宮伯曹的長官，掌宮廷戒令糾禁，督攝仗衛。正五命。

　　[13]仲威：人名。即李仲威。李衍的嗣子，北周武帝建德六年以父功賜爵爲浮陽郡公。事亦見《北史》卷六〇《李衍傳》、《新唐書·宰相世系表二上》）。　浮陽郡公：爵名。北周時爲十一等爵的第五等。正九命。

　　[14]定：州名。北周時治所在今河北定州市。按，"定"字底本、宋刻遞修本、中華本同，但殿本、庫本作"安"，疑訛。　鄜：州名。亦作"敷"。北周時治所在今陝西富縣。

　　及王謙作亂，高祖以衍爲行軍總管，從梁睿擊平之。[1]進位上大將軍，賜縑二千匹。開皇元年，又以行軍總管討叛蠻，[2]平之。進位柱國，[3]賜帛二千匹。尋檢校利州總管事。[4]明年，突厥犯塞，[5]以行軍總管率衆討之，不見虜而還。轉介州刺史。[6]後數年，朝廷將有事江南，[7]詔衍於襄州道營戰船。[8]及大舉伐陳，授行軍總管，從秦王俊出襄陽道，[9]以功賜帛三千匹，米六百石。拜安州總管，[10]頗有惠政。歲餘，以疾還京師，卒於家，時年五十七。子仲威嗣。

　　[1]梁睿：人名。傳見本書卷三七，《北史》卷五九有附傳。
　　[2]蠻：古代對長江中游及其以南地區少數民族的泛稱。
　　[3]柱國：官名。隋文帝因改北周十一等勳官之制形成十一等散實官，用以酬勤勞，無實際職掌。柱國是十一等散實官的第二等，可開府置僚屬。正二品。
　　[4]檢校：官制用語。指尚未實授某官但已掌其職事，即代理、代辦之意。　利州：西魏置總管府，北周、隋初沿之。治所在今四

川廣元市。 總管：官名。全稱是總管刺史加使持節。北周始置諸州總管，隋初承繼，又有增置。總管的統轄範圍可達數州至十餘州，實爲一軍政轄區的最高長官。隋文帝在并、益、荆、揚四州置大總管，其餘州置總管。總管分上、中、下三等，品秩分別爲流内視從二品、視正三品、視從三品。

[5]突厥：古族名、國名。公元六世紀初興起於今阿爾泰山西南麓，552 年在今鄂爾渾河流域建立突厥汗國，此後其勢力擴展至大漠南北，横跨蒙古高原，隋開皇二年分裂爲東、西兩部。傳見本書卷八四、《周書》卷五〇、《北史》卷九九、《舊唐書》卷一九四、《新唐書》卷二一五。

[6]介州：治所在今山西汾陽市。

[7]事：此特指征伐戰事。 江南：地區名。亦稱“江表”“江外”。指長江以南地區。此代指南朝陳。

[8]襄州道：隋初根據形勢需要在地方設置軍政特區，稱爲“道”，每道範圍包括若干州。襄州道亦稱山南道，即在華山和終南山以南之地設置的軍政特區，治所在今湖北襄樊市。

[9]秦王俊：即隋文帝第三子楊俊。傳見本書卷四五、《北史》卷七一。 襄陽道：行軍道路名。因取道於襄陽縣（治所在今湖北襄樊市）而得名。

[10]安州：西魏置總管府，北周、隋初沿之。治所在今湖北安陸市。

　　衍弟子長雅，[1]尚高祖女襄國公主，[2]襲父綸爵，[3]爲河陽郡公。[4]開皇初，拜將軍、散騎常侍，[5]歷内史侍郎、河州刺史、檢校秦州總管。[6]

[1]長雅：人名。即李長雅，李衍之弟李綸的嗣子。北周時襲父爵爲河陽郡公，娶楊堅之女爲妻，隋初以駙馬身份歷官散騎常

侍、内史侍郎、河州刺史、檢校秦州總管等職。事亦見《周書》卷
一五、《北史》卷六〇《李弼傳》。

[2]尚：即尚主，專指娶公主爲妻。古時因尊帝王之女，不敢
言娶，故稱"尚"，有承奉、仰攀之意。　襄國公主：隋公主封號
名。隋文帝之女，嫁與李長雅爲妻。事亦見本書卷一《高祖紀上》、
《北史·李弼傳》。

[3]綸：人名。即李綸，李衍之弟。北周時官至開府儀同三司、
司會中大夫，爵封河陽郡公，早卒。事亦見《周書》卷五《武帝
紀上》、卷一五《李弼傳》，《北史》卷一〇《周武帝紀》、卷六
〇《李弼傳》，《新唐書·宰相世系表二上》。

[4]河陽郡公：爵名。北周時爲十一等爵的第五等。正九命。

[5]將軍：官名。隋開皇初年稱將軍的職官主要有兩類：一是
十二衛府中的將軍，各有具體職掌，品階爲從三品至從八品下不
等；二是散號官中的四十三號將軍，均無實際職掌，多用作加官，
品階爲正六品上至從九品下不等。此處"將軍"因缺前冠之名，故
無法確定其隸屬、職掌和品階。　散騎常侍：官名。爲門下省的屬
官，置四員，掌陪從朝值，獻納得失，實則爲閑散虛職，多用作加
官。從三品。隋煬帝大業三年罷廢。

[6]内史侍郎：官名。爲内史省的次官，協助本省長官掌詔令
出納宣行。隋初置四員，正四品下；隋煬帝大業三年減置二員，正
四品。大業十二年改内史省爲内書省，内史侍郎遂改稱内書侍郎。

河州：治所在今甘肅臨夏市。　秦州：北周置總管府，隋初沿
之。治所在今甘肅天水市。

衍從孫密，[1]別有傳。

[1]密：人名。即李密，李衍長兄李曜之孫，隋時名將蒲山公
李寬之子。傳見本書卷七〇、《北史》卷六〇、《舊唐書》卷五三、

伊婁謙

伊婁謙字彥恭，本鮮卑人也。[1] 其先代爲酋長，[2] 隨魏南遷。祖信，[3] 中部太守。[4] 父靈，[5] 相、隆二州刺史。[6] 謙性忠直，善辭令。仕魏爲直閤將軍。[7] 周受禪，累遷宣納上士，[8] 使持節、車騎大將軍。[9]

[1]鮮卑：古族名。爲東胡族的一支。秦漢時游牧於遼東，附於匈奴。北匈奴西遷後，進入匈奴故地，勢力漸盛。東漢桓帝時，首領檀石槐建立軍事行政聯合體，分東、中、西三部，各置大人統領。檀石槐死後，聯合體瓦解，附屬漢魏。兩晉南北朝時期，鮮卑慕容、乞伏、禿髮、拓跋、宇文等部先後在今華北及西北地區建立燕、西秦、南涼、北魏、北周等政權。隋唐以後漸被漢族同化。傳見《後漢書》卷九〇、《三國志》卷三〇。

[2]酋長：古代對少數民族部落首領的泛稱。

[3]信：人名。即伊婁信，北魏時人，官至中部郡太守。事亦見《北史》卷七五《伊婁謙傳》。

[4]中部：郡名。北魏時治所在今陝西黃陵縣南。

[5]靈：人名。即伊婁靈，北魏末至西魏時人，官至相、隆二州刺史。事亦見《北史·伊婁謙傳》。

[6]相：州名。北魏時治所在今河北臨漳縣西南。　隆：州名。西魏時治所在今四川閬中市。

[7]直閤將軍：官名。西魏時爲左右衛的屬官，掌宿衛侍從。其品階未詳，但北齊、隋時直閤將軍均爲從四品下，可作參考。

[8]宣納上士：官名。北周時其隸屬、職掌未詳，"或天官之

屬”。正三命。（參見王仲犖《北周六典》卷七《六官餘録第十三》，第495頁）

[9]使持節：魏晉南北朝至隋代，凡重要軍政長官出鎮或出征時，以及皇帝派遣使臣出巡地方或出使藩邦時，均加使持節、持節、假節等頭銜，以表示其權力和尊崇。使持節可誅殺二千石以下官吏，持節可誅殺無官職之人，假節可誅殺犯軍令之人。　車騎大將軍：官名。北周時屬軍號官。北周府兵制中儀同府的長官均帶此軍號官。九命。按，“車騎”各本皆同，但《北史·伊婁謙傳》作“驃騎”。

武帝將伐齊，[1]引入内殿，從容謂曰：“朕將有事戎馬，何者爲先？”謙對曰：“愚臣誠不足以知大事，但僞齊僭擅，[2]跋扈不恭，沈溺倡優，[3]耽昏麴櫱。[4]其折衝之將斛律明月已斃讒人之口，[5]上下離心，道路仄目。[6]若命六師，[7]臣之願也。”帝大笑，因使謙與小司寇拓拔偉聘齊觀釁。[8]帝尋發兵。齊主知之，[9]令其僕射陽休之責謙曰：[10]“貴朝盛夏徵兵，馬首何向？”[11]謙答曰：“僕憑式之始，[12]未聞興師。設復西增白帝之城，[13]東益巴丘之戍，[14]人情恒理，豈足怪哉！”謙參軍高遵以情輸於齊，[15]遂拘留謙不遣。帝克并州，[16]召謙勞之曰：“朕之舉兵，本俟卿還；不圖高遵中爲叛逆，[17]乖朕宿心，遵之罪也。”乃執遵付謙，任令報復。謙頓首請赦之，帝曰：“卿可聚衆唾面，令知愧也。”謙跪曰：“以遵之罪，又非唾面之責。”帝善其言而止。謙竟待遵如初。其寬厚仁恕，皆此類也。尋賜爵濟陽縣伯，[18]累遷前驅中大夫。[19]大象中，[20]進爵爲侯，[21]加位開府。[22]

[1]武帝：即北周武帝宇文邕。紀見《周書》卷五、六，《北史》卷一〇。

[2]僭擅：意謂越分妄稱帝王名號。古時常用以指斥非正統的王朝政權。

[3]沈溺：同“沉溺”。　倡優：古代娼妓和優伶的合稱。

[4]耽昏：沉湎昏迷。　麴糵：即酒麴。亦借指酒。

[5]折衝：意謂使敵人的戰車後撤。喻指克敵制勝。　斛律明月：人名。即斛律光，字明月。東魏、北齊名將，屢立戰功，官至左丞相。北齊後主忌其功高震主，遂聽信讒言，以謀反罪誅殺之，盡滅其族。《北齊書》卷一七、《北史》卷五四有附傳。

[6]仄目：斜着眼看。多表示畏懼、忌恨等情緒。

[7]六師：本指周天子所統六軍之師。後用以泛稱天子的軍隊。

[8]小司寇：官名。全稱是小司寇上大夫。北周時爲秋官司寇府的次官，置二員，協助長官大司寇卿掌刑法律令，裁斷獄訟，以佐皇帝刑邦國。正六命。　拓拔偉：人名。即元偉。拓拔是其鮮卑舊姓，亦作“拓跋”。北周武帝建德四年官居小司寇上大夫，奉詔任爲聘齊使主，與副使伊婁謙同赴北齊出訪，伺機刺探北齊軍政情形，以助伐齊，但因屬下僚佐高遵泄漏北周軍機，結果被齊人扣留拘禁，直至建德六年北周攻滅北齊，方得釋歸還。傳見《周書》卷三八，《北史》卷一五有附傳。　聘：指國與國之間的出使訪問。

[9]齊主：即北齊後主高緯。紀見《北齊書》卷八、《北史》卷八。按，“齊主”底本原作“齊王”，殿本、庫本與底本同，當訛，今據宋刻遞修本、中華本及《北史》卷七五《伊婁謙傳》改。

[10]僕射：官名。北齊時爲尚書省的次官，左右各置一員，輔助長官尚書令執行政務，參議國家大政。但因北齊尚書令不常置，尚書省政務常由左右僕射主持，僕射則成爲尚書省的實際長官，位列宰相。從二品。　陽休之：人名。北齊後主時官任尚書右僕射。傳見《北齊書》卷四二，《北史》卷四七有附傳。

[11]馬首：此指出征軍隊的前進方向和攻伐目標。

[12]憑式：亦作“憑軾”。意謂人體倚在車前橫木之上。喻指駕車出使或出征。

[13]設：推想，設想。　白帝：古城名。在今重慶奉節縣東瞿塘峽口。三國時蜀主劉備在夷陵戰敗後退還於此，起永安宮居之，故又名永安城。

[14]巴丘：山名。在今湖南岳陽市境内。三國時吳將魯肅、萬彧等曾率重兵屯戍於此，其後成爲長江中游的軍事重鎮。

[15]參軍：此是北周出訪使主屬下的參謀僚佐官。屬臨時差遣之職，事罷則廢。　高遵：人名。北周武帝建德四年任爲聘齊使主屬下參軍，隨從使主元偉、副使伊婁謙出使北齊，其間曾向北齊泄漏北周軍機，結果使元偉、伊婁謙均被北齊扣留拘禁。至建德六年北周攻克北齊陪都晋陽時，伊婁謙獲釋，高遵被捕，周武帝令伊婁謙報復高遵，但伊婁謙却奏請赦免高遵之罪，待之如初。事亦見《北史·伊婁謙傳》。

[16]并州：治所在今山西太原市西南古城營。東魏、北齊時在此築宮設朝，建爲陪都。

[17]不圖：不料，没想到。

[18]濟陽縣伯：爵名。北周時爲十一等爵的第八等。正七命。

[19]前驅中大夫：官名。北周時其隸屬未詳，當是統領前驅府兵的軍事長官，掌宿衛侍從。正五命。（參見王仲犖《北周六典》卷七《六官餘録第十三》，第511頁）

[20]大象：北周宣帝和静帝年號（579—580）。

[21]侯：爵名。此當是濟陽縣侯的省稱。北周時爲十一等爵的第七等。正八命。

[22]開府：官名。全稱是開府儀同三司，北周武帝建德四年改稱開府儀同大將軍。北周時屬勳官。北周府兵制中二十四軍的每軍長官均加此勳官名，可開府置官屬。九命。

　　高祖作相，授亳州總管，[1]俄徵還京。既平王謙，謙恥與逆人同名，因爾稱字。高祖受禪，以彥恭爲左武候將軍，[2]俄拜大將軍，[3]進爵爲公。[4]數年，出爲澤州刺史，[5]清約自處，甚得人和。以疾去職，吏人攀戀，[6]行數百里不絕。數歲，卒於家，時年七十。子傑嗣。[7]

　　[1]亳州：北周末年改南兗州置，設總管府。治所在今安徽亳州市。

　　[2]彥恭：伊婁謙之字。　左武候將軍：官名。隋初置左右武候府，掌皇帝出宮巡狩時的先驅後殿、晝夜警備等軍務。左武候將軍是左武候府的次官，置二人。從三品。隋煬帝大業三年改左右武候府爲左右候衛，左武候將軍遂改稱左候衛將軍。

　　[3]大將軍：官名。爲隋十一等散實官的第四等，可開府置僚佐。正三品。

　　[4]公：爵名。此當是濟陽縣公的省稱。爲隋九等爵的第五等。從一品。

　　[5]澤州：隋開皇初改建州置。治所在今山西澤州縣東北高都鎮。

　　[6]攀戀：意謂攀住車馬，不勝依戀。古時常用於表示對良吏的眷戀。

　　[7]傑：人名。即伊婁傑。事亦見《北史》卷七五《伊婁謙傳》。

田仁恭

　　田仁恭字長貴，平凉長城人也。[1]父弘，[2]周大司空。[3]仁恭性寬仁，有局度。[4]在周，以明經爲掌式中士。^[5]後以父軍功，賜爵鶉陰子。^[6]大冢宰宇文護引爲中外兵曹。^[7]後數載，復以父功拜開府儀同三司，遷中外府掾。^[8]從護征伐，數有戰功，改封襄武縣公，^[9]邑五百戶。從武帝平齊，加授上開府，^[10]進封淅陽郡公，^[11]增邑二千戶，拜幽州總管。^[12]宣帝時，^[13]進爵雁門郡公。^[14]

[1]平涼：郡名。治所在今寧夏固原市。　長城：縣名。治所在今寧夏彭陽縣。

[2]弘：人名。即田弘，北魏末至北周時人。官至柱國大將軍、大司空、襄州總管，爵封雁門郡公。傳見《周書》卷二七、《北史》卷六五。

[3]大司空：官名。全稱是大司空卿。北周時爲冬官司空府的長官，置一員，掌邦事，督百工，以五材九範之徒佐皇帝富邦國，營城郭都邑，立社稷宗廟，造宮宅器械。正七命。

[4]局度：即才幹和氣度。

[5]明經：漢代察舉取士的一種科目名。南北朝時沿置，亦爲朝廷選拔人才的考試科目之一，主要考察應舉者對儒家經典的通曉程度，凡合格者即可錄用授官。　掌式中士：官名。北周時爲天官府納言曹的屬官，掌理御案筆硯之事，侍從皇帝左右。正二命。

[6]鶉陰子：爵名。全稱是鶉陰縣子。北周時爲十一等爵的第九等。正六命。

[7]大冢宰：官名。全稱是大冢宰卿。西魏恭帝三年仿《周禮》建六官，置大冢宰卿一人爲天官冢宰府的長官，職掌邦治，以建邦之六典輔佐皇帝治邦國。正七命。北周沿置，然其權力則因人而異，若有“五府總於天官”之命，即稱“冢宰”，能總攝百官，實爲大權在握的宰輔；若無此命，即稱“太宰”，與五卿並列，僅統本府官。　宇文護：人名。北周初期的宗室權臣，官居大冢宰，

都督中外諸軍事，至北周武帝建德元年被誅殺。傳見《周書》卷一一，《北史》卷五七有附傳。　中外兵曹：官名。全稱是中外府兵曹參軍事。北周武帝保定元年（561），以大冢宰宇文護爲都督中外諸軍事，開府置官屬，府名簡稱"中外府"，此爲宇文護控制北周朝政的權力機構。至建德元年，周武帝誅殺宇文護，親總朝政，中外府則廢。中外府兵曹參軍事，即爲宇文護中外府所屬列曹參軍之一，掌判府内武官選舉、兵器甲仗等事務。正四命。

[8]中外府掾：官名。北周時爲宇文護中外府的屬官，與"中外府屬"同列，分管府内諸曹事務。正五命。

[9]襄武縣公：爵名。北周時爲十一等爵的第六等，"命數未詳，非正九命則當是九命"（參見王仲犖《北周六典》卷八《封爵第十九》，第548頁）。

[10]上開府：官名。全稱是上開府儀同大將軍。北周武帝建德四年始置，爲北周十一等勳官的第五等，可開府置官屬。九命。

[11]淅陽郡公：爵名。北周時爲十一等爵的第五等。正九命。

[12]幽州：北周武帝建德六年平北齊後置總管府。治所在今北京市西南。

[13]宣帝：即北周宣帝宇文贇。紀見《周書》卷七、《北史》卷一〇。

[14]雁門郡公：爵名。北周時爲十一等爵的第五等。正九命。

　　高祖爲丞相，徵拜小司馬，[1]進位大將軍。從韋孝寬破尉遲迴於相州，[2]拜柱國。高祖受禪，進上柱國，[3]拜太子太師，[4]甚見親重。嘗幸其第，宴飲極歡，禮賜殊厚。奉詔營廟社，[5]進爵觀國公，[6]增邑通前五千户。未幾，拜右武衛大將軍。[7]歲餘，卒官，時年四十七。贈司空，[8]謚曰敬。子世師嗣。[9]次子德戀，[10]在《孝義傳》。

[1]小司馬：官名。全稱是小司馬上大夫。北周時爲夏官司馬府的次官，置二員，協助長官大司馬卿掌邦政，主征伐，以佐皇帝平邦國，四時則治兵講武，宿衛宮禁。正六命。

[2]尉遲迥：人名。亦省稱"尉迥"。北周末年官任相州總管，起兵反對楊堅篡周，旋被討滅。傳見《周書》卷二一、《北史》卷六二。　相州：北魏天興四年（401）分冀州始置相州，治所在今河北臨漳縣西南。東魏、北齊時改稱司州，爲都城所在地。北周建德六年滅北齊後復名相州。北周大象二年平定相州總管尉遲迥之叛後，因州城被毀，遂移治今河南安陽市。

[3]上柱國：官名。爲隋十一等散實官的第一等，可開府置僚屬。從一品。

[4]太子太師：官名。爲東宮三師之首，置一員，掌教諭太子。實則多爲安置退免大臣的閑職，或用作加官贈銜，皆無官屬。正二品。

[5]廟社：即宗廟和社稷。爲古代帝王祭祀祖先和天地神靈之所。

[6]觀國公：爵名。爲隋九等爵的第三等。從一品。

[7]右武衛大將軍：官名。爲右武衛的長官，置一員，掌領外軍宿衛宮禁。正三品。

[8]司空：贈官。正一品。

[9]世師：人名。即田世師。事亦見《北史》卷六五《田仁恭傳》。

[10]德懋：人名。即田德懋。傳見本書卷七二，《北史》卷六五有附傳。

　　時有任城郡公王景、鮮虞縣公謝慶恩，[1]並官至上柱國。大義公辛遵及其弟韶，[2]並官至柱國。高祖以其俱佐命功臣，特加崇貴，親禮與仁恭等。事皆亡失云。

[1]任城郡公：爵名。爲隋九等爵的第四等。從一品。按，"任城"底本原作"玉城"，宋刻遞修本、殿本、庫本與底本同，中華本據《周書》卷八《靜帝紀》改作"任城"，並作校勘記云："北齊有任城郡，開皇三年郡廢。玉城是縣名，北魏已廢。"岑仲勉亦考校稱："玉城應任城之訛。"（岑仲勉：《隋書求是》，中華書局2004年版，第100頁）今從改。　王景：人名。北周末年爵封任城郡公，位至上柱國；隋文帝時以佐命功臣頗受寵信，官至夏州總管，開皇十八年以罪伏誅。事亦見本書卷二《高祖紀下》、《周書·靜帝紀》、《北史》卷一〇《周靜帝紀》及卷六五《田仁恭傳》。　鮮虞縣公：爵名。爲隋九等爵的第五等。從一品。　謝慶恩：人名。隋初以佐命功臣深受隋文帝寵信，官至上柱國，爵封鮮虞縣公。事亦見本書卷一《高祖紀上》、《北史》卷一一《隋文帝紀》及卷六五《田仁恭傳》。

[2]大義公：爵名。全稱是大義郡公。爲隋九等爵的第四等。從一品。　辛遵：人名。北周武帝時位居柱國，官任齊州刺史，爵封大義郡公；隋文帝時以佐命功臣頗受禮遇。事亦見本書卷六六《房彥謙傳》、《北史》卷三九《房彥謙傳》及卷六五《田仁恭傳》。　韶：人名。即辛韶。北周武帝時位居柱國，爵封涼城縣公，曾率軍扈從武帝攻伐北齊；隋文帝時以佐命功臣特加尊崇，甚見親待。事亦見《周書》卷六《武帝紀下》、卷三五《薛慎傳》，《北史》卷一〇《周武帝紀》、卷六五《田仁恭傳》等。

元亨

元亨字德良，一名孝才，河南洛陽人也。[1]父季海，[2]魏司徒、馮翊王，[3]遇周、齊分隔，[4]季海遂仕長安。[5]亨時年數歲，與母李氏在洛陽。齊神武帝以亨父在關西，[6]禁錮之。其母則魏司空李冲之女也，[7]素有智謀，遂詐稱凍餒，請就食於滎陽。[8]齊人以其去關西尚遠，老婦弱子，不以爲疑，遂許之。李氏陰托大豪李長壽，[9]携亨及孤侄八人，潜行草間，得至長安。周太祖見而大悅，以亨功臣子，甚優禮之。亨年十二，魏恭帝在儲宮，[10]引爲交友。釋褐千牛備身。大統末，[11]襲爵馮翊王，邑千户。授拜之日，悲慟不能自勝。俄遷通直散騎常侍，[12]歷武衛將軍、勳州刺史，[13]改封平涼王。[14]周閔帝受禪，[15]例降爲公。[16]明、武時，[17]歷隴州刺史、御正大夫、小司馬。[18]宣帝時，爲洛州刺史。[19]

[1]河南：郡名。治所在今河南洛陽市東北。 洛陽：縣名。治所在今河南洛陽市東北白馬寺東。

[2]季海：人名。即元季海。出身北魏宗室，北魏末至西魏時人，官至司徒、中書令、雍州刺史，爵封馮翊郡王。傳見《北史》卷一五。

[3]司徒：官名。西魏時爲三公之一，可開府置僚屬，参議國家大事，實則無具體職掌，多用爲大臣加官。正一品。 馮（píng）翊王：爵名。全稱是馮翊郡王。西魏時爲十二等爵的第一等。正一品。

[4]周、齊分隔：據文中所述事，當時北周、北齊尚未正式建立，故此處“周、齊”當分别代指其前身西魏和東魏。

[5]長安：西魏、北周的都城名。在今陝西西安市西北郊。

[6]齊神武帝：即高歡。東魏執政大臣，北齊的奠基者，北齊立國後被追封爲神武帝。紀見《北齊書》卷一、二，《北史》卷

六。　關西：地區名。亦稱關右、關中、關內。秦至唐時指函谷關或潼關以西、隴阪以東、終南山以北地區。此處代指西魏。

[7]司空：據《魏書》卷五三《李冲傳》及《北史》卷一〇〇《李冲傳》，此處司空是李冲死後的贈官，北魏時爲正一品。

李冲：人名。北魏孝文帝時官至尚書僕射，卒贈司空，爲北魏名臣。傳見《魏書》卷五三、《北史》卷一〇〇。按，文中稱元亨之母李氏乃李冲之女，然則李冲即爲元亨的外祖父。又按，“李冲”底本、宋刻遞修本、殿本、中華本皆同，《北史·元季海傳》亦同，但庫本作“李充”，當訛。

[8]滎陽：郡、縣名。東魏時治所在今河南滎陽市。按，“滎陽”各本皆同，但《北史》卷一五《元亨傳》作“湯陰”，疑誤。

[9]李長壽：人名。北魏末年爲伊川豪强，嘗聚兵討捕河南諸盜，頻戰有功，授爲衛大將軍、北華州刺史，賜爵清河郡公。北魏孝武帝西遷入關時，又率兵抵抗東魏，以功授爲潁川郡太守、廣州（治所在今河南魯山縣）刺史，尋被東魏大將侯景率兵攻殺。事亦見《周書》卷四三《李延孫傳》、《北史》卷一五《元亨傳》及卷六六《李延孫傳》。按，文中所述李長壽受李氏之托而携帶元亨等人潛行入關之事，應當發生在李長壽擔任潁川太守和廣州刺史期間，其兩處治所距離元亨母子就食的滎陽均不遠。

[10]魏恭帝：即西魏恭帝拓跋廓，西魏末代皇帝。紀見《北史》卷五。　儲宮：即太子所居的宮室。

[11]大統：西魏文帝元寶炬年號（535—551）。

[12]通直散騎常侍：官名。西魏時屬散官。正四品下。

[13]武衛將軍：官名。西魏時爲左右衛府的次官，各置二人，協助長官左右衛將軍統領本府禁兵宿衛宮廷。從三品。　勳州：西魏改南汾州置。治所在今山西稷山縣。

[14]平涼王：爵名。全稱是平涼郡王。西魏時爲十一等爵的第一等。正一品。

[15]周閔帝：即北周孝閔帝宇文覺。北周開國皇帝。紀見

《周書》卷三、《北史》卷九。

[16]公：爵名。此當是平涼郡公的省稱。北周時爲十一等爵的第五等。正九命。

[17]明：即北周明帝宇文毓。紀見《周書》卷四、《北史》卷九。　武：即北周武帝宇文邕。紀見《周書》卷五、六，《北史》卷一〇。

[18]隴州：西魏改東秦州置，北周沿之。治所在今陝西隴縣。御正大夫：官名。北周初於天官府御正曹置御正中大夫、小御正下大夫爲該曹正、副長官，掌草擬詔冊文誥，近侍樞機，參議刑罰爵賞及軍國大事。命品分別爲正五命、正四命。北周明帝武成元年又增置御正上大夫四人爲該曹長官，正六命，御正中大夫則退居副貳。此處“御正大夫”，王仲犖列爲御正中大夫（參見王仲犖《北周六典》卷二《天官府第七》，第55頁）。

[19]洛州：北周時治所在今河南洛陽市東北白馬寺東。按，“洛州”底本、宋刻遞修本、中華本、《北史·元亨傳》皆同，但殿本、庫本作“洛陽”，顯誤。

　　高祖爲丞相，遇尉遲迥作亂，洛陽人梁康、邢流水等舉兵應迥，[1]旬日之間，衆至萬餘。州治中王文舒潛與梁康相結，[2]將圖亨。亨陰知其謀，乃選關中兵，得二千人爲左右，執文舒斬之，以兵襲擊梁康、邢流水，皆破之。高祖受禪，徵拜太常卿，[3]增邑七百戶。尋出爲衛州刺史，[4]加大將軍。衛土俗薄，亨以威嚴鎮之，在職八年，風化大洽。後以老病，表乞骸骨，[5]吏人詣闕上表，請留臥治，[6]上嗟歎者久之。其年，亨以篤疾，重請還京，上令使者致醫藥，問動靜，相望於道。歲餘，卒于家，時年六十九。諡曰宣。

[1]梁康、邢流水：人名。此二人皆爲北周末年洛陽縣人，嘗聚集萬餘兵衆在本縣發動叛亂，以響應東部相州總管尉遲迥之叛，洛州刺史元亨隨即徵調關中兵擊破之，平息此亂。二人事亦見《册府元龜》卷六九四《牧守部·武功》。

[2]治中：官名。全稱是治中從事史。北周時爲諸州府的屬官，於府内居中治事，主管衆曹文書。其命品按上、中、下三等州分別定爲四命、正三命、三命。　王文舒：人名。北周末年官任洛州治中從事史，嘗與本州叛首梁康暗中勾結謀亂，結果被刺史元亨捕殺。事亦見《册府元龜》卷六九四《牧守部·武功》。

[3]太常卿：官名。爲太常寺的長官，置一員，掌國家禮樂、郊廟社稷祭祀等事務。正三品。

[4]衞州：治所在今河南淇縣東。

[5]乞骸骨：古代官吏自請退職的一種表達方式。意謂使骸骨得以歸葬故鄉。

[6]臥治：典出《史記》卷一二〇《汲鄭列傳》："臥而治之。"後用以稱謂政事清簡，無爲而治。

杜整

杜整字皇育，[1]京兆杜陵人也。[2]祖盛，[3]魏直閣將軍、潁川太守。[4]父闓，[5]渭州刺史。[6]整少有風概，九歲丁父憂，[7]哀毀骨立，[8]事母以孝聞。及長，驍勇有旅力，[9]好讀孫、吳《兵法》。[10]魏大統末，襲爵武鄉侯。[11]周太祖引爲親信。[12]後事宇文護子中山公訓，[13]甚被親遇。俄授都督。[14]明帝時，爲内侍上士，[15]累遷儀同三司，[16]拜武州刺史。[17]從武帝平齊，加上儀同，[18]進爵平原縣公，[19]邑千户，入爲勳曹中大夫。[20]

[1]皇育：底本、宋刻遞修本、中華本同，《北史》卷七七《杜整傳》亦同，但殿本、庫本作“皇甫”，疑訛。

[2]杜陵：縣名。漢時治所在今陝西西安市東南郊。按，此處因言杜氏郡望，故沿用漢舊縣名，隋時無杜陵縣。

[3]盛：人名。即杜盛，北魏至西魏初人，官至直閤將軍、潁川郡太守。事亦見《北史·杜整傳》。

[4]潁川：郡名。西魏時治所在今河南許昌市。

[5]闡：人名。即杜闡，北魏末至西魏時人，官至渭州刺史，爵封武鄉縣侯。事亦見《北史·杜整傳》。

[6]渭州：西魏時治所在今甘肅隴西縣南。

[7]丁父憂：即遭逢父親喪事。古代喪服禮制規定，父母死後，子女須守喪，三年内不得做官、婚娶、赴宴、應考、舉樂，等等。

[8]哀毁骨立：指居親喪哀傷過甚，以致骨瘦如柴。

[9]旅：底本、宋刻遞修本、中華本同，殿本、庫本作“臂”，二字相通。

[10]孫、吴《兵法》：春秋時兵家孫武所著《兵法》十三篇和戰國時兵家吴起所著兵書《吴子》四十八篇的合稱。均爲古代軍事名著。

[11]武鄉侯：爵名。全稱是武鄉縣侯。西魏時爲十一等爵的第五等。正二品。

[12]親信：此指西魏時宇文泰丞相府所轄的侍從衛士。

[13]中山公：爵名。全稱是中山郡公。北周時爲十一等爵的第五等。正九命。 訓：人名。即宇文訓，北周初期宗室權臣宇文護的世子。官至柱國、蒲州刺史，爵封中山郡公，至北周武帝建德元年誅殺宇文護時被連坐賜死。事亦見本書卷七四《崔弘度傳》、《周書》卷五《武帝紀上》及卷一一《晉蕩公護傳》、《北史》卷一

○《周武帝紀》及卷五七《宇文護傳》等。

〔14〕都督：官名。北周時屬勳官。北周府兵制中每隊的長官均加此勳官名。七命。

〔15〕内侍上士：官名。應正作"中侍上士"。隋時因避諱"中"字，故史臣或改中侍爲内侍。北周時中侍上士是天官府左右宮伯曹的屬官，分左右置，左執龍環長刀，右執虎環長刀，並掌御寢之禁戒。正三命。

〔16〕儀同三司：官名。亦簡稱儀同，北周武帝建德四年改稱儀同大將軍。北周時屬勳官。北周府兵制中儀同府的長官均加此勳官名，可開府置官屬。九命。

〔17〕武州：北周時治所在今甘肅隴南市東南。

〔18〕上儀同：官名。全稱是上儀同大將軍。北周武帝建德四年始置，爲北周十一等勳官的第七等，可開府置官屬。九命。

〔19〕平原縣公：爵名。北周時爲十一等爵的第六等。正九命或九命。

〔20〕勳曹中大夫：官名。北周時其隸屬、職掌未詳，或當是北周後期改夏官府司勳中大夫之職而置。正五命。（參見王仲犖《北周六典》卷七《六官餘録第十三》，第505頁）

高祖爲丞相，進位開府。及受禪，加上開府，[1]進封長廣郡公，[2]俄拜左武衛將軍。[3]在職數年，以母憂去職，[4]起令視事。[5]開皇六年，突厥犯塞，詔遣衛王爽總戎北伐，[6]以整爲行軍總管兼元帥長史。[7]至合川，[8]無虜而還。整密進取陳之策，上善之，於是以行軍總管鎮襄陽。[9]尋病卒，時年五十五。高祖聞而傷之，贈帛四百匹，米四百石，諡曰襄。子楷嗣。[10]官至開府。[11]

　　[1]上開府：官名。全稱是上開府儀同三司。爲隋十一等散實官的第五等，可開府置僚佐。從三品。

　　[2]長廣郡公：爵名。爲隋九等爵的第四等。從一品。

　　[3]左武衛將軍：官名。爲左武衛府的次官，置二員，協助長官左武衛大將軍掌領外軍宿衛侍從。從三品。

　　[4]母憂：即遭逢母親喪事。參見前注“丁父憂”。

　　[5]視事：即就任官職而治理政事。此指服喪期未滿而奉命復官任職。

　　[6]衛王爽：即隋文帝的異母弟楊爽。傳見本書卷四四、《北史》卷七一。按，“衛王”底本、宋刻遞修本、中華本及《北史》卷七七《杜整傳》皆同，但殿本、庫本作“魏王”，當誤。

　　[7]元帥長史：此是行軍元帥府長史的省稱。爲北周至隋時出征軍統帥屬下的幕府僚佐，位居衆幕僚之首，掌領幕府行政事務。屬臨時差遣任命之職，事罷則廢。

　　[8]合川：縣名。治所在今四川若爾蓋縣北境、甘肅迭部縣西北。

　　[9]襄陽：縣名。治所在今湖北襄樊市。北周至隋初爲攻防南朝陳的軍事重鎮。

　　[10]楷：人名。杜整的嗣子。隋時官至開府儀同三司。事亦見《北史·杜整傳》。

　　[11]開府：官名。全稱是開府儀同三司。爲隋十一等散實官的第六等，可開府置僚佐，正四品上。隋煬帝大業三年廢十一等散實官，唯保留開府儀同三司一官，並改爲從一品，位次王公。

　　整弟肅，[1]亦少有志行。開皇初，爲通直散騎常侍、北地太守。[2]

　　[1]肅：人名。即杜肅。杜整之弟，隋文帝開皇初年官至通直

散騎常侍、北地郡太守。事亦見《北史》卷七七《杜整傳》。

[2]通直散騎常侍：官名。爲門下省的屬官，置四員，掌陪從朝值，獻納得失，實則爲閑散虛職，多用作加官。正四品下。隋煬帝大業三年罷廢。　北地：郡名。治所在今甘肅慶陽市。

李徹

李徹字廣達，朔方巖緑人也。[1]父和，[2]開皇初爲柱國。[3]徹性剛毅，有器幹，偉容儀，多武藝。大冢宰宇文護引爲親信，[4]尋拜殿中司馬，[5]累遷奉車都尉。[6]護以徹謹厚有才具，甚禮之。護子中山公訓爲蒲州刺史，[7]護令徹以本官從焉。未幾，拜車騎大將軍、儀同三司。武帝時，從皇太子西征吐谷渾，[8]以功賜爵同昌縣男，[9]邑三百户。後從帝拔晉州。[10]及帝班師，徹與齊王憲屯鷄栖原。[11]齊主高緯以大軍至，[12]憲引兵西上，以避其鋒。緯遣其驍將賀蘭豹子率勁騎躡憲，[13]戰於晉州城北。憲師敗，徹與楊素、宇文慶等力戰，[14]憲軍賴以獲全。復從帝破齊師於汾北，[15]乘勝下高壁，[16]拔晉陽，[17]擒高湝於冀州，[18]俱有力焉。録前後功，加開府，別封蔡陽縣公，[19]邑千户。宣帝即位，從韋孝寬略定淮南，[20]每爲先鋒。及淮南平，即授淮州刺史，安集初附，甚得其歡心。

[1]朔方：郡名。治所在今陝西靖邊縣白城子古城。　巖緑：縣名。治所在今内蒙古烏審旗南白城子鎮。

[2]和：人名。即李和，北魏末至隋初時人。北周時位居柱國

大將軍，官至延州刺史、都督延綏銀三州文安伏夷安民周昌梁和五防諸軍事，爵封德廣郡公；隋開皇元年進位上柱國，開皇二年卒。傳見《周書》卷二九、《北史》卷六六。

［3］開皇初爲柱國："柱國"各本皆同，但據《周書·李和傳》及《北史·李和傳》均載稱李和在北周武帝時已進位柱國大將軍，隋開皇元年又遷上柱國，故可知此處"柱國"當是"上柱國"之脱文（參見唐華全《中華書局點校本〈隋書〉質疑二十九則》，《河北師範大學學報》2012年第1期）。

［4］親信：此指北周初期宇文護中外府所轄的侍從衛士。

［5］殿中司馬：官名。北周時屬散官。正一命。

［6］奉車都尉：官名。北周時屬散官。五命。

［7］蒲州：北周時治所在今山西永濟市西蒲州鎮。

［8］吐谷（yù）渾：古族名。本爲遼東鮮卑之種，姓慕容氏，西晉時西遷至群羌故地，北朝至隋唐時期游牧於今青海北部和新疆東南部地區。傳見本書卷八三、《晉書》卷九七、《魏書》卷一〇一、《周書》卷五〇、《北史》卷九六、《舊唐書》卷一九八、《新唐書》卷二二一上。

［9］同昌縣男：爵名。北周時爲十一等爵的第十等。正五命。按，"同昌"各本皆同，但《北史》卷六六《李徹傳》作"周昌"。

［10］晉州：北齊時治所在今山西臨汾市。北周武帝建德五年被周軍攻克而歸屬北周。

［11］齊王憲：即北周宗室親王宇文憲，周武帝之弟。北周武帝建德五年奉詔領軍爲前鋒，扈從武帝大舉攻伐北齊。傳見《周書》卷一二、《北史》卷五八。　鷄栖原：地名。在今山西霍州市北。

［12］齊主：底本原作"齊王"，殿本、庫本與底本同，當訛，今據宋刻遞修本、中華本及《北史·李徹傳》改。　高緯：人名。北齊末代皇帝。紀見《北齊書》卷八、《北史》卷八。

［13］賀蘭豹子：人名。北齊驍將，北齊武平七年（北周建德五年）十一月扈從齊後主高緯自并州南下争奪晉州，率領精鋭騎兵

追擊北周齊王宇文憲所領的部隊至晉州城北，周軍受挫，但旋即遭到李徹、楊素、宇文慶等周將的力戰反擊，結果被臨陣斬殺，齊軍乃退。事亦見《周書·齊煬王憲傳》《北史·齊煬王憲傳》。

[14]楊素：人名。傳見本書卷四八，《北史》卷四一有附傳。宇文慶：人名。傳見本書卷五〇，《北史》卷五七有附傳。

[15]汾北：地區名。指今山西新絳縣汾河以北之地。

[16]高壁：山名。在今山西靈石縣南。東、西魏及北齊、北周對峙之際，因其地處軍事要衝，故東魏、北齊在此屯駐重兵據守。

[17]晉陽：都邑名。北齊治所在今山西太原市西南古城營。

[18]高湝：人名。北齊宗室親王，神武帝高歡之子。爵封任城王，北齊後主時官至大丞相。北周攻滅北齊之際募兵據守冀州，結果戰敗被擒，尋卒於長安。傳見《北齊書》卷一〇、《北史》卷五一。　冀州：北齊時治所在今河北冀州市。

[19]蔡陽縣公：爵名。北周時爲十一等爵的第六等。正九命或九命。

[20]淮南：地區名。泛指淮河以南地區。

　　高祖受禪，加上開府，轉雲州刺史。[1]歲餘，徵爲左武衛將軍。及晉王廣之鎮并州也，[2]朝廷妙選正人有文武才幹者，爲之僚佐。上以徹前代舊臣，數持軍旅，詔徹總晉王府軍事，[3]進爵齊安郡公。[4]時蜀王秀亦鎮益州，[5]上謂侍臣曰：“安得文同王子相，[6]武如李廣達者乎？”其見重如此。

[1]雲州：隋文帝開皇五年改榆關總管府置爲雲州總管府，治所在今內蒙古托克托縣東北，開皇二十年又移治今內蒙古和林格爾縣西北。按，岑仲勉考校稱：“按《地理志》，開皇三年，置榆關總管於陽壽縣，五年，改曰雲州總管。依本傳，則似未有榆關總管前

已有雲州，而《地理志》未之言，待考。"（岑仲勉：《隋書求是》，第 100 頁）

　　[2]晉王廣：即楊廣。紀見本書卷三、四，《北史》卷一二。

　并州：北周置總管府，隋開皇二年置河北道行臺，開皇九年改置大總管府。治所在今山西太原市西南古城營。

　　[3]總晉王府軍事：此當是晉王府司馬之職掌。

　　[4]齊安郡公：爵名。爲隋九等爵的第四等。從一品。

　　[5]蜀王秀：即隋文帝第四子楊秀。傳見本書卷四五、《北史》卷七一。　益州：北周置總管府，隋開皇二年置西南道行臺，開皇三年改置大總管府。治所在今四川成都市。

　　[6]王子相：人名。即王韶，字子相。傳見本書卷六二、《北史》卷七五。

　　明年，突厥沙鉢略可汗犯塞，[1]上令衛王爽爲元帥，[2]率衆擊之，以徹爲長史。[3]遇虜於白道，[4]行軍總管李充言於爽曰：[5]"周、齊之世，有同戰國，中夏力分，[6]其來久矣。突厥每侵邊，諸將輒以全軍爲計，莫能死戰。由是突厥勝多敗少，所以每輕中國之師。今者沙鉢略悉國內之衆，屯據要險，必輕我而無備，精兵襲之，可破也。"爽從之。諸將多以爲疑，唯徹獎成其計，請與同行。遂與充率精騎五千，出其不意，掩擊大破之。沙鉢略棄所服金甲，潛草中而遁。以功加上大將軍。[7]沙鉢略因此屈膝稱藩。未幾，沙鉢略爲阿拔所侵，[8]上疏請援。以徹爲行軍總管，率精騎一萬赴之。阿拔聞而遁去。及軍還，復領行軍總管，屯平涼以備胡寇，[9]封安道郡公。[10]開皇十年，進位柱國。及晉王廣轉牧淮海，[11]以徹爲揚州總管司馬，[12]改封德廣郡公。[13]尋徙封城陽郡公。[14]其後突厥犯塞，徹復領行軍總管擊破之。

[1]沙鉢略可汗：隋時東突厥的可汗，名攝圖。事見本書卷八四、《北史》卷九九《突厥傳》。可汗是古代鮮卑、柔然、突厥、回紇、蒙古等民族中最高統治者的稱號。

[2]元帥：此指行軍元帥。北周至隋時出征軍的統帥名。根據需要臨時差遣任命，事罷則廢。

[3]長史：此指行軍元帥府長史。參見前注“元帥長史”。

[4]白道：關隘名。在今内蒙古呼和浩特市西北。

[5]李充：人名。傳見本書卷五三，《北史》卷一〇〇有附傳。按，李充之名，《北史》卷一〇〇《序傳》、《舊唐書》卷六二《李大亮傳》、《新唐書·宰相世系表二上》均作“充節”，疑乃隋唐時人習慣省稱兩字名爲單名之故。

[6]中夏：即華夏、中國。古代指中原地區。

[7]上大將軍：官名。爲隋十一等散實官的第三等，可開府置僚佐。從二品。

[8]阿拔：即隋時東突厥“阿波”可汗稱號的異譯，其名大邏便。事見本書卷八四、《北史》卷九九《突厥傳》等。

[9]平凉：縣名。北周始置，隋時沿之。治所在今甘肅平凉市北。　胡：古代對北方和西方少數民族的泛稱。此指突厥。

[10]安道郡公：爵名。爲隋九等爵的第四等。從一品。

[11]牧：此指出任地方長官。　淮海：地區名。泛指淮河以南地區。按，此處“牧淮海”是指楊廣出任揚州總管事。

[12]揚州：隋開皇九年改吳州置，設大總管府。治所在今江蘇揚州市。　總管司馬：官名。爲諸州總管府的上佐官，協助總管統領府中軍務。其品階史無明載，但隋代諸州總管府和諸州府均分爲上、中、下三等，三等州司馬的品階分别爲正五品下、從五品下、

正六品下，故三等總管府司馬的品階亦當與三等州司馬略同。而揚州爲大總管府，其司馬更應高於上州司馬，當在正五品下以上。

[13]德廣郡公：爵名。爲隋九等爵的第四等。從一品。

[14]城陽郡公：爵名。爲隋九等爵的第四等。從一品。

左僕射高熲之得罪也，[1]以徹素與熲相善，因被疏忌，不復任使。後出怨言，上聞而召之，入卧内賜宴，言及平生，因遇鴆而卒。[2]大業中，其妻宇文氏爲孽子安遠誣以咒詛，[3]伏誅。

[1]左僕射：官名。隋時於尚書省置左、右僕射各一人爲副貳，地位僅次於長官尚書令。但因隋代尚書令不常置，僕射則成爲尚書省的實際長官，是宰相之職。從二品。 高熲：人名。傳見本書卷四一、《北史》卷七二。

[2]鴆：用鴆羽浸製的毒酒。亦指以鴆酒毒殺人。

[3]宇文氏：各本皆同，但《北史》卷六六《李徹傳》作“元氏”。 孽子：指非正妻所生的庶子。 安遠：人名。即李安遠，李徹的庶子。少無行檢，隋煬帝大業中嘗誣告其嫡母宇文氏行咒詛事，致使宇文氏被朝廷誅殺。後乃折節向學，官至正平縣令。唐初以元從功臣歷官右武衛大將軍、潞州都督、懷州刺史，爵封廣德郡公。傳見《舊唐書》卷五七、《新唐書》卷八八。

崔彭

崔彭字子彭，博陵安平人也。[1]祖楷，[2]魏殷州刺史。[3]父謙，[4]周荆州總管。[5]彭少孤，事母以孝聞。性剛毅，有武略，工騎射。善《周官》《尚書》，[6]略通大義。周武帝時，爲侍伯上士，[7]累轉門正上士。[8]

[1]博陵：郡名。治所在今河北定州市。　安平：縣名。治所在今河北安平縣。

[2]楷：人名。即崔楷，北魏時人，官至殷州刺史。《魏書》卷五六、《北史》卷三二有附傳。

[3]殷州：北魏孝明帝孝昌二年（526）分定、相二州置。治所在今河北隆堯縣東。

[4]謙：人名。即崔謙，北魏末至北周時人。官至荆州總管，爵封武康郡公。傳見《周書》卷三五，《北史》卷三二有附傳。

[5]荆州：北周時置總管府。治所在今湖北荆州市。

[6]《周官》：即《周禮》的別稱。相傳爲周公所作，實爲戰國時儒家搜集周代官制和戰國時各國制度，比附儒家政治理想彙編而成的一部著作，爲儒家經典之一。　《尚書》：亦簡稱《書》。相傳爲孔子編選而成的一部上古文獻著作彙編，爲儒家經典之一。

[7]侍伯上士：官名。北周時其隸屬未詳，當是掌領侍伯禁兵的軍官。正三命。（參見王仲犖《北周六典》卷七《六官餘録第十三》，第512頁）

[8]門正上士：官名。北周時“或地官之屬”，掌門關啓閉之節及出入門者。正三命。（參見王仲犖《北周六典》卷七《六官餘録第十三》，第497頁）

及高祖爲丞相，周陳王純鎮齊州，[1]高祖恐純爲變，遣彭以兩騎徵純入朝。彭未至齊州三十里，因詐病，止傳舍，[2]遣人謂純曰：“天子有詔書至王所，彭苦疾，不能强步，願王降臨之。”純疑有變，多將從騎至彭所。彭出傳舍迎之，察純有疑色，恐不就徵，因詐純曰：

“王可避人，將密有所道。”純麾從騎，彭又曰：“將宣詔，王可下馬。”純遽下，彭顧其騎士曰：“陳王不從詔徵，可執也。”騎士因執而鎖之。彭乃大言曰：“陳王有罪，詔徵入朝，左右不得輒動。”[3]其從者愕然而去。高祖見而大悦，拜上儀同。

[1]陳王純：即北周宗室親王宇文純，宇文泰之子，爵封陳王。北周宣帝時以太傅出就封國，兼鎮齊州；北周靜帝大象二年楊堅執政時，恐其生變，遂矯詔派遣崔彭至齊州將其執送入京，旋即被害。傳見《周書》卷一三、《北史》卷五八。　齊州：北周時治所在今山東濟南市。

[2]傳舍：古時設在交通道路近旁以供行人休息食宿的驛站旅舍。

[3]輒動：擅動，隨便行動。

及踐祚，[1]遷監門郎將，[2]兼領右衛長史，[3]賜爵安陽縣男。[4]數歲，轉車騎將軍，[5]俄轉驃騎，[6]恒典宿衛。性謹密，在省闥二十餘年，[7]每當上在仗，[8]危坐終日，未嘗有怠惰之容，上甚嘉之。上每謂彭曰：“卿當上日，我寢處自安。”又嘗曰：“卿弓馬固以絶人，頗知學不？”彭曰：“臣少愛《周禮》《尚書》，每於休沐之暇，[9]不敢廢也。”上曰：“試爲我言之。”彭因説君臣戒慎之義，上稱善，觀者以爲知言。後加上開府，遷備身將軍。[10]

[1]踐祚：本指走上廟寢堂前的阼階主位以行祭祀，後喻指皇帝即位登基。此指楊堅於公元581年廢北周靜帝，即位稱帝。按，“祚”字底本、宋刻遞修本同，殿本、庫本、中華本作“阼”，

　義同。

　　[2]監門郎將：官名。隋初爲左右監門府的次官，各置二員，協助長官左右監門將軍掌宮殿門禁及守衛之事，正四品下。隋煬帝大業三年又改左右監門將軍稱爲左右監門郎將，是左右監門府的長官，各置一員，掌同隋初，正四品。

　　[3]右衛長史：官名。隋初爲右衛府的上佐官，置一員，掌判本府行政事務，正七品上。隋煬帝大業三年改左右衛爲左右翊衛，右衛長史遂改稱右翊衛長史，升爲從五品。

　　[4]安陽縣男：爵名。爲隋九等爵的第九等。正五品上。

　　[5]車騎將軍：官名。隋初爲府兵制中統領驃騎府兵的軍事副長官。正五品上。隋煬帝大業三年改驃騎府爲鷹揚府，車騎將軍遂改稱鷹揚副郎將，大業五年又改稱鷹擊郎將。降爲從五品。

　　[6]驃騎：此是驃騎將軍的省稱。官名。隋初爲府兵制中統領驃騎府兵的軍事長官，正四品上。隋煬帝大業三年改驃騎府爲鷹揚府，驃騎將軍遂改稱鷹揚郎將，降爲正五品。

　　[7]省闥：亦稱"禁闥"。即宮中、禁中。古代中央諸省官署均設於禁中，故亦因以代稱中央政府。

　　[8]當上在仗：指在宿衛兵仗中輪番值班。

　　[9]休沐：休息洗沐。亦泛指休假。

　　[10]備身將軍：官名。據本書《百官志下》和《通典》卷二八《職官·左右驍衛》載，隋文帝開皇十八年始設左右備身府，各置備身將軍一人爲其長官，掌領府兵宿衛。從三品。隋煬帝大業三年改左右備身府爲左右驍騎衛，各置驍騎衛大將軍和將軍爲正副長官；而又另改左右領左右府爲左右備身府，各置備身郎將一人爲長官。此後，備身將軍之名則廢。

　　上嘗宴達頭可汗使者於武德殿，[1]有鴿鳴於梁上。上命彭射之，既發而中。上大悦，賜錢一萬。及使者反，可汗復遣使於上曰：“請得崔將軍一與相見。”上曰：“此必善射聞於虜庭，所以來請耳。”遂遣之。及至匈奴中，[2]可汗召善射者數十人，因擲肉於野，以集飛鳶，遣其善射者射之，多不中。復請彭射之，彭連發數矢，皆應弦而落。突厥相顧，莫不歎服。可汗留彭不遣百餘日，上賂以繒彩，然後得歸。仁壽末，[3]進爵安陽縣公，[4]邑二千户。

[1]達頭可汗：隋時西突厥的可汗，名玷厥。事見本書卷八四、《北史》卷九九《突厥傳》。　武德殿：隋都長安宮殿名。始建於隋初。位於長安大興宮内東側，與東宮相鄰。隋時皇帝多於此殿舉行大射或宴迎蕃使。

[2]匈奴：古族名。戰國至秦漢時游牧於大漠南北廣大地區，後逐漸衰落西遷或被漢化。此處借指突厥。

[3]仁壽：隋文帝楊堅年號（601—604）。

[4]安陽縣公：爵名。爲隋九等爵的第五等。從一品。

煬帝即位，[1]遷左領軍大將軍。[2]從幸洛陽，彭督後軍。時漢王諒初平，[3]餘黨往往屯聚，令彭率衆數萬鎮遏山東，[4]復領慈州事。[5]帝以其清，賜絹五百匹。未幾而卒，時年六十三。帝遣使弔祭，贈大將軍，[6]謚曰肅。子寶德嗣。[7]

[1]煬帝：即隋煬帝楊廣。紀見本書卷三、四，《北史》卷一二。

[2]左領軍大將軍：官名。按，本書《百官志下》載隋文帝朝置“左右領軍府，各掌十二軍籍帳、差科、辭訟之事。不置將軍。

唯有長史、司馬"等員（《通典》卷二八《職官·左右領軍衛》所載略同）。但考本書和《北史》紀傳，隋文帝時及隋煬帝初年，任左、右領軍大將軍者有高熲、宇文忻、李安、楊秀、崔彭、楊爽、賀若弼、劉升等人，任左、右領軍將軍者有楊處綱、長孫晟、史萬歲、李安、盧賁、史祥、獨孤陀等人。由此可知，《百官志下》所云"不置將軍"當是隋初始設左右領軍府時所定之制，而稍後則與其他衛府一樣實際上各置有大將軍和將軍。左領軍大將軍，當是左領軍府的長官，職掌如前《百官志下》所載，員額和品秩則當與其他各衛府大將軍相同，亦爲一員，正三品。

〔3〕漢王諒：即隋文帝第五子楊諒。傳見本書卷四五、《北史》卷七一。

〔4〕山東：地區名。戰國秦漢時期稱崤山或華山以東地區爲山東，魏晋南北朝隋唐時期亦稱太行山以東地區爲山東。

〔5〕領：官制用語。即以較高官兼理較低官之職事。此處"領慈州事"，即以本官左領軍大將軍兼理慈州刺史之職事。　慈州：隋開皇十年置。治所在今河北磁縣。

〔6〕大將軍：贈官。正三品。

〔7〕寶德：人名。即崔寶德。崔彭的嗣子，唐初官至工部、主爵二司郎中。事亦見《北史》卷三二《崔彭傳》、《新唐書·宰相世系表二下》、周紹良主編《唐代墓誌彙編》天寶一四一《唐故新定郡遂安縣尉李府君夫人博陵崔氏墓誌銘并序》及長慶〇二六《唐故朝散大夫光禄卿致仕上柱國賜紫金魚袋崔（廷）公墓誌銘》（上海古籍出版社1992年版，第1631、2077頁）。

　　史臣曰：王長述等，或出總方岳，[1]或入司禁旅，咸著聲績，以功名終，有以取之也。伊婁謙志量弘遠，不念舊惡，請赦高遵之罪，有國士之風焉。[2]崔彭巡警巖廊，[3]毅然難犯，禦侮之寄，[4]有足稱乎！

［1］方岳：指地方州郡。

［2］國士：古代對一國之中德行才能最優秀的人物的譽稱。

［3］巖廊：高峻的廊廡。多借指朝廷。

［4］禦侮：抵禦外侮。